"清"眼看世界

研究生
海外社会实践
成果集

赵 岑 主编

清华大学出版社
北 京

内 容 简 介

本书梳理了清华大学研究生海外社会实践近五年来的优秀实践成果，精选了来自水利系、自动化系、法学院等全校 20 个院系 50 余名同学的 31 篇实践报告及见闻感悟。全书以实践调研报告、科研成果、个人体悟等为素材进行修改、汇编、整理，从实践纪实、专题研究、案例讨论、体悟分享四个方面展示了清华大学研究生服务"一带一路"建设的工作成果和思考。

图书在版编目（CIP）数据

"清"眼看世界：研究生海外社会实践成果集 / 赵岑主编.—北京：清华大学出版社，2023.6
ISBN 978-7-302-62299-4

Ⅰ.①清… Ⅱ.①赵… Ⅲ.①清华大学—研究生—社会实践—成果—汇编 Ⅳ.①G643.245

中国国家版本馆CIP数据核字（2023）第007082号

责任编辑：陈凯仁
封面设计：傅瑞学
责任校对：赵丽敏
责任印制：丛怀宇

出版发行：清华大学出版社
    网   址：http://www.tup.com.cn, http://www.wqbook.com
    地   址：北京清华大学学研大厦A座   邮 编：100084
    社 总 机：010-83470000   邮 购：010-62786544
    投稿与读者服务：010-62776969, c-service@tup.tsinghua.edu.cn
    质量反馈：010-62772015, zhiliang@tup.tsinghua.edu.cn
印 装 者：天津鑫丰华印务有限公司
经 销：全国新华书店
开 本：170mm×240mm   印 张：20.5   字 数：310千字
版 次：2023年6月第1版   印 次：2023年6月第1次印刷
定 价：109.00元

产品编号：095712-01

编 委 会

序　言

　　社会实践是高校立德树人的重要环节，是高层次人才培养体系的重要组成部分。清华大学有着优良的实践育人传统，三十余年来，已累计派出 3 万名研究生奔赴到上万家单位开展科技服务——他们将理论知识与实际问题相结合，在一线实践中发现真问题、解决大难题、定义新命题；他们与新时代同向同行，用双脚丈量祖国大地，用知识助力行业发展，用青春奋斗吹响"百年接力，强国有我"的青年号角。

　　为响应国家"一带一路"倡议，清华大学党委研究生工作部于 2016 年首次建立研究生海外社会实践基地，引导学生在实践中建立对世界和中国发展大势的正确认识，提升全球视野。经过五年的探索，清华大学先后与中冶集团、中国武夷、同方威视等 18 家在海外颇具影响力的央企、国企、民企共建实践基地，累计派出超过 200 名研究生前往"一带一路"沿线的 20 余个国家开展课题研究、项目攻关等工作。海外社会实践基地的建立为企业与清华大学开展人才交流、科研攻关等各方面的合作奠定了基础，在培养学生科技创新能力、全球胜任力等多方面发挥了重要育人价值。

　　本书梳理了清华大学研究生海外社会实践近五年来的优秀实践成果，精选了来自水利系、自动化系、法学院等全校 20 个院系 50 余名同学的 31 篇实践报告及见闻感悟。全书以实践调研报告、科研成果、个人体悟等为素材进行修改、汇编、整理，从实践纪实、专题研究、案例讨论、体悟分享四个方面展示了清华大学研究生服务"一带一路"建设的工作成果和思考。

在本书中，读者可以跟随实践同学的视角飞越万水千山，游历非洲大陆、大洋彼岸、中亚腹地等世界各个角落，感受彼时彼刻同在地球另一处的社会风情、人文风貌；在本书中，可以品读实践支队的工作成果，了解企业国际化过程中遇到的机遇与风险，认识跨文化交流可能存在的挑战和意义；在本书中，还可以和实践同学们促膝长谈，听听他们对于中国和世界的全新认识……走出海外体察世界百态，实践育人开拓全球视野。

本书的出版得到了各方的大力支持，感谢书中涉及的实践基地和同学分享他们的故事和感受，并仔细校核了相关内容。感谢清华大学出版社在本书出版过程中给予的大力支持。

希望本书的出版能够在总结清华大学海外实践育人经验的基础上，为后疫情时期高等教育国际化发展、面向新时代高层次人才培养提供有益借鉴。

目 录

纪实篇　　　　　　　　　　　　　　　　1

专题篇　　　　　　　　　　　　　　　73

案例篇 155

体悟篇 257

纪实篇

非洲来信："一带一路"前沿社会写实

⊙ 刘金河

一、遇见来自北面的阳光

匆匆忙忙在北京的雨夜里登上飞机，到中东转机后飞越阿拉伯半岛，终于踏上了非洲这片神奇的大陆。

住处所在地叫作 UpperHill，是肯尼亚首都内罗毕商业区域，在半山上，可以俯瞰整个城市。放眼看去，内罗毕连成一片的并不高的楼房显得很亲切，充满了生活的气息。原来，非洲并不是每个地方都与众不同。

晚上，四达时代肯尼亚分公司 CEO 张军旗带着我们去一家酒店吃牛排，餐厅并不是独立的包厢，我们坐在大厅中间一排长长的桌子旁，8 个人。就在这样的牛排餐厅里，在肯尼亚呆了多年的四达老员工跟我们聊起了非洲的本地人、非洲的中国企业和非洲的中国员工的故事。肯尼亚主要产业是农业和旅游业，肯尼亚人的收入并不高，但是消费也不低，不过他们的幸福感却不会比中国人低。

我跟四达时代的中方员工一起生活，住处在一个环境不错的中国小区，除了门口保安和司机以及厨师外，都是熟悉的中国人。套房、老干妈、疙瘩汤、豆浆油条、浙江卫视，一切都是国内的样子。用了半天把房间收拾一遍以及大动干戈地挪动床位后，终于把书桌放在了有亮光的玻璃窗前，阳光会洒在书本上。

3

这里的阳光并没有那么可怕，但是很亮，有点灼烧感。

这里的午后很安静，太阳从北面照进窗户，提示着这是南半球。

如果说初来非洲有几个印象的话，那么太阳在我的北面，是人生的第一次体验；内罗毕即便是首都，却依然充满了自然生长的城乡气息，国际机场像是国内的三线城市火车站；非洲本地人很可爱，他们面对我们中国人的时候有点拘谨，又充满热情，或许跟若干年前我们国人面对来中国的西方人一样吧，单纯中带有点小小的好奇。

明天要去内罗毕国家公园，去草原上看传说中非洲的植物和动物。昨天飞机降落前在内罗毕上空盘旋了许久，阳光透过低低的云层斑驳地洒在非洲大地上，广袤的非洲草原让人充满了想象。

二、草原与贫民窟

当置身于非洲大草原的时候那种感觉简直太酷了，虽然没能下车奔跑，但是车窗外的远处站着一棵非洲特有的合欢树，背后是遥远的天际，这已经足够让人有一种梦幻感，一种小时候从电视中的非洲中走来的梦幻。当一只真正的狮子从容地迎面走来，然后慢悠悠地从身边走过，走向那两只犀牛的时候，当不远处的长颈鹿仰起头吃着树梢的叶子，当几只河马从水中浮上来又潜下去，当两只猴子大胆地盯着我手中的相机，当路边的枯树上站着一只秃鹫，当成群的斑马从车前穿过，当一副被秃鹫吃得精光的大型动物骨架躺在水池边上，当羚羊、鸵鸟、角马、野猪、飞鸟这些可爱的动物出现在视野中，这种小时候最爱的电视节目《狂野周末》即视感特别强烈。在这片动物的乐土里，一切显得非常和谐，怡然自得。

这是内罗毕国家公园，四达时代的本地司机 Fred 非常有经验，带着我们几乎把所有动物的品种都找了一遍。Fred 有点腼腆，不怎么说话，但是当他告诉我前面有狮子或者犀牛的时候，那种感觉让我想起小时候家里的长辈带着我玩、教我骑车的样子。虽然远隔万里，但是终归人性是一样的。肤色并不是区别，这只有在跟本地人交流中才会有深刻的体会。我常常会问 Fred 一些关于他小时候的问题，问他家里孩子的情况，问他这里的日常生活，一切都跟我们没有根本区别。学生有学期，父亲有孩子，父亲会把一天的午饭钱省回去给孩子。

下午去四达的庄园，看了安静的别墅和修整得很好的草坪，跟三个照看房子的本地人分别碰了面，看看他们种的菜园，带点他们送的香草植物回来。本地人住在别墅旁边的小房子，人都很黑，见到我们有些拘谨。去庄园的路上经过一片很大的贫民窟，在一条由中国施工队修的很好的环城公路对面，而这条优美的公路前面对着的是富人区，有着一片很好看的房子以及背后更多的掩盖在园林中的别墅。这二者的对比太明显，虽然贫民窟只是从车窗外很快地路过，但是在富人区里新建的高档商场里购物时，心中总免不了想起不远处的贫民窟。人都是一样的人，但是过着完全不同的生活。贫民窟那一片片铁皮屋顶下的生活，我其实无从想象。

在回程路上再次路过贫民窟的时候，张姐提醒我赶紧准备好相机。我虽然迅速地拿起相机狂拍一顿，但是心里总觉得这样对边上的司机 Fred 是一种冒犯，谁不会对把自己国家的伤疤当作好奇的拍照对象而感到难过呢。贫民窟一会儿就过去了，我们高速地行驶在这条很宽很新的柏油公路上。我突然想，非洲人已经在这样的路上了，未来会是美好的。无论如何，现代化给人带来美好生活的可能性，相对贫困而言，这也许是唯一的出路。

三、海外家长

（一）家庭聚会

周五有两个同事要回国，周四下午下班后所有人一起出去聚餐。

车在路上堵了一个小时后到了一家叫作新江苏的中餐馆，一个大包厢，两张大桌。我们到的时候张军旗已经坐在桌上翻看菜单点菜，其他人在随意走动着说话，逗着小孩。彩卿姐的孩子小宝是这个大家庭里唯一的小孩子，大概 6 岁左右，特别可爱。有孩子在的地方显得亲切与热闹。

张军旗是四达集团肯尼亚公司的 CEO，也是四达中国员工这个小群体的负责人。他说，他是大家长，他作为总主持负责一桌，另外一桌由副总王乾旭负责。两个年纪最大的老大哥是这个家庭的核心成员，都很亲切，让人感觉特别踏实。

纪实篇

专题篇

案例篇

体悟篇

5

张军旗第一杯酒的祝酒词便明确了晚上聚餐的主题，来与去的都是一家人，欢送两个回国同事和欢迎清华来实践的同学。有意思的是，他说，"需要尊敬喝酒的人，因为喝酒的人愿意敞开心扉。"三巡酒后，便没有再多的讲话，家庭聚会应有的样子，各自交流各自走动，自由轻松。但是每个人都过来找张军旗喝杯酒，聊上几句。特别是两个家长私下互相敬酒聊天时的画面显得特别令人触动，看过去像是两个挑着重担的肩膀并立，平凡中带着伟大。

（二）海外征程

饭后常跟我们拉家常的那个长辈张军旗，在公司的时候是一个雷厉风行的CEO。四达几乎是与本地融入最深入的在非中国企业，本地员工占了97%，作为CEO的挑战可想而知。透过玻璃墙，可以看见他的办公室里总是各种人来来往往，有穿得很正式的来谈合作的，有向他汇报工作的员工，有黄皮肤的中国人，但更多的是肤色深浅不一的非洲人。如果留意一下，可以发现他的办公桌上放着一本封皮已经发白的牛津英文词典。也许送走说着各种非洲口音英语的本地人后，张军旗会拿起词典翻看刚刚没有听明白的单词吧。曾经我问他5年前来非洲最大的困难是什么，他毫不犹豫地说，"语言"。当时在尼日利亚，他负责售后运营需要去帮客户调修设备，语言不畅通是最痛苦的。所以他每天只睡4个小时，晚上充电苦学英语。如今，他每周一早上当着所有管理层的面用英语可以将公司业务说得滔滔不绝。有一次，他来我办公室和负责公共关系（public relations，PR）的Alex谈论业务，说着说着不小心冒出了中文，但是他又马上意识到非洲人听不懂，赶紧改回英文。在一旁的我，有点忍俊不禁，但是又佩服他的从容。不知道一个年近五旬的人需用多少夜晚才能换来这样的从容呢。

当我问他五年前为什么要来非洲时，他坦然地承认，从模拟转向数字，国内已经没有适合他的业务了，他带的所有弟子全部出海。他必须转型，必须踏上新的征程。他一到非洲就负责四达海外最大市场尼日利亚中最具挑战的运营业务，然后两年半前转战四达非洲总部肯尼亚，负责全面事务。有时候感觉他们这一辈人都有种战士的气质，人生不息，战役不止。不过这个老战士充满激情和温情。有时他会踱步到我的办公室来，兴起了就跟我聊一个小时的肯尼亚传媒市场，说到四达赢了竞争对手的时候嘴角扬起得意的微笑；有时候他会在早会的时候当着全体员工，严肃地批评业务部门，要求大家鼓起士气拿出业绩；有时候他会拉着他的老朋友负责市场部的印巴人 Mark 感慨地说起，"我们都老啦，跟不上时代啦"。

（三）小家亏欠

张军旗有一个习惯，每天晚上加班到大约 7 点，等所有人都吃过饭后他才回来吃饭。一个人在餐桌，拿出白酒，就菜配饭。有时候我们三个实习生会留下来看电视或者吃得慢就会跟他一起，陪着他喝白酒，听他讲故事。他会叙说 1988 年四达开始的故事，讲起 20 世纪改革开放的那个时代，讲起非洲的当地文化习俗，还有四达在这开疆拓土的艰辛。他会跟我们讲受邀到通信管理局局长的别墅里吃英式晚餐的有趣故事，他还会聊到我们的学校生活，聊起他那跟我们一般大的也在读研究生的儿子。

有一次喝酒到深夜，我问他在海外最牵挂的是什么。他跟我讲了三个故事。1998 年他在大庆做得不错，拿了 2 万元年终奖，给儿子买了一台钢琴。"那会儿的钢琴还是立体式的"，说这句话的张军旗是一个自豪的父亲。而在 2006 年，在儿子考中央音乐学院附中的时候，他爱人交代他要去学校看考试信息。他直到下班后才从大望路现代城打个车匆匆去学校看了考场和考试科目顺序。第二天，儿子一进考场就被老师赶出来了，因为弄错了考试科目顺序。"当时我觉得瞬间就蒙了，周围家长都说这家长怎么当的"，张军旗如今回忆起来依然很感慨。不过，好在最终孩子还是考上了。2007 年的时候他爱人病重做手术，但是他负责的项目在广州开会，他没能陪在身边。"一下飞机接到爱人电话的时候，那头就哭了"，张军旗说起这个画面眼睛湿润了。他们在四达相遇相识相恋，他的爱人本来也是四达最初的员工之一，职位比他还高，但是为了他的事业选择在家带孩子。他说，从 1989 年高中毕业到四达工作直到现在的这 28 年来，他陪家人太少，亏欠了家庭太多。

（四）四达精神

"家就是四达，四达就是家。事业是四达，四达就是事业。"

纪实篇

专题篇

案例篇

体悟篇

7

微醺的张军旗说这句话的时候，我似乎看到了某种嵌入的人生，我想起了那些为国家默默奉献的平均年龄 72.3 岁的清华老校友们唱着《祖国不会忘记》的那种感人画面。我问张军旗，为什么一个民营企业你会如此对它？

张军旗从四达的起家讲起，当年四达只是秦皇岛的一个"施工队"，拉电线安装电视锅的。那时是学徒制，他的师傅是个经验丰富的工程师，对他极其严格。当年他刚做不久，师傅就让他独立负责秦皇岛港口的一个项目安装，特地交代施工图只有一份不能丢。但是不幸的是，施工图偏偏丢了。师傅让他花了一星期跑遍秦皇岛码头依然没有找回来。这件事极大地挫败了他，但是也极大地鞭策着他。正是这种严格的训练让他养成终生受用的严谨务实作风，也正是这种当年的学徒制让那一代四达人养成了"勤奋正直"的精神，也成为四达的企业精神基因，一代代传承。

"我最感谢的是我的师傅，直到现在。"这是张军旗让我印象最深刻的一句表白。

张军旗一直强调热爱。热爱这份事业，热爱四达。或许当事人很难说出为什么热爱，以及为什么如此将这份热爱全身心投入。但这恰恰是最基本也是最难得的素质吧，一个海外 CEO 的素质，一个老四达人最无需解释的理由。

张军旗的名字带有军人气质。我笑着说，"您肯定从过军吧。"他也笑了。他跟我细数他家中的军人，算来算去就他一个不是，因为当年报考军校体检没过。我说，"当你的年终奖全被当地人偷走的时候，当在尼日利亚那么多本地人从四面八方围向你的时候，当你被闯入房间的拿枪大汉要挟的时候，你怕吗？"他没有直接回答我，他只是说，"经历多了心理就强大。"

一说到四达的成功，张军旗总说归功于四达创始人庞新星的战略远见。但是，这种远见的落地需要有一批像张军旗的人。四达时代的英文名叫作 Startimes，如果没有他们对四达企业的热爱，没有他们对四达事业的坚持，那么非洲大地上的四达之星是否能够升起，四达的时代是否能够到来？

某种意义上来说，中国文化企业走出去就是中国文化走出去，中国人的出海就是中国文化的出海。而走向海外的中国人其实并不特殊，他们跟普通的中国人一样，能吃苦，真性情。远渡重洋，是内在的强大精神让中国人在他国族群中构筑出生存空间。张军旗是当代中国人走向世界各地的其中一员，在他身上也许有更多的故事承载着这一扬帆出海的历史细节。

四、在非洲扎根的中国人

当苏必群出现在公司的时候，很符合一个福建老乡的印象。

他是在非洲多年的中国人，以前在中国武夷集团，从事路桥建设，后来自己在非洲创业，做非洲特色商品贸易和非洲旅游中介，在坦桑尼亚、乌干达、肯尼亚有多个门店，家人孩子也都在肯尼亚，住在一个中国人建造的小区。苏必群是中国人在非洲发展的另一类代表，自主创业，在非洲人与中国人之间来回打交道，既了解非洲人又了解在非洲的中国人。

他年纪不大，1987 年出生的。他听说我们来肯尼亚实践，专程到四达来跟我们交流。按照他的说法，我们都是年轻人有共同语言。他跟我们讲了他的创业历程。

苏必群开着一辆宝马 SUV 来接我们，路上放着十几年前的中文老歌。他家的客厅放着一套茶盘，水在边上正烧着，茶叶大都是大红袍、正山小种等福建红茶。他的 10 个月大的儿子一点儿都不怕生，在地上爬来爬去。他的爱人也是福建人，正在厨房给我们准备晚饭。他的书桌上摆放着毛笔纸砚，他的阳台上有一棵正结果的西红柿。在内罗毕看到这样的房子感觉很特别，又熟悉又陌生。

在阳台上可以看到内罗毕城区的房子，有新建的商场高楼，也有别墅院落式的看起来有点老的私人的房子。我们所处的小区具有强烈的中国特色，黄色的外墙，一个带有阳台的套房。从某种意义上来说，特色太鲜明是一种不融入，但是恰恰是这种不融入预示着融合的开始。苏必群虽然很早来到非洲，也做起了非洲生意。但是，他身上带有强烈的中国人印记，几乎是完全把国内的生活移植到非洲。正如这座小区好像从国内直接移过来一样。不过，内在已发生变化。

苏必群跟我们讲起非洲人的性格，讲起如何与本地人打交道，如何从跨国际的视野去看问题。他以前毕业于中国西南地区的一所石油学校，以后还想去读

EMBA，在更高的平台上继续拓宽自己的视野。

我想，是不是最初来非洲的这代人接下来会发生更多的变化？我笑着对他说，"你的儿子出生就在非洲，以后肯定会非常国际化。"那么到了他儿子这代人的时候在非洲的中国人又会是什么样呢？

上周末去 Karura 森林公园跑步的时候有一个叫李乐的年轻人特别活跃。他从小在肯尼亚长大，父母是上海人，早期来肯尼亚发展。他中学是在国内读的，后来去美国读的大学，毕业后到联合国工作，参加南南合作项目。但是后来他回到父母在肯尼亚的生物科技公司工作，致力于一种无毒生物杀虫剂的推广，促进中肯在环保事业上的合作。他是一个非常开朗很国际化的人，相对于刚来非洲的中国人显得非常不同，有着不同的代际。

在非洲的中国人会越来越多，虽然大都是短期外派的临时性质，但是会有越来越多的人像苏必群这样扎根下来，也会有更多像李乐这样的非洲华裔的后代。虽然现在很难判断在非洲的中国人会如何影响非洲以及自己如何被影响，但是这确实是一个很有趣的又令人充满想象的问题，毕竟这是真正的融合，不同族群、不同文化、不同文明间的融合。

五、通往蒙巴萨的铁路

蒙内铁路刚开通，车票很难买。周五我们三个终于坐上了开往蒙巴萨的火车，感受了传说中的很"中国"的铁路。

在内罗毕车站的正前方有一个记录这条铁路建设的纪念碑，分别用英文、中文、斯瓦希里文写就。检查进站需要过很多关，有时候安检员会用中文说，"你好"，物品安检的机器上有中文商家的标识。车站里的布局跟国内很像，广告牌位是中国商家提供的，检票口有几个中国员工在指导。车厢上有各种中文标识，且不说那些专业的中文技术术语，就连"小心脚下""列车员服务准则"都有中文版本，最令人印象深刻的是每一节车厢墙上都并列地贴着小小的中国和肯尼亚的国旗，显得特别的和谐。对在外的中国人来说，最亲切的事莫过于看到五星红旗了。

因为这条铁路刚开通，这在肯尼亚是一件大事，也是很多人期待体验的一趟火车。所以检票进站后大家都显得很新鲜、很欢乐，车厢里也是一派愉悦欢乐的气氛。这可能跟周末不少人去蒙巴萨度假有关。蒙巴萨是肯尼亚第二大城市，是个有着漂亮沙滩的度假地。坐在对面的两个非洲人很热情地跟我们一起拍照，虽然大家都还没有熟识起来，边上的一群本地女人也是很开心，她们一上车就开始自拍，还热情地接受我们的合照要求。一路上我们就这样跟本地人聊天，虽然英语口音不一样，经常要用"Sorry"来跟对方再确认一下，但是车厢里依然洋溢着一种欢乐的气息。以前听说本地人幸福感其实很强，似乎能从这趟列车上感受到一二，虽然能坐火车的本地人一般不会是穷人，但是一个国家的国民精神状态在一定程度应该是共通的。

坐在对面的 Peter 和 Pax 是叔侄。Pax 是一个学计算机的大二学生，Peter 是一个为政府工作的工程师。Pax 很健谈，他告诉我他家里有茶园，房子在山坡上，茶园连绵到山谷，山谷里种粮食。他还告诉我他喜欢美式足球，他的教练去过上海。我告诉他清华大学的计算机专业很强，建议他本科毕业到清华大学来读硕士甚至博士。Pax 语言天赋很高，他向我们学汉语，发音惊人的标准。但是我们跟着他们学斯瓦希里语就完全学不来那种舌头需要夸张抖动的音。当 Pax 看到窗外好玩的风景指给我看时，我感觉到人与人之间并不会因为肤色、语言、种族而隔离。当窗外有大象，对面的一群女人欢呼雀跃时，我们也跟着一起凑热闹，大家一起开怀大笑，这时候这种无隔阂感显得更加强烈。到了蒙巴萨车站，隔壁座位的几个本地姑娘在拍照，让我帮忙，然后邀请我跟她们一起拍。跟一群非洲姑娘拍照是件有趣的事，虽然大家其实并不熟，但是依然可以共同享受这种旅途的愉快。

本来以为蒙内铁路最重要的体验是中国元素，但是给我更多的感受却是这种不同民族间无差别的人性间的交流。其实，如果没有刻意去区分民族的时候，人都是差不多的，有同样的喜怒哀乐，有一样的幸福和不幸的生活，有大致相同的朋友圈和家庭。差别在于，生活在发展程度不同的社会里，只能按照各自的轨迹发展，也许会形成不同的世界观、价值观，然后对自己的生活会有不同的定义。但是对幸福的感受和追求，却是大致相同的。

六、刷墙，一种简洁而专业的非洲营销文化

刷墙是非洲街头路边的一道靓丽的风景线，或者说是另一种文化。

在肯尼亚的路边，会经常遇到一整栋墙全是绿色的，屋檐处带有本地最大通信运营商 Safaricom（萨法利通信公司）的标志；也会遇到带着另一家通信商 Bharti Airtel（印度巴帝电信公司）标志的整栋全是红色的房子；还会看到一堵墙上刷着肯尼亚最负盛名的啤酒品牌 Tusker（塔斯克）明晃晃的黄色中带有那只著名的大象。大块统一上色，只有简明商标，这是非洲刷墙的普遍特征。付给房屋主人一定的费用，他们也很乐意房子被刷新一通。如果与周围杂乱的房屋街道对比的话，刷过墙的房子反而令人感觉干净整洁，而且具有某种可欣赏性。

我们在从首都内罗毕通往蒙巴萨的火车上，不时会有四达的刷墙在不远处的高速公路旁闯入视野，上半部是大块的橙色，下面墙柱全部是蓝色，这是四达经典的黄蓝颜色标识。整个视野内只放四达商标包括星标志、StarTimes（四达时代）和"ENJOY DIGITAL LIFE"（享受数字生活）的字样，以及放上机顶盒和天线接收器的图案。整体上，跟其他大型公司的刷墙广告一样，简洁、突出企业标识。

在蒙巴萨，市区是不允许刷墙的，因为这一带居住的穆斯林较多，所以市政府要保持整个城市的白色纯洁，下令不允许刷墙。不过一出市区，在出城的主干道上各种标识明显的刷墙便不时冒出来。四达经典的橙蓝相间也不时出现在视野中。

在中国人的帮助下，一条修得非常优美的公路向西绵延到马赛马拉。但是公路两边大都是戈壁或者农田，很少看到房子集中区。当 Safaricom 的绿色刷墙出现时，那就是到了城镇。大一点城镇的刷墙可以看到深蓝的牛奶品牌，还有明亮黄的糖果品牌，当然也不时看到橙蓝的四达。当然沿路的品牌并不多，见到整栋刷墙的品牌掰着手指头就可以数得过来，在非洲偏远地区，眼前这专业的刷墙让人感受到一种高水平的审美，一种不向贫穷屈服的气质。

"可见度高"，这是四达东部大区经理对刷墙的最简洁评价，他对四达的星标志开始遍布整个东部沿海感到满意。非洲有非洲的营销规则和生活文化。虽然非

洲经济发展相对落后，但是这种户外广告却不显低俗。当你走过一栋刷满四达橙蓝标识的房子，看见那句"ENJOY DIGITAL LIFE"的时候，会感觉到一种别样的高质量感。从这个意义上说，中国企业在非洲确实有跨国企业的风范。

七、马赛马拉的迷思

让我感到难受的不是越野车在凹凸不平的土路上颠簸，而是车窗外那片贫瘠的土地。

在马赛马拉国家公园的入口住着不少的马赛人，有马赛村。当游客停在门口等的时候马赛妇女和老人们就围过来，敲敲车窗，递上他们自己制作的粗糙的纪念品，造型单一的长颈鹿，不知道使用什么材料编织的手环，还有漆得很不均匀的土著人面具。跟所有旅游胜地一样的场景，他们开始兜售着手中的小东西，无论游客再怎么不耐烦也不影响他们热情地继续向游客兜售商品。

旅游团一般会提供到马赛村庄里参观的服务，只要付一定的费用，导游就会带队到马赛人的房子里参观，也可以欣赏到当地人的歌舞表演。

车从马赛村经过时令人印象最深刻的场面是，远远的空旷中有一小块用土砌起来的房子，茅草做的顶，有两三个披着鲜艳马赛布的孩子在房屋边上跑来跑去，除了这点鲜艳的颜色之外，似乎没有给这苍凉的大地留下太多的人为改造自然的痕迹，都是土一样的荒凉和沉默。但是不远处依然有成群的牛羊，后面跟着同样披着艳红色马赛布的本地人，一个或者两个，手上拿着一根细小的棍子。牛羊圈是用木柴简单框起来的，不知道国家公园里的狮子会不会跑出来去偷他们的牛羊。

当下雨时，车就会陷到泥地里，然后司机们互相帮助拉车，先出来的车停在路边去帮后面的车。这样路边就会形成一列车队，里面坐满了游客。他们在车上吃着东西闲聊着。

马赛马拉是肯尼亚跟坦桑尼亚接壤的地区，是野生动物保护区，每年七八月份是最佳的旅游地，因为有动物大迁徙，大批的角马将从马拉河对面的坦桑尼亚横渡到这头的肯尼亚。在这个大迁徙的季节，很多越野车、面包车满载着来自全球各个地区的观光客，将那片据说是非洲最大野生动物保护区轧出一条条蜿蜒的公路来。司机负责开车也负责寻找动物，他们拿着小小的望远镜，听着对讲机里同伴们的通报，带着游客全力寻找最令人惊奇的野生动物。观光车零零散散，寻寻觅觅。一旦有人发现了难得的狮子或者豹子，附近的车会全部凑到一起，游客们会打开车的顶篷，饶有兴趣地看个过瘾，迅速地按下快门，满足地赞叹几句。然后，司机淡定启动引擎，向寻找下一个目标前进。

从马赛马拉回首都内罗毕需要 5 个小时的车程，需要经过东非大裂谷。沿途风景迷人，有漂亮的农场，有非洲风情的仙人掌树，有看起来挺繁华的城镇街道。对了，还有欧式的学校——小学、中学，大门很好看，用漂亮严肃的英文写着校名，毕竟学校看起来总有点神圣且似乎跟希望相关。

去马赛马拉的公路是新修的，很长、很漂亮。那天天气很好，非洲高原的云很低，在公路上落下斑驳的影子，越野车跑起来很欢快。车上的电台反复播放着轻快的本地歌谣，年轻的歌手用不同的声调反复吟唱着 Kenya（肯尼亚），虽然歌词听不懂，但是我知道那是在赞美肯尼亚，那是当地人对美好生活的赞歌。那个时刻是一种很美妙的感觉，让人时常怀念。

在肯尼亚度过的六周让非洲的概念在我的脑海中逐渐清晰起来。那里并没有太多不同，那里跟我们也不尽一样。肯尼亚人对未来美好生活充满了向往和充满了希望，正如那歌谣里的哼唱，似乎一切都在实现，似乎一切又都在期望之中。

八、我那些肯尼亚朋友们

我对肯尼亚乃至非洲的概念最终是由这些人定义的，这是一个具象的定义，一个充满感情的定义。

肯尼亚最著名的火山 Longonot（龙果纳）有很多人去观光。当我从火山口一路快速小跑下坡的时候迎面遇到很多正在上山的肯尼亚年轻人，成双成对、三三两两。我认真又开心地跟遇到的每个本地人都大声说 Jambo（本地语，你好），然后他们会很开心地回应 Jambo，并问我几句，还有多久能到山顶，山上风景如何。所有人都很开心，可能是周末的缘故，也可能是山上风景漂亮的缘故，还有可能是因为爬山者朝气蓬勃的年轻，正如这个国家的年轻。

刚到肯尼亚的时候中国同事跟我们描绘肯尼亚人的性情，说他们并不像很多中国人那样勤劳拼搏，他们能享受一天生活就享受一天生活，他们收入不高，他们赚到钱就花掉，但是他们生活的幸福感并不比中国人低。

后来的几周时间内我接触了不少肯尼亚人，有的只是一面之缘，简单聊了几句，有的每天接触，逐渐了解他们的生活。

当我从火山下来的时候遇到一个大二的小伙子 Peter，他学计算机专业，他带着一个索尼的数码相机邀请我自拍，他说他未来要来中国广州批发便宜的笔记本电脑到肯尼亚卖，他相信他能赚不少钱。我在蒙内铁路上遇到 Pax 和 Mugo，Pax 也是在读大学生，Mugo 是工程师。Pax 很兴奋地跟我描绘他家里的一整个山头的茶园，他说他喜欢橄榄球，他的教练到过上海。我跟他说本科毕业后来中国读硕士，来清华大学念，清华大学有中国最好的计算机专业。他腼腆地笑着，不置可否。车厢内还有一群年轻的肯尼亚姑娘令人印象深刻，她们在整整 5 个小时的车程里欢声笑语不断，以至于现在回想起来火车经过的那片苍凉的非洲高原也充满着欢乐。非洲人天性热情奔放，确实跟我们东方人很不一样，似乎无论何时何地他们都能够享受音乐节奏带来的欢乐。

我的同一个办公室的同事 Alex 是经验丰富的 PR，他在坦桑尼亚受过高等教育，长得高高瘦瘦，经常代表四达公司出席媒体招待会。Alex 很绅士，说话方式很优雅，甚至轻轻打个喷嚏都会无一例外地说"Excuse me"。Georgie 是我隔壁办公室负责媒体内容的同事，年纪跟我一样大，但是他的孩子已经出生了。不知道是不是因为年纪相近的缘故，总觉他有种亲切感，我经常喜欢跑过去跟他闲聊，关于他们的大学，关于他们的日常生活。Georgie 和 Alex 都属于肯尼亚生活体面的人，他们跟生活在基贝拉贫民窟的人有着完全不一样的人生。但是，当我快回国时他们突然提出我能否把单反相机和苹果手机便宜卖给他们时，我感到一种说不出的心酸。他们都一样地加上一句，"你回国后就可以买新的了。"这样的理由让贫困看起来更加隐蔽，但是却是更加刺痛人心。

市场部经理 Mark 同时也是四达肯尼亚公司的副总裁，他年纪比较大，个子

纪实篇

专题篇

案例篇

体悟篇

不高，每天穿着白色的衬衣，挺着发福的大肚子很有中老年人的样子，因为他行动起来也很缓慢，说话也自然是慢条斯理的。Mark 是个印巴人，据说他直到现在都没有结婚，家里有个老母亲。每天在办公室看他对着报表眉头紧锁，跟下属询问任务进度时也不太开心，可能也只是他性格缘故，总感觉他对公司的日常忧心忡忡。不过每当我进去办公室找他聊天的时候，他会眉开眼笑，那种眉头的展开显得自然而然。

每天早上大约十一点的时候，公司的清洁工阿姨 Salome 都会准时出现在我的办公室，她总是边拖地边跟我说，她把地拖得一尘不染，自己的家里也是这样的。她说她希望我能够留在四达工作，她很向往中国，跟我合照就相当于来过了中国。

Moses 在跟人聊天时总是喜欢说"Yes~yes~"（是的，是的），他有点胖墩墩胡须紧密，说话声音有点生锈的感觉。他是四达的长聘司机，一般开那辆丰田 SUV，那是公司两辆专门接送公司高管人员外出办公用车之一。每次快到目的地的时候我总喜欢故意问他一句，"Are we almost there?"（我们快到了吗？）他会毫无意外地回答，"Yes~yes~。"公司的其他几个司机一般比较沉默，但是 Moses 只要给他个话题他就会很开心地帮你把话题延展开来。一说到高兴之处，他的非洲英语就不知所云了，但是只要听众还保持着兴趣，他就会依然很开心地继续讲下去。他说他是几年前才搬到内罗毕住的，但是他熟悉内罗毕每一条路，甚至每一个不显眼的凸起的路障位置他都知道。他是个 Kikuyou（基库尤人），肯尼亚最大的部落，跟当前执政总统 Uhuru 一样，所以选举时候他必须回去投他一票。他带我们去肯尼亚刚开业的最高级商场 Two Rivers，一进去的时候他有点自豪地对我说，"这是你熟悉的北京的感觉了吧。"在回程的路上我们正如所预料的堵在内罗毕的街头，我从网上找了一张北京堵车的照片给他看，他瞬间呆掉了，他的反应是，"哇，这么好看的场景。"因为图片里北京的车道很宽，车也很新，充满了摩登都市感，看起来确实跟内罗毕的街头相差很大。我跟 Moses 接触很多，几乎每次出门需要用车时我都会特意找他，然后路上可以跟他闲聊，偶尔让他带我们去其他非计划的地方也转转。我要回国的前一天，他带我去邮局，然后我们一起在国家部委大楼前等 HR Francis 时他很郑重地说，"你以后会办大事的。"那时候我觉得他充满了温情，完全符合我对非洲人民的期待，并不是因为他在表扬我，而是因为他做出了一种私人关系的肯定，一种对未来的祝福，这是一种无种族差别的善良。

非洲的风景很好看，非洲的经济确实落后，非洲的安全也是个极大的问题，非洲还有种种好的不好的，但是那些都跟在没有去过非洲之前的认识并没有太大的距离。这些更像是一种知识，一种理论化的知识，只是需要客观求证就可以得到结果。但是我所经历的非洲的样子并不是最终验证了书本里或者电视里的那个贫穷与野性的非洲，而是一个令人欣喜的充满感情的非洲，一个由非洲本地人建构的非洲。这个非洲充满了对生活的乐观，对幸福的满足和感恩，对外国人的友善，对困苦不屈不挠的抗争，对美好生活从未放弃的追求。我对肯尼亚、对非洲充满着希望，正如我的非洲朋友们内心所确定的那样。我总是跟他们说，"You surely have a bright future，like we Chinese do."（你们肯定有光明的未来，就像我们中国人一样）

凯伦那本非常有名的小说《走出非洲》有一个经典的开头"I had a farm in Africa at the foot of Ngong hill"（我在非洲曾有一座农场，就在恩贡山脚下。）每当我回忆起非洲那片土地那段时光时也总会以这样的开头和语调开始，"I had friends in Africa at the foot of Ngong hill in Narobi，the capital of Kenya（我曾经在非洲有一些朋友，在恩贡山下的肯尼亚首都内罗毕）。"

纪实篇

专题篇

案例篇

体悟篇

背景介绍

作者刘金河，新闻与传播学院 2016 级博士研究生，2017 年带四达时代肯尼亚支队前往肯尼亚首都内罗毕开展暑期海外实践，期间在四达时代肯尼亚分公司与当地员工一同生活工作，也到蒙巴萨、马赛马拉等地考察。

97% 的非洲员工

⊙ 安 楠

一、初识: 不温不火的"刻板印象"

　　一次周一上午晨会的时候，品牌市场部的经理李昆点名表扬了 Abili，因其在刚刚结束的 Sabasaba（坦桑尼亚最大的商贸展）上表现出色，顺利完成了预期目标，并实现了销售盈利。这也是在 Sabasaba 之后我第二次见到 Abili，他还是显得有些腼腆。

　　上一次我们去展会参观，他的工作表现给我留下了很深的印象。作为一名销售，虽然他话不算太多，但是工作却非常称职。我们插空和他聊聊天，他说话的当口注意力却一直在门口，一旦有顾客上门前来时，他就起身上前，认真介绍四达售卖的电视机。顾客如果进一步有兴趣，他就把电视从门口搬到里屋，插上电源和信号线，给顾客展示，展示完再把电视搬回门口的展位上。我们在的当天，他来来回回搬了不少趟，大致五次完整推销能有一次成功订单。对于一天下来的销售战绩，Abili 自己和在场值班的中国员工都还算满意。一整天的工作从上午八点进场开始，一直忙到晚上七点，Abili 并没有任何一个时刻显得很亢奋，但是却没有怠慢一刻，给我的印象就如同温润的泉眼，慢悠悠咕咚着，却能咕咚很长的时间。Abili 并不是我在四达坦桑分公司认识的第一位非洲员工，但是却很有代表性，稍显不温不火的个性与工作态度几乎成了我对这里本地员工的"刻板印象"。

属地化员工管理是跨国公司本地化发展不可避免的问题，身处非洲大陆的四达时代坦桑分公司面临的问题恐怕要更为严峻。坦桑尼亚以其突出的自然资源吸引了大量的外资投入（FDI），带来了资本、技术以及工作机会，这些外资广泛布局在当地的农业、矿产等行业。然而，在倚靠自然资源以外的产业，外资涉猎却并不多。相对匮乏的商业环境和政策条框制约成为企业进入坦桑尼亚的壁垒。繁重的行政压力、准入和操作限制以及劳动力效率的相对不足解释了为什么只有少量的投资者进入坦桑尼亚的自然资源外的领域（2014 年世界银行报告）。

坦桑尼亚是一个以农业为主要产业的大国，工业化水平很低，是联合国认定的世界最不发达的国家之一。在 2014 年世界银行有关坦桑尼亚就业的报告中指出，在本地推动就业的主要支柱包括小型商业、农业以及出口市场，五人以下、家庭为单位、并以农业为主的商户是这个国家最常见的商业团体。在 2009 年，数字电视业务是完全的蓝海市场。不要说当时的就业者，连政府都不太了解这是什么。另一方面，尽管坦桑尼亚有着极高的劳动参与率（2016 年 15 岁以上人口劳动参与率达到 78.54%，比中国高 8%），但是相对低下的教育普及情况使得可用的人才基数并不多（2011 年全国青年高中及以上学历仅为 3%，UNESCO 数据），这代表着公司招来的员工无论在行业认知或是专业理解上都相对欠缺。也是因为如此，尽管坦桑尼亚的名义上用人成本相对较低，但在达到岗位胜任力前所要花费的时间和成本却非常大。

追溯坦桑尼亚国家的历史，奴隶制在 19 世纪 60 年代被废止，但是被废止之后的一百年里，坦桑尼亚内陆却依次经历了德国和英国的殖民统治。坦桑尼亚联合共和国在 1964 年 10 月建国，也仅仅经历了五十多年的时间。长久以来，非洲人民习惯着倚靠自然经济就能满足生存的自给自足的生活方式。同时，坦桑尼亚的教育发展经历过较长的停滞，从 1995 年才逐渐恢复发展。而到 2011 年政府发布第一个五年计划后，诸多举措才得以实施，例如加大技术技能型人才的培养和对职业教育、高等教育的投入，而这些十年内的改革措施的成效还未广泛见诸人力市场。

因此，国家经济、教育、历史等诸多方面的因素影响折射在每一位本地员工身上，让我对他们产生了不温不火的印象。实际上，工作效率相对低下的事实不仅能从身边同事那里听来，还能亲眼所见。有时我会看到员工对着电脑屏幕发呆；简单的排版工作要费几个小时的时间；他们行为举止和反应频率都慢悠悠的，让习惯了高效工作的中国同事也适应了很久。听公司同事说，2009年来坦桑尼亚开展工作时，甚至搬出了九九乘法表来教员工算数。集团的庞总对教本地员工有一个很形象的表述，"我做你看，你做我看，我再做你再看，你做"。以至于到现在，情况稍有好转，通过招聘、培训等各种人力手段，本地员工已经能承担一些工作。但是距离整体令人满意，却还有不少的距离。

二、特色：矫枉过正的法律意识

与相对较低的工作效率所不协调匹配的，则是员工充分的法律与维权意识。坦桑尼亚的法律系统对于雇员的利益极为保护，在条款的设计和劳资纠纷的处理上都有体现。

坦桑尼亚的劳工法体系健全并非常照顾雇员，最明显的例子就体现在员工解聘上。劳工法规定，雇主对于员工的解聘必须要有正当理由，并且在终止雇佣关系前须发出通告，与雇员达成协商一致，同时要补偿一个月的薪水。正当的理由与证据必须与员工的能力、行为有关。倘若是因为员工出现了职业道德不端的行为，在解雇前要经过严格的三阶段的公司内申诉和取证的程序，组织委员会进行听证环节并最终由CEO决定是否要解聘；而如果是因为员工的能力不足以胜任岗位，也要进行多次公告、收集员工能力不足证据的流程后最后解聘。员工一旦对公司的解聘有所不满或认为遭受了不公正的待遇，在事情发生的30天内可以向劳工法庭（CMA，专门解决劳工纠纷的法律机构）上诉，那么一个简单的解聘问题就可能转化为历经数年、耗时耗力的法律案件，而且雇员往往一告一个准。而相比之下，如果员工自己提及辞职，过程却没有这样的复杂，往往在提前一个月的时间向公司说明后，不费力就可以辞职。

四达坦桑尼亚子公司 CEO 的秘书、法律顾问 Justine 和我们讲："法律理应以证据作为首要前提为原则，但在坦桑尼亚实际上程序却先于证据。"劳工法对于雇员利益的过度保护使得员工的申诉渠道有时变得较为不合理，在取证之前往往就准许听证环节。

而这种对流程的执着不仅仅体现在法律体系本身，还体现在员工自身的意识上。在和本地员工聊天的过程中，我非常惊讶地发现他们对于当地劳工法的和对自己维权手段和程序的清晰认知，他们对于遇到各类情况他们可以采取的方式和渠道如数家珍，他们也确实付诸行动之中，这让四达在一开始吃了些苦头。他们清楚地了解每一种解聘原因背后应有的流程和结果，懂得在每一种流程中争取自己最大的利益。曾有员工挪用公款并补齐后，就因解聘理由从行为不端变为公司主动解聘而讨得了一个月薪资的补偿，也有员工在因为能力不足被解聘后状告遭受了不公平待遇而上诉劳工法庭，在长久的拉锯战后，对公司而言耗费的精力与带来的负面影响都是巨大的。

法律方面存在的龃龉不仅体现在劳务纠纷上，还体现在一些细节执行上。坦桑尼亚的劳工法要求，若与员工不再续约，在员工的合约期满前一个月要通知，否则会自动转入下一期。而公司负责人力资源管理的人员很少（现有三名人力资源管理人员管理公司五百名员工），而员工的档案都是以纸面形式记录，一开始经常有所遗漏，没能及时与能力不足的雇员解约，浪费了一些时间精力。

外资企业属地化的过程，实际上就是从宏观的国别、中观的产业以及微观的人力的结构嵌入的过程，而坦桑尼亚自身地缘情况的特殊性以及与国内环境的差异难免造成它们在人力资源属地化管理过程当中的水土不服。在公司创业的初期，这不仅体现在磨合差异的过程与创业初期大量人力需求的矛盾；还体现在人力水平不足的普遍现状与公司属地化长远战略目标之间的矛盾。

三、尝试：流程优化与人才提拔

四达坦桑尼亚分公司在发展的过程中，也经历了逐渐适应的磨合过程，逐步优化了管理流程，也提拔了一批素质较高的本地员工，在公司跑马圈地的初期阶

纪实篇

专题篇

案例篇

体悟篇

段提高了不少效率。

还是以终止合同为例,人力部门加大了档案管理的力度,制定了新的合同规定,对人员的续约采取了从人力经理到部门经理再到公司 CEO 的三级审查机制,以确保人力期满后合理地续约。人力部门结合部门经理共同执行绩效考核工作,并对绩效不良的事项及时记录证据,以保证在终止合同时合乎规范也提高效率。在四达坦桑尼亚分公司,负责人力资源管理是三名坦桑员工,这种人员设置能最大程度减少交流障碍,也能尽量避免管理落实中可能的文化冲突摩擦。公司也加大了人才培养的力度,以保障员工在公司的职业发展轨迹,也为公司积累了人才储备。公司向全部员工开放了职业内和外的培训环节,不仅培训员工的专业技术和能力,还包括年度的有关管理和中国文化的集中培训。对于在工作中表现优异的员工,公司向他们提供了晋升渠道,有不少员工就是从基层的职员一步步提拔到公司的管理层的。公司每年也会选派两名优秀员工到中国四达总部进行学习和交流,进一步拓宽其视野。公司各部门的经理也在日常工作中和本地员工进行面对面的交谈,向他们介绍整个行业发展的前景和员工自己的职业发展轨迹。

公司经过多年的尝试和发展,逐渐在属地化人力资源管理方面积累了经验,也培养了一批优秀的本地职员,Zuhura 就是一个很典型的例子。她是 2010 年10 月进入四达公司的,到 2017 年 10 月在四达已经有七个年头。在起初的两年半里,她先后在公司的销售部门和市场部门工作。而她自己更有兴趣参与公关和管理工作,也自学考取了诸多学历资质,因为工作上出色的表现在三年内连升两级,如今是公司的副总,负责与当地政府、社会各界接洽,是公司名副其实的发言人。Zuhura 是一个有上进心的人,在销售部工作时,由于无论是公司还是她个人都没有太多传媒公司销售经验,因此就向其他通信传媒公司学习模仿如何进行广告、路演和推广等工作。Zuhura 说,来到四达让她有更多的机会迅速学习成长,有机会与许多本地官员政要接触,而中国人的工作习惯和风格也在潜移默化中感染了她,她的工作以目标为导向、讲求计划的习惯也在一步步养成。Zuhura 是一位很和善的中年女子,自从对她进行了一次访谈以后,每一次碰面都会笑着摆手和我打声招呼问"how are you"（你好）。和众多坦桑尼亚员工不同，Zuhura 工作很讲究效率，并且总把员工要勤奋工作挂在嘴边，她说坦桑尼亚在发展，我们每一位公民又有什么理由不努力呢。

在四达坦桑尼亚分公司，我接触了不少本地员工，也认识了一些像 Zuhura 一样的优秀员工。在他们身上我看到的不是这个国家人民一贯的温吞吞模样，他们工作态度认真主动，接受过高等教育，善于学习，目标明确，有一定的眼界，对自己的职业有所规划，当问到为什么选择进入四达时，也都认为四达的工作能带给他们有关行业的工作经历，因而非常重视这次机会。他们中的一部分人已经获得了硕士或同等学力资质，或在工作几年后一定会进一步进修；同时，一部分年轻人也有积累经验后自行创业的打算。这些优秀的本地员工也都在短时间内获得了提拔，表现优异。

然而，这些摸着石头过河式的在流程优化和人才培养上的尝试，尽管在公司发展初期时，提高了一些效率，公司的管理层也越加有心得，但是随着公司业务在全国范围内的迅速扩张和不断壮大，人力资源管理的发展依然还显得有些跟不上脚步。一方面，公司的人力资源管理并没有形成系统化的体系。由于海外中国员工团队的精简高效，四达坦桑尼亚分公司没有专门的人力经理，仅有一名行政人员代为管理，三名本地员工负责 500 余名员工的人力管理工作也显得有些分身乏术。公司总部专业的人力经理会以外派的形式来各地指导工作，但是十几个项目国的工作量也难以保证具体效率。同时，公司这些年的工作经验有一些还没有下沉形成文字记录或上升为公司制度，而有一些形成了属地化人力资源管理制度和规则，但是却还没有形成相互协调统一的人力资源管理系统，使得一些环节的存在收效不大，并没有达到提高绩效的战略目标。另一方面，有潜力的本地员工仍只占少数，人才市场的整体素质决定了本地人才梯队难以完善。工作主动积极的员工仅是零星的个别现象，并还没有形成整体的企业氛围，因此从日常工作中挑选千里马的人才提拔方式不是人才梯队建设的主要模式。

纪实篇

专题篇

案例篇

体悟篇

四、挑战：精细要求下的属地化管理

在如今新的时期，无论是内部环境还是外部环境，都更加要求精细化的属地化管理。从内部环境来看，如今的四达坦桑尼亚分公司已经从起初的"跑马圈地"发展到如今的"精耕细作"，整个团队更关心的话题，不是基站有没有建好，而是机顶盒卖出去多少台；不是大家了解不了解数字电视，而是大家对我们推销的节目包是不是感兴趣。运营的各环节的本土化要求越来越高，都更加需要有能力的、具有本土化背景和视野的人才梯队的建立。从外部环境来看，风向要变了，这是我听四达的中国同事提起的话题。马古富力是 2015 年上任的新任坦桑尼亚总统，这一任总统头脑清晰，手段强硬，政策和态度都有些难应对。新任的总统对私有化企业特别是外资企业的态度并不友好。在这个国家大量依靠外来直接投资（FDI）的前提下，收紧政策，加大私有企业国有化的力度。我们在坦桑尼亚的这一段时间，就发生了政府向某一外资矿产企业罚款的金额三倍于整个坦桑尼亚 GDP 的天价罚单。四达一直以来与政府合作密切，也遵纪守法，并没有受到波及，但是难免会因为政府的政策而变得更加谨小慎微。四达坦桑尼亚分公司则更要在这一时期加强树立与政府友好的形象，与本地有更紧密的联系，也就意味着对本土化宣传和公关人才的需求更加强烈。

各种因素都逐步指向，四达坦桑尼亚分公司在接下来的一段运营时间内，属地化的人才梯队的建立迫在眉睫。而公司的 CEO 王晓博也认识到了这一点，并筹划制定公司的人才梯队建立计划，我个人也有幸提了一些建议。不可否认的是，海外人才培养注定是一项长期工程，需要完善的培养环节和具体实践的落实。

在海外工作的中国员工，都非常年轻，也都担任了职能部门负责人的职位，他们业务能力突出，然而在人力管理上却是新手。由于公司本身人力专员的不足，人力资源管理实践的落实，就成为这些职能经理的角色外任务。这项工作需要他们的沟通能力与本土化认知，在如今繁重的业务工作以及依然存在的语言和文化沟通障碍下，这一任务无疑会使他们耗费大量精力却可能低效率。因此在制度执行上，不仅要自上而下地让大家普遍理解制度的重要性，还要让制度具有一定的可操作性。再者，环境差异因素依然不可忽视，属地员工身上的不同文化、整体素质不高的现状、历史遗留因素以及过于强烈的法律维权意识并没有消失，每一点都可能会引起劳务纠纷，也会影响工作的开展。

因此精细化的人力资源管理需要营造公司的企业文化氛围，增强员工的公司归属感，增强公司的本土化特色，都有利于人才的吸引、发展和留任。在四达坦桑尼亚分公司属地化发展趋势高歌猛进之时，本土人才的发展不仅能提高工作效率，还让他们在一些岗位上更有优势与潜力。借助系统的管理制度、更专业化的管理人才、自上而下的执行效率，属地化管理之路的确漫长，但却非常有意义。

背景介绍

作者安楠，水利系 2015 级博士研究生，2017 年随坦桑尼亚支队前往坦桑尼亚开展暑期海外实践，期间，安楠围绕在坦桑尼亚开展的属地化员工管理课题，提出中国企业应该在海外进一步凝聚力量，积极承担社会责任，扩大在当地的影响力。

纪实篇

专题篇

案例篇

体悟篇

记亚的斯亚贝巴的时光

⊙ 胡　婷

一、远方的"家"

每天早上的 7 点，听着窗外教堂里的嘤嘤云云，在五号驻地的我们开始了新的一天。

我们一行六人，同行的小伙伴里我和逸凡住在五号驻地，其他几位小伙伴分住在一号、二号、三号驻地及拉布车站。"驻地"这个词第一次听说便让我们对非洲便充满了庄严肃穆之感。原来起居地在非洲是不会被温柔地称为宿舍或者寝室。这里所呈现的画面感在于这可能是一个个堡垒，外面是保卫着我们的军人。来了以后发现这儿，驻地外围是"驻地"，符合着我们的想象，确实也有着当地人的保护，但进来以后发现，这儿最好的名称是"家"。一入外面的铁门，家的感觉便细细密密的洋溢开来。院子里铺着的是红色格子的大块地面砖，敞着的大门口上贴着对联、剪纸和中国年画上的小福兽（图 1）。

驻地原是当地的别墅，由中国人租住。五号驻地的东哥，是我们的大厨，也是管家。他能每天不重样地带着几个当地的帮厨做上三桌大菜，陕西的、湖南的、各种风味的菜色都有。所以，没来前，我们还以为我们要在非洲吃着白蚁和肉蝙蝠，但其实我们每天的生活都仿若不曾离开中国。

图 1　支队成员在当地住处

　　大部分在非洲的中国人几乎一半的时间都在驻地度过。这儿彼此都是同事，是朋友，也是一起在非洲紧密相挨，抵御孤独的亲人。而另一半的时间就在离驻地不到 500 米的公司里度过。

　　在中土集团（中国土木工程集团有限公司的简称）的时光，一周工作六天，每天 8:00—12:00，14:00—18:00 都是公司的上班时间。但除此之外，晚上的加班却是大部分年轻人的不二选择。

　　这样的生活简单而纯粹，每天孤独地忙碌，忙碌地孤独，两点一线，不曾停歇。大部分在中土的都是些年轻人，他们外派到非洲待上三四年的光景，大部分人都还没来得及去深入了解当地及当地人，就骑马扬鞭而走。

　　不过，我们也遇到一个特别的。公司的老王是我们在埃塞俄比亚遇到的"万事通"。我想这么介绍我们老王，这位掌握着我们公司采购、维修水电大权喝杯酒就醉夸下他就脸红的自称长着 60 岁老脸但依然过着五四青年节的英文名叫 Edison 的河北大叔！老王来埃塞俄比亚三年多了，对于老王来说，每天那可不是两点一线，他每天马不停蹄。公司的采购、领导的接机、哪里的网没了、哪里的电没了、哪里的机器停了，大家都要找老王。老王熟悉着埃塞俄比亚的每条街道，深谙着怎么跟当地人打交道。我们老王神通广大，自学着英语、阿姆哈拉语，跟当地人讨价还价毫不含糊，Facebook、Instagram 也是玩得风生水起。在埃

纪实篇

专题篇

案例篇

体悟篇

塞俄比亚的日子，我们一般是不能单独出门的。公司的高楼和驻地的高墙将我们与外面鲜活的非洲隔绝开来。幸亏有老王，喜欢听他讲故事，讲他遇到的非洲人，讲他在这边的工作，讲他每天遇到的点点滴滴。菜市场上的讨价还价我们都会听得津津有味。在这里，要感谢老王。

以上是我所看到的中土集团公司员工生活的日常。虽然只有一个月，但这个判断应该还是大多数中国人在非洲的常态。当然我们也遇到过北大本科毕业只身来埃塞俄比亚并在亚的斯亚贝巴大学攻读硕士学位的同龄人，我们也遇到过对非洲充满感情将自己的青春奉献给非洲并融入非洲、热爱非洲的前辈，但我还是感觉需要一个声音平淡地记录大部分在非洲的普通中国人。

二、改变刻板印象，抛弃固有偏见

有个问题的答案我一直在寻找，我不知道自己是出于什么心态。刚来的日子里，我几乎问过所有我遇到的中国人，"你对非洲人有什么印象？"后来我想想，我对于这个问题好奇的原因可能是因为在我还没来到非洲之前，已经听到了一些对他们不和谐、不友好的声音。但我仍不以为然，而且心里也预设下答案"这是一种刻板印象与固有偏见"，然后期望着在非洲呆了很久的前辈们给我一个同样的答案。

我不断地去寻找。"跟我们中国人不一样，同样是农村。在我们中国农村，插块地，种水稻，水放干了以后还要种点油菜，种完之后还要种点白菜，土地利用效率是很高的。而他们是耕完田，把这个苔北种子撒下去，有多少收成就收多少。天下雨就有水，不下雨就没水。然后到了四五月，这个田收获完了，他们人就闲在这里。一块田一年的利用时间也就四五个月。其他时间他们都没干什么。他们的农民真的没事干，不像我们老家的农民，那一年四季的活干不完啊。"

也许最开始急切的追寻下的判断终究是有失偏颇，直到我自己遇到一些人，沟通和交流，你才能思考这些答案的不同以及深处的缘由。

改变我看法的第一个人是我们公司法务部的 Betty（图 2）。

Betty 比我长两岁，本科毕业以后去过法院，去过律师事务所，最后选择来到外企当法务。我刚来的时候她工作近半年，但她工作效率非常高，能很快地抓住重点，进行法律检索，并提出自己的解决方案。在埃塞俄比亚待的一个月，我想要研究的项目、我好奇的当地的教育、文化、音乐、电影等我们无所不谈。她的英文很好，总能在我结结巴巴的时候非常快地抓住我想要询问的重点，并耐心地跟我讲解。有一次，Betty 带我去联邦法院交起诉状，那天下着小雨，恰

图 2　作者与当地员工合影

好，我们的文件又出了问题无法及时立案，我看她有条不紊地领着我快速去她曾经一起工作的联邦法院的同事那儿，重新写了一份材料并打印，及时交去立案。要知道她那天领着我去的不止一个部门，但大家都行着贴面礼，尽力地帮助她，这足以表明我们 Betty 无论是工作能力还是为人都很让人佩服和喜欢。

Betty 住得离公司很远，每天早上乘上公交车再转上蓝色出租车（埃塞俄比亚的蓝色出租车有 12 个人的位置），花费一个多小时的车程来上班，她跟我谈到现在埃塞俄比亚首都亚的斯亚贝巴的房价也上涨了，在这边年轻人的生活很不容易。我跟她谈起现在生活在北京的艰难，她很惊讶于我们对于户口的追求。在 Betty 身上，我终于看到我们和他们的"同"了。我有时候在想，Betty 在一遍遍不厌其烦地跟我说他们的宗教法律政治的时候，是不是也觉得我笨呢？

韦泽是又一个让我们惊喜的埃塞俄比亚人。实践临近末尾，我们一行六人来到亚的斯亚贝巴大学的孔子学院进行访谈。我们在与孔子学院老师交谈的时候，办公室来了一个长相瘦弱、戴着帽子、穿着牛仔裤和天蓝色衬衫的黑人男孩，他怯怯地用中文问老师是否可以用老师的电脑，他需要查看一下同济大学的录取情

纪实篇

专题篇

案例篇

体悟篇

况。我们很惊讶于他中文的标准和流利,同时我们也惊喜于他被同济大学录取了!于是和韦泽的访谈就此展开。但这个访谈的特殊之处在于,我们全程用中文与韦泽进行了交流。韦泽是孔子学院大三的学生,他住在离首都非常遥远的一个小乡村,他是他们那儿唯一考上大学的孩子,而且亚的斯亚贝巴大学是埃塞俄比亚全国最好的学校,全村的人都以他为骄傲。他说小时候他们村附近有中国人帮助他们修铁路,一些钢材放在他家,他经常跟中国人交流,他觉得中国人友善并且改变了他们的生活,他想学习中文,以后去中国企业工作。

Betty 和韦泽都是我所深入交流过的当地人(图3)。他们再次让我陷入了对于这个问题的思考。我们在埃塞俄比亚见过很多看起来无所事事的年轻人,喝着咖啡聊聊天就能坐一上午。在亚吉铁路上,在德雷达瓦工业园的工地上,我们见到很多穿着衣服在工地上并不认真工作的当地人。但在与公司领导王总(王总是公司投资部的,经常与埃塞俄比亚政府部门谈判)交流时,他说埃塞俄比亚的高层很聪明,我们在谈判的时候都要小心谨慎,争取自己的利益。我也问过老王,老王说这个还分人,他带着的手下五个电工就要教很久,但也遇到过聪明、上进的。

图3 支队成员与韦泽的交流

老王的回答里似乎给了我一些启发,结合我问的大多数的不同群体的回答,我似乎找到了问题的答案。

其实这个问题也很简单，中国人在海外从事基建、工程项目等较多，在这个领域内所招聘的非洲人也最多。大部分非洲人都尚未受过良好教育，而且大多是临时工，没见过竞争，没受过专业的培训，也没有形成良好的职业发展规划。同时非洲人大多有自己的宗教信仰，强调与亲人和朋友在一起，不喜欢加班。但对受过教育，有良好的职业习惯培养的非洲人，则并不存在着这个问题。为了修建亚吉铁路，中土集团已经在沿线开设了几所职业培训学校；东方工业园内华坚工厂对于当地人的培训已经使得工厂的生产效率与国内一样。

所以，问题的本质其实在于一个发展的问题，理解和包容、同情与尊重实在不可少。

Betty 也跟我说了，她从来没有吃过恰特草，他的朋友家人都不吃的，这不是个好东西。我听到她跟我说这些的时候，内心欣喜而又有些惭愧。之前那种只看着树木便以为是森林的视角着实让我内心羞赧。所以，还是那句话，看见的可能不是全貌，"是"也不等于"应当"。转眼，到 5 点半了，快下班了（中土集团公司的当地雇员 5 点半下班，中国人 6 点下班），看着当地这些棕色皮肤的女孩，化着妆，喷着香水，整理整理衣服，笑容灿烂、充满朝气，她们马上要回去跟亲人朋友一起共享晚餐了，非常的有生活。我转头反而想想自己，一会吃个饭就要来加班的日子，一阵愁上心头。

三、建设工业园区，撬动"一带一路"新动能

从亚的斯亚贝巴的机场出来，车子行驶的道路两旁，就可以看到在建的大楼上写着"中国铁建""中国武夷"，你只要稍加认真就可以看到"华为""传音"的广告牌，我们刚到的第一餐就是一个东北人开的中餐馆。埃塞俄比亚的中餐馆在国内也就是类似于沙县小吃的水准，但在非洲却算是高档餐厅，价格也高得惊人，一碗馄饨 40~50 元，后来我们听公司的人说，在非洲能吃上中餐的都是富人了。

来到埃塞俄比亚，对于一切有关中国元素的东西我都会关注，我一直在寻找着我们与他们的同与不同，好奇着我们眼中的他们和他们眼中的我们，观察着中

国企业以及给他们带来的影响和变化，思考着"一带一路"倡议如何在埃塞俄比亚落地生根？

中国与埃塞俄比亚在 1970 年 11 月 24 日建交，2017 年 5 月 12 日习近平总书记在北京会见来出席"一带一路"高峰论坛的埃塞俄比亚总理海尔马里亚姆，两国关系上升为"全面战略合作伙伴关系"。埃塞俄比亚是中非产能合作先行先试示范国家。中国已成为埃塞俄比亚第一大投资来源国、第一大贸易伙伴国、第一大工程承包方，融资建设了埃塞俄比亚第一条高速公路、第一条城市轻轨、第一条电气化铁路（亚吉铁路）、第一座风电站、第一个现代化工业园（阿瓦萨工业园）。

埃塞俄比亚被认为是"一带一路"延伸方向取得早期收获最多的国家之一。而一提到中埃关系，以及埃塞俄比亚经济的飞速发展，不可避免地要提到埃塞俄比亚对中国的工业园建设经验的学习。正如埃塞俄比亚的总理顾问阿尔卡贝在其书中所说：埃塞俄比亚的国内生产总值连续 11 年保持两位数增幅，埃塞俄比亚的经济发展离不开其产业政策，而埃塞俄比亚的产业政策中也明显体现对于先驱国家优势的模仿，尤其是对于中国工业园区的发展经验的学习。[①]2014 年 5 月 4—6 日，中国国务院总理李克强访埃期间，中埃两国政府发表了以"461"中非合作框架为指导的两国政府联合声明，中方表示将全力支持埃方建设经济特区和工业园区，愿毫无保留地同埃方分享经验，向埃方转移适合当地需要的优势产业和技术。埃塞俄比亚已将工业园区建设作为摆脱贫困、实现 2025 年成为中等收入国家发展目标的核心战略，写入埃塞俄比亚国民经济与社会发展的最高指导方针《增长和转型计划二期 (2014/15—2019/20)》(GTPII)。未来十年，埃塞俄比亚要通过工业园区建设，将以劳动密集和出口加工为特征的制造业作为国家实现发展和转型的核心推动力量，进而实现建立惠及人民、非洲领先、具有全球竞争力的轻工制造业体系，成为"非洲制造中心"。

---

① 阿尔卡贝·奥克尔，非洲制造：埃塞俄比亚的产业政策 [M]，潘良、蔡莺译.北京：社会科学文献出版社，2016：70

我们所在的中土集团埃塞俄比亚分公司也正拟投资工业园，而我也越来越深刻地感受到海外的工业园建设所产生的绩效。工业园的"飞地"建设不仅仅契合了我国的产业转型需求，也是埃塞俄比亚力求发展制造业、寻求工业化的有力手段。我进而初步得出的答案是："一带一路"倡议在埃塞俄比亚的落地离不开工业园区的建设。但埃塞俄比亚当前工业园建设情况如何？我国在埃塞俄比亚在建工业园发展情况如何？存在什么问题？未来的前景如何？

这一系列的问题都亟待寻找，我们也迫切希望有答案。于是一次呼之欲出的实地调研便安排上了行程。我们所选取的调研地点是东方工业园（图4）。

图4　东方工业园

东方工业园是入驻埃塞俄比亚的第一批工业园。2007年，江苏永元投资有限公司正式中标中国商务部境外经贸合作区，在埃塞俄比亚投资建立工业园。该工业园重点发展适合埃塞俄比亚及非洲市场需求的纺织、皮革、农产品加工、冶金、建材、机电产业，将建成以外向型制造加工业为主，并有进出口贸易、资源开发、保税仓库、物流运输、仓储分拨、商品展示等功能，逐步形成集工业、商业、商务、居住、娱乐等多行业、多功能发展的工商贸综合功能区。现在，东方工业园一期已经竣工，第一期的招商工作已经开始。在未来两年里，该工业园将创造近50 000个就业机会。难以想象，在世纪之交，这条主干线所穿过的广袤地区乃至整个国家都还是一片有待开发的处女地。

　　车子开进了东方工业园，道路非常的宽敞，绿化设施完备，园区整洁有序。我们与东方工业园的焦总、李总进行了访谈，了解到在埃塞俄比亚创业的不易。"2012年的时候最艰难，钱投进去了很多，但是埃塞俄比亚政府还在观望，没有看出有什么起色，当时11栋厂房建起来了，但九个多月都无法发出工资。"焦总谈道，"不同于国企，民营企业跟政府的谈判不对等，找埃塞俄比亚政府，搁置不理。"东方工业园的卢总总结道，"在埃塞俄比亚发展，需要有耐心加力度，不能光被动地等待，需要不断地、主动地、经常地提出来；也不能没有耐心，得坚持等待！"幸运的是，随着国家"一带一路"倡议的提出，2013年汪洋副总理和刘延东副总理的相继出访，2015年李克强总理对园区的关注后，国家支持的力度更多了，园区的发展渐渐好起来，入园企业越来越多。目前，东方工业园终于守得云开见月明，一期所有的土地都已经招商完毕，还有很多企业排队等着进来。李总笑谈着，当年我们仨两眼一抹黑的来埃塞俄比亚闯荡，大家都笑称三个傻子，现在都夸着我们有眼光。我们赶上最好的时候了。

　　东方工业园的创业者们的故事让我们一行六人激动不已，这偌大的园区，不仅实现了创业者们的埃塞俄比亚梦，中国的企业也在埃塞俄比亚找到了栖身之所，这工业园区更是承载着埃塞俄比亚当地多少人口、多少家庭的生活。焦总跟我们说，我们没来前，当地人都不会用洗发露，现在也会用了，华坚工厂里男女职工原来都不知道如何换工作服，无论男女随时随地就换工作服，现在也有规有矩，生产效率跟国内一样了。还有东方纺纱厂也有一套属地化的管理方法。

　　访谈后，我们一行六人，迫不及待地兵分两路，对园区内的企业进行实地的访谈。没有经过任何的联系和预约，我们几个就摸摸索索的来到力帆工厂（图5）。力帆，一个首家在埃塞俄比亚组装生产汽车的中国企业，也是目前在埃塞俄比亚投资规模最大、产量最高的中国汽车制造商。在埃塞俄比亚的街头，最有标志性的鲜艳的黄色出租车就是力帆制造！一走进工厂，首先让我们开眼的便是工厂中这些激动人心的大标语。

图 5　力帆工厂

　　力帆工厂的负责人王飞是个出生于 1989 年的帅小伙，非常的热情好客，给我们做了详细的讲解。我们了解到，目前力帆汽车的生产量为每年 1000 多辆，即产即销，没有存货。力帆的汽车所用零部件等从国内进口，在这边主要负责组装。因为埃塞俄比亚税务较重的缘故，力帆汽车在埃塞俄比亚的售价比在国内的贵，约为 40 多万比尔，折合人民币 10 多万元。力帆的整个工厂都是埃塞俄比亚人在工作，王飞跟我们说道，埃塞俄比亚的力帆分为制造厂、销售部及产品维修部，每个部门都只有一个中国人，其余都是埃塞俄比亚当地人。工厂有 53 名埃塞俄比亚工人，而且采取当地人管当地人的模式。我们一行也对力帆工厂的副厂长马沙（埃塞俄比亚当地人）进行了访谈。马沙跟我们说道，每天他们会分配好任务，比如说今天要组装 8 辆黄色的车才能下班，明天组装 5 辆蓝色的车才能下班。对于当地人的管理还有详细的细则和规范，大家一般还是遵守，而且埃塞俄比亚市场的任务量不是很大，一般都能完成。

　　在力帆工厂旁边就是华坚工厂（图 6），华坚工厂解决了 3000 多人的就业，而且华坚工厂的生产效率与国内一致。我们非常好奇华坚工厂是如何做到的？

　　华坚工厂的管理者可以说是手把手、一步步的教，充满理解与包容，这也正印证着我一直想写的当埃塞俄比亚时间遭遇中国速度会产生什么样的火花。

图 6　华坚工厂

　　华坚工厂刚招工时，就遇到了很多的问题。当地人没有上班的概念。他们不理解什么是上班，也不理解为什么要上这么久，更不理解为什么还要加班。当地员工什么都不会，不会搞电焊，不会修马达。华坚工厂从国内调来二三百个干部，手把手地去宣导，去培训。"我们跟他们说'要脱贫，不能继续过之前那样的日子，努力工作才能过上更好的生活。'一旦加班，我们一般给三倍薪资。在生活上，我们从不限制员工的饮食，新来的员工，英吉拉面包，抓过去吃五六个，七八个的都有，最多的能吃八张英吉拉，我们四个人估计一天都吃不了这么多。我们还会教他们怎么剪指甲，怎么穿衣服，怎么用洗发水，不仅培养工人的技术还培养他们的素质。而且每年我们都会送一部分当地员工去国内培训，让他们理解我们的文化，我们需要把中国人的观念给他们。"

　　一个企业做到这些，我们也不奇怪他们的生产效率能达到这样的水准。这样拿当地人不当外人来培养的态度才是中国企业落脚非洲而又获益自己的最佳选择。

背景介绍

　　作者胡婷，法学院 2016 级博士研究生，2017 年带中土埃塞俄比亚支队前往埃塞俄比亚开展暑期海外实践，期间，前往中土集团埃塞俄比亚公司、亚吉铁路，访谈中土集团公司的中国员工和当地雇员，联系当地中国企业进行调研，包括东方工业园、华坚鞋业、力帆工厂等。

德意志的夏天

——记潍柴动力德国实践

⊙ 王彦文

一、那时的辉煌

德国，一个国土面积并不辽阔却有着悠久历史的国度，文化底蕴深厚。当1848年西西里岛的革命之风吹过欧洲大地，当普法战争的硝烟消逝于凡尔赛和法兰克福，德意志帝国走向了统一，也将法国从欧洲大陆霸主地位的神坛推下。政治上的统一同样带来了统一的国内市场和独立的经济体系，五十亿法郎的军事赔款和丰富的铁矿资源，为第二次工业革命在此长足的发展和进步提供了肥沃的土壤。德意志不断地引领着世界的潮流：西门子发明的第一台大功率发电机标志着第二次工业革命的开始；奥古斯塔·奥托发明的内燃机逐步取代了蒸汽机，使生产力更上一层楼；而卡尔·本茨发明的以内燃机为动力的四轮车，则标志着汽车工业的开始。飞速发展的生产力、更加便利快捷的交通，对人类社会的经济、政治、文化、军事和科技都产生了深远的影响，使社会面貌发生翻天覆地的变化，形成了西方先进、东方落后的局面，以美国、德国为首的西方资本主义逐步确立起对世界的统治。

那时，德意志的夏天，充满了电气时代各种新兴行业的激情与活力，也充满了站在世界舞台正中央的骄傲与自豪，好像正是让全世界认识德意志的时候了。我对德国的印象也正是源于此，严谨、求实、工业发达，借由这次知行计划的实践机会我们来到了德国的最西边——德国、比利时、荷兰三国交界处的亚琛。走在亚琛的街头（图 1），呼吸着这里的空气，总能激发我对这个国家的想像和思考，思考德国文化与中国文化的相同与不同之处，有什么地方值得我们借鉴。

图 1 德国亚琛街道

二、此时的迷茫

尽管有过曾经的辉煌，但冷战结束后的世界，早已不再是当年的两极格局，"屋漏偏逢连夜雨"，欧债危机爆发使得欧洲经济低迷，欧元汇率持续走低，贸易结算功能削弱，在国际信贷中的使用份额也从"稳定"走向了"锐减"。不仅如此，许多积压已久的社会矛盾也逐渐激化并爆发出来，比如因为抗议政府加征燃油税而起的法国黄背心运动，再比如让各国政府头疼的欧洲难民危机。作为目前接受难民最多的欧洲国家，德国已经有超过 20 万滞留的难民，超过 60 万的入境难民。然而政府与民间组织并没有做好充足的准备来应对难民危机，住房、后勤供给和基础设施短缺的问题也逐步在德国接受难民的过程中暴露出来，每天难民所消耗的金钱和人力、物力成本都非常巨大。

此时，德意志的夏天，也变得闷热而令人烦躁，仿佛暴风雨来临前的高压，让人窒息难以舒缓。德意志，也在寻求自己的出路。

我们的实践地是潍柴动力（德国）创新中心（图2），实践的这段时间，我们与创新中心和来自德国林德液压公司、德国亚琛工业大学的技术专家、博士研究生等多次进行沟通和探讨，也让我们有了与创新中心和亚琛工业大学 IFAS（Institute for Fluid Power Drives and Systems）实验室（图3）深入交流的机会。为了让我们能更好地了解项目背景和进度，在潍柴动力（德国）创新中心工作人员的安排下，我们多次来到 IFAS 研究所进行参观，并与这里的科研工作人员进行了交流。潍柴动力（德国）科技创新中心是潍柴动力公司在德国成立的第一个全球前沿创新中心，是潍柴动力进军高端，挑战世界最前沿的关键。创新中心在促进潍柴动力公司与德国之间的沟通和产品传播上起到了非常重要的作用。

德国一直处于世界技术创新和转型的最前沿，因此德国创新中心也是潍柴动力公司全球业务的重要战略部门之一。与此同时，德国政府非常支持潍柴动力公司各个项目的开展，态度也非常友好。在各方的支持和帮助下，创新中心的发展规模正在不断扩大。这或许也正是德意志给出世人的答案吧，只有促成更多的交流与合作，才能抓住机遇，迎接挑战。

纪实篇

专题篇

案例篇

体悟篇

图2　潍柴动力（德国）科技创新中心

图 3　亚琛工业大学 IFAS 研究所

三、未来的方向

我国接连超越欧盟和日本成为世界第二大经济体，"一带一路"（The Belt and Road，缩写 B&R，是"丝绸之路经济带"和"21 世纪海上丝绸之路"的简称）倡议被认为是 21 世纪最为大胆和创新的全球化倡议。这不仅是中国担当起世界责任的机会，也是中国希望为全人类做一些事情的载体。自改革开放开始，中国的经济就飞速发展，时至今日已经成为世界经济中不可或缺的一部分，而我们国家人口众多，市场巨大，一步步发展至今不仅积累了相当雄厚的财富，还积累了相当丰富的发展经验。"一带一路"倡议正是我们带着这些财富和经验走向世界的一种方式。众所周知，"一带一路"沿线大多是新兴经济体和发展中国家。它们资源丰富、市场潜力巨大，但经济总量较低。而我国作为制造业大国（当然我们还走在成为制造强国的道路上），不但能输出物美价廉的日用品，还能向他们提供技术、装备和投资。同时对我国本身来说，这一倡议实际上给中西部地区带来了更多的发展机遇。随着物流、人流、信息流、资金流的畅通，中国有望改变一直以来东快西慢的经济格局，从而缩短东西部发展差距。

未来，德意志的夏天，或许难以复制百年前的激情与活力，但一定会以一个更加开放友好的状态呈现在世人面前，德意志，也要走向全世界。

中德文化的差异，从另一个角度上看其实也是一种互补。正如自 2013 年我国提出"一带一路"的全球发展倡议后，中资企业克服各种困难，源源不断地涌入德国的景象那样。比如三一重工收购普茨迈斯特、潍柴动力收购凯撒集团、正泰收购 Conergy、上工申贝收购百福（Pfaff）等。安永的分析报告显示，仅 2013 年，中国收购了 25 家德国公司，使德国成为与英国并列的最受中国企业欢迎的投资国。德国联邦外贸与投资署第一总经理贝诺·彭泽博士见证了越来越多中国企业将德国作为"登陆"欧洲的首选，他认为这种发展趋势将会更加积极地向前迈进，并且对此非常乐观。虽然也有西方媒体会对我国的这一倡议产生误会，认为我国是在转移过剩的生产力，认为我们的"一带一路"倡议是一种变相的扩张。然而只有真正被惠及的那些国家才能真正体会到这一倡议所带来的好处与其前瞻性。这完全不同于西方资本主义国家已经尝试过的全球化战略，毕竟他们的全球化是以获得资源、廉价劳动力，抢占更多的市场为主，而"一带一路"所发动的、所引起的全球化，应该是为当地创造就业机会，为当地做一些他们现实情况下做不到的事情，为当地的经济繁荣做出贡献。

四、不仅是德意志

在潍柴动力公司实践的这段时间，我逐渐感受到中国企业在海外这片板块上所绘制的蓝图正在不断扩大。而且随着近些年合作交流的深入，德国已经成为中国在欧洲最大的经贸合作伙伴，中国也已经连续多年成为德国第一大贸易伙伴。当第二次工业革命的领头羊遇上了慢慢苏醒的东方雄狮，未来世界的样子正在逐渐清晰，中德两国在新能源汽车、智能制造、人工智能、数字化和 5G 等新兴领域合作前景广阔，正在为两国企业和民众带来更多看得见、摸得着的实惠。当然，德国也只是我们"一带一路"倡议中有过交流的国家之一，越来越多的国家正在从这一倡议中收获发展机遇。比如哈萨克斯坦，在多年经济高速增长后，经济结构略显尴尬，高度依赖能源资源，基础设施陈旧、经济体制失衡，还伴随着社会经济发展障碍。要解决这些问题，就要从基础建设着手。哈萨克斯坦也因此面临要么改革要么没落的窘境，在不得不寻找新的经济增长点的过程中，"一带一路"倡议实施了，哈萨克斯坦也得以建成横贯本国中部、全长 1000 公里的"杰兹卡兹甘—别伊涅乌"铁路，该线路通车后，货物从中国运到哈萨克斯坦阿克套海港，可减少 3 天时间。更重要的是，目前，哈萨克斯坦占整个里海过货量的 30%，通过对阿克套海港及铁路线的建设，运量可提高 2 倍以上。这也是为什么不少哈萨克斯坦专家认为，正是依靠"一带一路"的实施，中国与中亚国家在基建合作上的成绩，让他们真正认识到自身的枢纽价值。

如果说，今天，德意志的夏天，是因为受到了这股来自东方的神秘力量的感染，那我想说，我们"一带一路"倡议影响的，绝不仅仅是德意志的夏天，还有中国本土的夏天、西亚地区的夏天、欧洲地区的夏天，事实上，应该包括全世界的夏天！和平、合作、开放、学习、教育、互惠，"一带一路"让世界变得更小了。

时至 2019 年，"一带一路"倡议已经跨过了 6 个年头，倡议为沿线多国带来更广阔的区域合作空间。根据官网上的统计数据，截至 2018 年 7 月，我国与全球 100 多个国家和国际组织签署共建"一带一路"合作文件，签署范围自亚欧大陆拓展至非洲、拉美和加勒比地区、南太平洋地区。中白工业园等成为双边合作的典范，中国—老挝跨境经济合作区等大批合作园区的建设力度不断加大。与此同时，"一带一路"相关各国也纷纷提出了各自的区域经贸合作倡议。例如，蒙古国提出了"草原之路"计划，印度提出了"季风行动"计划等，这些计划与"一带一路"倡议高度契合，双方对接发展战略，区域合作不断深化。或许，国家层面的变化我们很难直接感知，但是正如我们实践支队在德国体验到的氛围，如潍柴动力公司一样的优秀中国企业正在逐步走出国门，逐步克服文化差异等困难，借着国家政策的便利条件与国外先进经验相互学习，共同成长，相信这只是"一带一路"倡议带来的成果中很小的一个缩影。

六周的实践项目一晃就过去了，海外实践成果汇报暨项目交流会结束之后，我们的实践也随之画上了一个句号，感觉自己还没有来得及做更加深刻的体会和感悟就要离开。离开德国的那天也是一个晴朗安静的夏日（图 4），云彩很多、太阳很大，浑身上下都暖融融的很舒服，与刚到那里的天气无异。德意志的夏天，好像从来都不是那么平凡，一步一个脚印的发展，像极了德国人严谨求实的风格。不知道什么时候还会在这样的季节跟这里再会，但是很期待未来更加友好、更加和谐的氛围，祝福这里也祝福这里的人们，当然也要感谢这个让我收获颇丰的德意志的夏天。

图 4　返程途中

背景介绍

　　作者王彦文，自动化系 2017 级博士研究生，2019 年前往德国潍柴动力创新中心开展海外实践，实践期间围绕未来智能挖机核心系统进行调研，实践成果较全面总结目前已有的先进技术和新颖的概念，结合目前的不足之处，提出了具体的改进和创新方向。

埃塞俄比亚的中国元素

◎ 谢宜泽

一、埃塞俄比亚的城市掠影

2017 年 6 月 26 日—7 月 24 日，清华大学"GoPractice"中土集团埃塞俄比亚支队六人开展了为期四周的海外社会实践，我是其中一员。

6、7 月份正值埃塞俄比亚的雨季，当北京骄阳似火的时候，亚的斯亚贝巴每日最高气温仅为二十几度。由于地处高原，平均海拔 2400 余米，埃塞俄比亚虽然位于赤道附近，但是依然气候温和，四季如春。

在拉布车站实践的日子，每天准会下一场雨，那里的雨下得毫无征兆，有时候在夜晚，有时候在傍晚。而且，七月的雨下得大，下得急，有点像快闪的街头行为艺术。等到第二天醒来，看见风干的地面，总有一种恍惚感，仿佛一切都未曾发生过。

除了雨的错觉，还有就是很难相信那是一个离中国八千余公里的地方。出了博莱机场，首先可以看见的是中文汉字巨幅招牌。在首都，随处可见红、黄、蓝相间的力帆牌出租汽车。在机场附近，有一片中国人聚集区，当地人称之为"卢旺达"，在那里，正宗的川菜、湘菜都可以吃到。在亚的斯亚贝巴颇负盛名的歌舞餐厅，如有中国人在座，也常可听到《茉莉花》《浏阳河》等极具中国特色的音乐旋律。

亚的斯亚贝巴坐落在山谷中，整个城市被群山环绕，道路亦是颠簸不平。许多民房依山坡而建，多数仅为低矮的一层，有些是砖木结构的，但居多的是简易的铁皮棚子。赶集的人们有的还是乘坐最原始的交通工具如马车，或者骑着骡子，如若开着小轿车上街，那在当地足足可以称得上是富裕之家了。道路的两边有许多沿街摆地摊的女人，卖着一捆一捆的蔬菜；也有就地生火煮咖啡叫卖的老奶奶，咖啡是按杯卖的，一杯 2~3 比尔，也就是人民币 5 角多一点。

当地居民的主食叫英吉拉，非常具有埃塞俄比亚特色。据说在制作它时一般需要提前两三天开始准备，发酵之后做成蜂窝状的薄薄一层，有点像面皮，但又没有面皮那么筋道。英吉拉的通常吃法是必须蘸着酱，一般的酱是将土豆、西红柿切成片捣碎，加上生鸡蛋、辣椒粉放到锅里熬，直至成烂泥状为止。当然，也有将英吉拉卷着烤牛肉粒吃的，不过，对于普通人家而言，那是相当奢侈了。因为，并非家家户户餐餐均有肉食，绝大多数埃塞俄比亚人民生活仅维持在温饱线水平。

二、埃塞俄比亚的中国人

在埃塞俄比亚的中国人有很多，总数应有三四万之巨，远远超出了我的想象。他们绝大部分居住在亚的斯亚贝巴，还有一些居住德雷达瓦、阿达玛等城市，所从事的行业绝大多数是工程建筑类，也有部分从事餐饮、酒店、公司管理等行业。我实践所在的拉布车站，就有许多为亚吉铁路开通运营忙碌的中国员工，他们来自五湖四海，尤以北方的河南人和南方的四川人居多。

在那里，也有前去维和的中国官兵、治病问诊的中国医生、孔子学院的中国教师、指导生产的中国技术人员。他们将中国的传统文化、发展理念、工程技术带到了东非，深入一线承担中国的国际责任，将友谊的种子播在了每一个普通人的心中。在他们身上，闪耀着白求恩式的国际主义精神，生活中的乐观主义精神和工作中的英雄主义精神。

当然，也有中国人长期待在甚至扎根在埃塞俄比亚，当你熟悉了那里的一切，适应了那里的生活和气候，就会如电影《肖申克的救赎》中的老布一样，被"体制化"了。在那里的许多人跟我讲，中国的发展速度太快了，每次回去都有不一样的感受，他们离开的时候还没有盛行支付宝、共享单车，微信也只是刚刚推出，如今回国，他们无法理解为什么那么多人在大街上猫着腰扫二维码了，他们感到落伍了。除此之外，习惯了东非常年 20℃ 的气温，中国的酷夏和寒冬已经变得格外难熬。

中国人在埃塞俄比亚是团结的，甚至形成了常有联络的小社区，通过微信、QQ 等相互传递最新资讯，在远离祖国的异乡相拥取暖、相依为命。确实，每当我走在全是非洲面孔的街道，看见了黄皮肤黑眼珠的"少数族裔"，总是会忍不住猜测他是中国人，或者总是忍不住想上前去搭讪几句，仿佛那几句寒暄的母语能给我带来无穷的力量。

在拉布车站，生活最沉重的负担不是工作，而是无聊。在那里，新鲜劲儿一旦过去，生活仿佛上了流水线，只剩下枯燥的重复。早上八点上班，下午六点下班，作息非常规律，但是几乎所有人都愿意待在办公室，毕竟还可以有人说说话，回到房间，只能独自面对天花板了。吃饭的时候往往是最热闹的，吃完饭最大的娱乐活动就是绕着站台集体散步，而用不了一个小时，一切又将复归于沉寂。所以，在埃塞俄比亚，有一项兴趣爱好也是极其重要的，我所实践的地方虽然是工程单位，但是每个人都意趣高雅，夜晚在院子里时常可以听见悠扬的笛声、箫声和口琴声。六十多岁的孙老师，曾是昆明铁路局的列车长，后被返聘到拉布车站培训指导乘务人员。他是摄影爱好者，有一次，他给我看他平板电脑里的照片，那些照片，无论是构图、色彩、角度，都别出心裁。而且，他还是一位垂钓爱好者，每逢周末就会到附近的河里钓鱼，每次都可以钓回许多鱼。世界上没有乏味的生活，只有对生活失去兴趣的人，只要善于发现，善于挖掘，善于融入，在任何地方都可以自得其乐。

在拉布车站，主管物流工作的赵悦，是一位三十余岁精壮的北京小伙子，操着一口纯正的京腔，属于铁三代，他的爷爷当年曾赴赞比亚修建坦赞铁路。当年，他从英国纽卡斯尔大学毕业后，直接选择了中国铁建下辖的中国土木工程集团有限公司（简称"中国土木"），延续祖孙三代的铁路建设工作。悦哥去过很多地方，非洲的国家也去过不少。我问他，你还最想去哪里？他说，他想去一次赞比亚和坦桑尼亚，去看一看他爷爷曾经奋斗过的地方。每一个铁路人背后都有一段故事，那些在荒郊野岭开山凿路的艰苦岁月，听的人为之心惊胆战，他们却能缓缓地讲出来，仿佛是一件再稀疏平常不过的事情，我对中国铁道人充满了深深的敬意。

三、"一带一路"与埃塞俄比亚

如果问非洲哪个国家最像中国？我认为应该是埃塞俄比亚。近十几年来，埃塞俄比亚积极学习中国的改革开放经验，一直是非洲乃至世界经济发展较快的国家之一，在非洲地区非石油出口国中经济表现良好。埃塞俄比亚的产业结构虽然仍以农牧业为主，工业基础薄弱，不过当前正在实行以经济建设为中心、以农业和基础设施建设为先导的发展战略，积极吸引外资参与能源和矿产资源开发，被联合国视为实现千年发展目标的典范。2016 年，埃塞俄比亚 GDP 总量为 724 亿美元，人均 GDP 为 794 美元，人口将近 1 亿，人口总量仅次于尼日利亚，居非洲国家第二位。根据国际货币基金组织（IMF）最新发布的世界经济展望报告中预测，2017 年埃塞俄比亚经济增长将高达 7.5%。

中国与埃塞俄比亚经贸往来源远流长，早在 20 世纪 50 年代就开始有经济接触。近年来，双边贸易更是快速发展。2014 年突破 20 亿美元大关，中国成为埃塞俄比亚最大贸易伙伴。根据商务部统计，2016 年，中国与埃塞俄比亚进出口总额为 101.77 亿美元（其中进口 4.19 亿美元，出口 97.58 亿美元），居非洲国家第六位。2015 年，埃塞俄比亚位列中国对非工程承包新签合同额第五位，完成合同额第二位。如今，埃塞俄比亚政府正在规划建设十四个工业园，希望吸引中国纺织、服装和皮革产业、家居建材业、装备制造业、化工和医药业等领域的公司进驻园区。除了上述十四个政府工业园以外，埃塞俄比亚政府还希望中资企业再投资建设数个不同类型的工业园，加大其工业园的集群效应。

古代张骞的凿空之旅以及郑和七下西洋都没有踏足过埃塞俄比亚的土地，但是并不妨碍埃塞俄比亚成为"一带一路"国际产能合作的重要节点国家。2017

年 5 月，"一带一路"高峰论坛在北京雁栖湖召开，埃塞俄比亚总理海尔马里亚姆是唯二受邀的非洲国家元首，另一位是肯尼亚总统肯雅塔。自 2005 年始，埃塞俄比亚提出以农业为先导的工业化发展战略，2010 年又提出增长与转型五年计划，加强铁路、水电站等基础设施建设，发展出口导向型和出口替代型产业，现在正在实施第二个五年计划，以工业园为依托，加快制造业的发展。如此种种，都与"一带一路"倡议的政策沟通、设施联通、贸易畅通不谋而合，埃塞俄比亚的长远发展规划与中国的国际产能合作形成了时空的对接。从亚的斯亚贝巴城市轻轨到亚吉铁路，从阿瓦萨工业园到德雷达瓦工业园，从 EIC 大楼到复兴大坝，到处可见中国与埃塞俄比亚精诚合作、共赢发展的影子。

不过，在埃塞俄比亚，最能体现"一带一路"国际产能合作的莫过于亚吉铁路了。亚吉铁路西起埃塞俄比亚首都亚的斯亚贝巴，东至吉布提，是非洲历史上首条电气化铁路。全长约 756 公里，中铁二局承建西段约 329 公里，中土集团承建东段约 427 公里，2013 年 1 月开工建设，2016 年 10 月正式通车，全线采用中国二级电气化铁路标准施工，设计时速为 120 公里，总造价约为 38.8 亿美元。亚吉铁路项目利用出口买方信贷以中国进出口银行为融资方，聘用中国国际工程咨询公司及铁道第三勘查设计院组成的联合体为监理方，采用中国技术标准，机车车辆全部来自中国中车，启用中国企业以 EPC 总包模式承建，授予中国承建企业运营维护合同，覆盖全产业链的各个环节，成为中国海外首个集设计标准、投融资、装备材料、施工、监理和运营管理为一体的"全产业链中国化"铁路项目。更重要的是，中土集团以亚吉铁路为抓手，积极主动创新业务模式，深度介入工程项目的衍生产业和周边市场，形成以三个"1+N"为核心的亚吉模式。也即是，第一个"1+N"，以铁路项目为特色，形成工业园、公路、机场、港口、市政等多领域协调发展的"1+N"工程承包业务格局；第二个"1+N"，以承包工程为主业，铁路运营、股权投资、工业园投资开发与运营、商贸物流、油气矿产资源开发、土地开发及房地产开发、酒店服务等多领域为补充的"1+N"多元化产业格局；第三个"1+N"，以项目所在地为中心，积极开拓周边国家市场，形成区域联动的海外发展格局。亚吉模式以一个项目带动全产业链输出，以一条铁路带动一条经济带，与东道国合作发展、共同繁荣，实现"一带一路"产能合作的可持续发展。

借着"一带一路"倡议的东风，江苏永元投资有限公司投建的埃塞俄比亚东方工业园也进入了快速发展的新周期。东方工业园虽然早在 2007 年就已经筹建，但是前期的招商引资一度十分艰难，不得不依靠自建企业利润维持工业园的正常运转。"一带一路"倡议开拓了投资的新视野，中国企业纷纷将视线投向了市场需求广阔的非洲大地，依靠埃塞俄比亚稳定的政治环境、丰富的劳动力资源，东方工业园筑巢引凤，如今厂房出租一地难求，焕发出勃勃生机，不仅有华坚鞋业等著名民营企业，也有联合利华等大型外资企业，一期开发的 2.33 平方公里生产用地已经挤满了近 80 家企业，东方工业园门口坐着许多等待发布招聘公告的当地青年男女。园区二期开发也提上了议程，还有大量企业在排队等着进入，东方工业园也不愁招商引资，而企业也借助东方工业园的平台实现了产业升级，其中，"一带一路"倡议扮演了一座连接双方需求的桥梁。"一带一路"倡议，落到了实处，既有利于中国的发展，也有利于埃塞俄比亚的发展，既有利于中国企业的发展，也有利于埃塞俄比亚人民的发展。

背景介绍

作者谢宜泽，公管学院 2016 级博士研究生，2017 年随中土集团埃塞支队前往埃塞俄比亚开展暑期海外实践，期间前往中土集团埃塞俄比亚公司、亚吉铁路，访谈中土集团公司的中国员工和当地雇员，联系当地中国企业进行调研，包括东方工业园、华坚鞋业、力帆工厂等。

在乌兰巴托的知与行

⊙ 耿宇昊

一、"一带一路"上的蒙古

2019 年 7 月 3 日上午 8 点，中设蒙古支队一行三人登上了从北京飞往乌兰巴托的 CA901 次航班（图 1）。不到两个小时，飞机就在一阵雨中落地了。听着雨点敲打机舱的声音，我知道自己即将在这个完全陌生国度里的陌生城市生活一个月之久。乌兰巴托距离北京 1100 多公里，和北京到上海的距离大致相当，同样是两个小时的航程，但两个城市给人的第一印象却完全不同。乌兰巴托四面环山，城市内高楼稀疏，向远处眺望还可以看见包围着城市的棚户区。

图 1　CMEC 蒙古支队出发时合影

蒙古人民共和国（简称"蒙古国"）地处亚洲内陆，国土面积 156 万平方公里，是世界上面积第 19 大的国家，也是仅次于哈萨克斯坦的第二大内陆国家。蒙古人口 320 万，分布在相对广袤的国土上，平均每平方公里才 2 个人，蒙古也因此成为世界上人口密度最低的国家。4710 公里，是中蒙两国边界线的长度。作为与中国陆地边界线最长的邻国，蒙古和中国之间每年会有人民来往 200 万人次，接近了蒙古总人口数的 2/3。蒙古的首都乌兰巴托，集中了全国 45% 的人口。在乌兰巴托，街上会有骑着马的骑兵，但并不是所有的蒙古国小孩都骑马上学；蒙古国在那达慕大会期间也会有摔跤比赛，但并不是随便一个人就会在街上摔起跤来。得益于全球化的发展，蒙古国的街头和中国并没有什么大的不同。

蒙古国是中国"一带一路"倡议的沿线国家，是中国的重要合作伙伴。2014 年习近平主席访蒙，称希望中蒙可以做守望相助的好邻居，互利共赢的好伙伴和常来常往的好朋友。实际上，蒙古国的发展计划与中国的"一带一路"倡议是非常契合的。

2014 年 11 月，蒙古国提出基于地处欧亚之间的地理优势，准备实施"草原之路"计划，旨在通过运输和贸易振兴蒙古国经济。"草原之路"计划由 5 个项目组成，总投资需求约为 500 亿美元，具体包括建设长达 997 公里的高速公路直通中俄，同时新建输电线路 1100 公里，并在蒙古国现有铁路基础上进行扩建，对天然气和石油管道进行扩建。蒙古国政府认为，"草原之路"计划将为蒙古国新建交通干道沿线地区带来更多的商机，并可带动当地各类产业的升级改造。蒙古国的核心产业即能源产业和矿业也会享受到此计划带来的直接好处，必将使行业得到新的腾飞。中蒙两国领导人多次表示，"一带一路"与"草原之路"高度契合，符合双方共同发展利益。

二、乌兰巴托大气污染缘起

本次实践的主题之一是乌兰巴托空气污染治理，虽然夏天的乌兰巴托是天高云淡，凉爽宜居的，但是到了冬天，整个城市就像变脸一般，雾霾笼罩，挥之不去。人口集中过快，汽车保有量激增，供暖时间过长，能源结构落后，这些因素让冬天的乌兰巴托成为世界上空气污染比较严重的城市之一。

从地理位置来看，蒙古国作为内陆国家，属于大陆性温带草原气候，季节变化明显。冬季漫长且伴有大风雨雪，冬季最低气温可达 –40℃，供暖期从 9 月中旬至次年 5 月中旬，长达 8 个月之久。首都乌兰巴托地理坐标为北纬 47°，东经 107°，从城中心往外看去四面环山，所处地形不利于污染物的扩散，延长了污染物在乌兰巴托上空的停留时间。

从能源结构看，蒙古国的能源消费结构单一，燃煤发电量占比总发电量的 90% 以上，燃煤电厂的用煤全部来自于本国煤矿，由此也可看出蒙古国的煤炭资源十分丰富。但燃煤发电厂如果未安装脱硫和脱硝装置，则会造成严重的空气污染。

比燃煤发电更多的污染来源是用于取暖的锅炉从烟囱排出的烟尘（图 2）。这些锅炉包括用于社区和公用事业单位集中供暖的链式锅炉和手烧炉，也包括在每个家庭内用于取暖的传统锅炉。低温锅炉燃煤取暖产生了 80% 的空气污染物，其中 60% 的污染物来自于居住在棚户区的乌兰巴托居民，这些居民主要靠散烧煤或者木材取暖。2011 年 12 月 6 日发布的乌兰巴托市空气质量报告显示，该市北部棚户区粉尘和二氧化硫监测值分别超过标准含量的 8 倍和 2.6 倍。

图 2　乌兰巴托主要空气污染源

除电厂、供暖站等固定污染源之外，乌兰巴托空气污染的重要组成部分还包括移动污染源。乌兰巴托市在最初是按照 60 万人口城市的标准进行规划的，极少能见到 4 车道的马路。但是如今的乌兰巴托已经承载了设计容量两倍的城市居民，城市道路基础建设滞后，使得拥有近 20 万辆汽车的城市中心地带交通拥堵现象成为常态。蒙古国每年还会从日本和韩国进口大量二手车，走在乌兰巴托街道上就可以闻到没有燃尽的挥发汽油和刺鼻的硫氮氧化物的味道，这些二手车尾气排放严重超标，加重了乌兰巴托市的空气污染。

城市污染程度与发展程度并不成正比，这句话在乌兰巴托再一次得到了体现。尽管夏天没有供暖需求，走在街上仍能闻到浓重的尾气味，路过第二电厂同样可以看见滚滚排出的黑烟。驱车前往高地，俯视整个乌兰巴托，也会看到笼罩在城市上空的阴云。城市的发展需要人，但城市的污染同样来自于人。西伯利亚高原的风吹不散乌兰巴托上空的雾霾。乌兰巴托，是时候拿出决心、计划和行动了。

三、解决大气污染的中国方案

冰冻三尺非一日之寒，乌兰巴托的污染治理也非一朝之功。

因为无法承受冬季的空气污染，乌兰巴托部分市民带着面罩喊着"我们无法呼吸"的口号，在苏赫巴托广场前示威抗议。为了不让这座"红色英雄"之城因为空气污染而蒙上灰色，政府也在积极行动寻求空气污染的解决之道，包括限制原煤的使用，城市内车辆限行，以及积极与企业合作利用先进技术从源头解决空气污染。在这其中，也不乏中国企业的身影与贡献。

蒙古国作为中国的友好邻国，自新中国成立以后即和中国建交，煤炭、羊绒、肉制品成为蒙古国对中国输出的主要商品，中国也在蒙古国援建了体育场、学校和残疾儿童发展中心等设施。随着中国"一带一路"倡议的提出，更多的中国企业走出国门，开始寻求与世界各地的政府、组织、企业密切合作。

中设蒙古工程有限责任公司（下称 CMEC 蒙古子公司）由中国机械设备工程股份有限公司（CMEC）于 2016 年在蒙古国设立，以工程承包为核心业务，目前已经在当地获取了能源和建筑两大资质。2015 年，由 CMEC 蒙古子公司总承包的蒙古国阿木古郎供热站（图 3）正式投入运营，成为乌兰巴托最现代化、最环保的供热站，极大地缓解了东部城区供暖短缺和环境污染的情况。作为蒙古国第一座大型城市集中供热站，阿木古郎供热站的成功建造为东部区域棚户区的改造和城市发展奠定了基础。2018 年，由 CMEC 蒙古子公司总承包的赛因山达风电项目落成并于 2019 年投入运营，计划每年向电网输送 2.1 亿度电，满足 10 万个家庭的用电需求。

图 3　CMEC 蒙古子公司的建成项目

　　2019 年，CMEC 蒙古子公司又将目光投向乌兰巴托的小锅炉改造项目，应蒙古国自然环境与旅游部的要求，为乌兰巴托境内的 245 台小锅炉加装尾气处理装置。这也是清华大学赴 CMEC 蒙古子公司博士生实践支队的主要项目之一。245 台小锅炉中包含 39 台链式炉和 206 台手烧锅炉，前者功率在 1.4MW 以上，后者功率在 101~1400kW 之间。对于功率较大的链式炉，公司拟采用气动乳化脱硫法，进行气动乳化脱硫除尘一体化改造项目的设计、制造、施工、检验等一系列工作。对另外的 206 台手烧锅炉，则使用水浴脱硫除尘法，在每台锅炉后新建一套水浴脱硫除尘一体化装置。

　　截止到 2019 年 8 月，该项目已进展到现场勘查与施工阶段，公司计划在2019 年的供暖季来临之前完成锅炉除尘设备的安装工作。小锅炉改造一旦完成，预计可以从源头消除 70%~95% 的总悬浮颗粒物和 30%~90% 的二氧化硫污染。

　　CMEC 蒙古子公司承包的乌兰巴托境内锅炉改造项目，致力于从源头处就地消除污染，这对于控制空气污染物的扩散有很大帮助。但想要乌兰巴托的冬天既温暖又晴朗，只改造锅炉还是远远不够。优化能源结构、实现棚户区集中供暖，对汽车实行限行标准，城市管理者尚需要作出很多政策与决定。而中国的政府与企业在治理污染这一方面颇有经验，CMEC蒙古子公司承包的塞音山达风电项目，阿木古郎供热站项目都证明了这一点。作为"一带一路"沿线国家，蒙古国与中国可以继续合作实现双赢。

四、实践之外的蒙古国文化初探

在乌兰巴托朝九晚五的工作之余，时间大多用于沉浸式地感受蒙古国文化。我们居住的小区在北京街，一条由中国援建的街道。小区与印度大使馆和中国大使馆相邻。从书房的窗子看出去，可以看到中国大使馆上飘扬的五星红旗，思念祖国的时候就盯着红旗看一会儿，然后就又有了继续奋斗的动力。

蒙古国人对待工作的态度和中国人有着很大的差异，在蒙古国没有加班，也没有996，员工准时上班，准时下班。一到周末或者节假日全家都会到城外草原露营中，没有信号，也不接受打扰。公司同事也会在周末带我们去玩（图4），自己动手做蒙古传统美食"石头烤肉"。所谓石头烤肉，就是用烧得滚烫的石头和肉一同放在锅里，再焖煮一个小时。烤肉用的石头一定是要选择在清冽的河

图4　与蒙古员工的周末团建

水里泡了很久的圆润卵石，干石头一烧就容易裂开，尖石头受热会不均匀，圆润有韧劲的卵石可以和羊肉最大程度地贴合，让羊肉在焖煮的过程中还有一种焦香。一行七人，半只山羊，我们在寻找适宜野餐的地点时，也见到了许多其他全家出动的蒙古人，带上帐篷、烧烤架、泳衣和橡皮船，择水边树荫处支起帐篷和折叠椅，放一段音乐，享受美好的周末时光。

在乌兰巴托，我们还幸运地赶上了7月初的那达慕节。在市中心体育场外看着身穿盛装的蒙古国人，在电视上看着体育场内的摔跤比赛，就好像在异国他乡过了一个热闹的新年。

在乌兰巴托的一个月大概会是我这一年中最惬意的一个月，便捷的购物、整洁的街道和友好的蒙古国人都给我一种异域风情的美好体验。尤其是乌兰巴托的蓝天，更是给我留下了无比深刻的印象。

五、实践尾声

2019年7月3日上午10点，国航CA901号航班在雨中降落在乌兰巴托成吉思汗机场，也把我带到了这个我将生活一月之久的城市。从7月3日到7月28日，我路过乌兰巴托林立的高楼，追赶过草原遍布的羊群，体会了那达慕节举国欢庆的气氛，也看见过戈壁滩上难生寸草的荒凉。这一个月如梦似幻的生活，虽然感受非常真切，却也和学校的生活节奏相去甚远。

非常感谢学校的"Go practice"计划，让我可以在博二结束之后的暑假走出国门看世界，也非常感谢中国机械设备工程股份有限公司蒙古子公司的接纳与肯定，在蒙古国为我们提供了生活和工作的场所。每一段经历中难忘的事情，都是和共事的前辈与同学一起创造的。感谢公司的领导和同事们，在实践开始前夕就带着我们开会，明确实践任务，让我们从大处着眼、小处着手，从项目设计、分包、跟踪、验收等各个环节熟悉一项承包工程的流程。从签证、电话卡等日常琐事，到合规管理、许可文件等专业问题，新入职的我们都能从经验丰富的员工身上找到答案。

从蒙古国员工的身上，我们也看到了不同于中国人、特属于蒙古国人的另类生活方式——周末驱车到郊外的河边烤肉，度假就举家搬到草原上的营地中，远离电磁信号缠绕的市区，安心与家人共享阖家欢乐，在放松和休闲上，游牧民族起源的蒙古国人确实更加洒脱。

人生没有白走的路，每一步都算数。在乌兰巴托市的一个月虽然只是读博生活中的短暂一瞬，但在这里的所习所思也足够我回味很久。希望自己能培养出一些蒙古人勇毅与坚韧的品格，然后在艰难孤独的读博时光中继续奋斗。

背景介绍

作者耿宇昊，化工系 2017 级博士研究生，2019 年随蒙古乌兰巴托 CMEC 支队前往蒙古开展暑期海外实践，期间通过调研乌兰巴托市空气污染情况，提出综合性的污染解决方案（如改造电厂、建设绿色能源、兴建供暖设施、实施棚户区改造、推行新型公交和绿色交通）和资金解决思路。

教与学：中国工匠与非洲学徒的故事

⊙ 陆格野

一、"授人以渔"的中国智慧

雷彪老师是职教项目中的一名经验丰富、独具特色的指导老师。他先后 5 次前往非洲，培训指导当地院校的工业化生产课程（图 1），向支队成员展示了多年扎根肯尼亚职教项目的趣事和感悟。

图 1　雷彪在仔细示范工作

（一）稳扎稳打

内罗毕早晚的堵车状况严重，5 公里的车程常常需要花费一个小时。为保证 8 点前到达实训车间，及时为 17 组培训学员安排下料，雷老师带领的培训团队每天 6 点起床赶往肯尼亚工业大学。为消散大家的困意，雷老师总在车上打趣道："内罗毕高楼不多，上下班堵车路上却也看不到日出日落。在中国是因为楼太多了，太阳被挡住了；在这里，是这大太阳染透了这半边天啊！"

实操课涉及的步骤繁多，大多数学员对机械加工的操作毫无经验，一点一滴都须从零开始，语言上的障碍使得授课更为艰难。为了提高课堂效率，雷老师会提前一天用英文把图纸标注得满满当当。雷老师说："平时沟通用简单的语句和比划都能解决，最难的是，每一刀留多少裕度，很难直接给出明确解答。在国内，每天进车间工作的工人，没有 4~5 年的历练，都没办法把裕度拿捏好。必须对每台机器不停巡视，一发现问题就要及时解决。"

被问及本次的非洲职业技能大赛培训周期仅 45 天，如何平衡短期培训和长期实操积累之间的关系时，雷老师回答："中航职教项目从 2009 年开始，如今已进入二期工程。肯尼亚全境的 144 个学校里安装着国内先进的机械设备，专业类型多达数十种，这是第一步——授人以鱼。我们提供给当地学校完备的基础设施后，第二步才是给予他们技术。短期教学的目的在于，教会他们如何使用先进设备、学习最新的工业技术，从实操训练过程中收获技能，保证课程结束之后能够自己上手、自主作业，真正做到授人以渔。"

雷老师除了讲解程序编制、操作要领之外（图 2），每天授课过程中还涉及一个重要工作——设备维护。频繁的撞刀、元器件的损坏等都是学员操作失误时的家常便饭。一整天课程下来，雷老师大多时候都是半个身子钻进机床里，一台接一台地修理。"刀具 100 美元一个，17 支队伍最多的时候一天坏十几个，都是钱。职教培训的初期是艰苦的，很难一下子看到他们技能上的突飞猛进。他们很聪明，实践操作都是零基础，靠着 40 多天的培训，最后能够独自完成质量不错的一组套件，就会特别高兴，能看到他们身上很多可能性。"

图 2　学员认真倾听培训讲解

（二）学以致用

早上开工后，车间内所有设备一直处于高速运转状态。雷老师并不担心学员们课堂知识的接受情况。他最担忧的是，学员们经过短期培训后，如果不反复练习实操，对技能会有所遗忘，当地老师也无法独立解决一些实操问题。

为解决这一问题，2016年这一年他先后3次来到肯尼亚，帮助学员加强理论知识、巩固现场操作规程、维修解决设备遗留问题等。雷老师笑着说："2016年大半时间都在肯尼亚，教学环境和国内一般无二，感觉这里是第二个家了，和学员们都是很好的朋友，年末走的时候特别舍不得，也担心他们能不能真正收获到什么。今年回来一看，大伙儿真不错，都能上手指导新学员了。"

车间里的很多技术人员是之前培训过的学员，最醒目的是一个穿着黄色工作服的高大背影，他不停地行走于各台设备之间。雷老师介绍道："Daniel是上一届培训的优秀学员（图3），也是我的得力助手，帮助一起辅导这一届的新学员。"培训结束后，Daniel凭借着出色的技术在当地找到了机械加工的工作，成为肯尼亚工业大学车间的管理员。Daniel说："身上的黄色工作服是上一届的培训服，他非常爱惜，这是他的骄傲、是他获得技能的象征。"除了Daniel外，很多学员也获得了项目提供的生产订单，被工厂聘用加入生产。他们不仅没丢了手艺，更是找到了人生的发展道路。

图3 雷彪老师与学员Daniel合影

每次职教项目中，学员们每周都会精心完成2~3件成品。每每看到台子上堆满的工件，雷老师宽慰道："这些孩子能把这些技术真正用于他们国家的工业生产中，就能赢得就业机会，甚至创造就业机会。"

肯尼亚大学不多，本次项目的基地之一在肯尼亚科技大学。大学校园气息浓厚——打印店前三五人抱着复习资料热烈地讨论着，小卖部外两人分享着一袋小零食，餐厅里教师们进行着英式茶歇。城市里的学校条件远远好于乡间学校，然而职教项目大多数基地都分布在远离城市的边远村落里。

雷老师回忆，肯尼亚西部凯罗卡（Keroka）有一个试点学校，四周是望不到边的玉米地。教学楼实则是用砖和铁片盖起来的一个简易厂房，初去时尚未通电，仅一个保安守着这个房子，没有老师和学员，同去的人都打趣说这是"牛羊学校"。"当时我们一行人带着 10 筒挂面、一个电磁炉就去了。过去了就得抓紧布置，通上电、装好机器，基础设施稳妥，才能招进老师和学员。"

这个学校周围几里地都没有人家，第一次上课时却来了七八个学员，每一个都是清晨出发徒步而来。这些毫无基础的学员辛苦来这里，喝上一口热水都很难，他们必须晚上下课回家后才能吃上饭。雷老师解释道："对这里的人来说，温饱都是问题，更上不起学。每天你都能看到，田间的路边，好多人都坐着，他们都在等待工作。可是，这个国家的工作岗位稀缺，只有上过学、读过书、掌握到手艺的人才有机会获得工作。我们为他们提供基础设备和传输实践技能，能解决他们根本需求的问题。当然，这里的学员基础差一些，但他们其实更渴望、努力、珍惜，我们也愿意来这里播种，看到他们命运的改变。"

乡间职教期间，雷老师的生活非常规律，日出而作日落而息。他回忆道："生活条件差都是次要的，总归是能找到解决的办法，更何况对比于当地人的条件，我们更应该知足。很多人一年只穿一件衣服，两个肩膀之间只有一点布料，多数小孩子是光着脚丫子在田间蹦蹦跳跳（图 4）。团队每次回去采购物资时，会带点零食、旧衣服鞋子过来，送给当地人。他们特别高兴，会赠送我们一些水果，每次都是满满一大筐，眼神里充满感激，再三地谢谢我们。这里的人特别淳朴，我们获得更多的实际是一些精神回馈。"

图 4　肯尼亚当地儿童

（三）非洲模式

早在 2011 年，18 名非洲职校老师来到中国，进行为期 5 个月的机械加工技能培训。第一次在非洲执行技能培训时，由于缺乏实战经验，最初的课程打算复制国内的模式，希望培养一批技能型人才，促进非洲国家的工业化生产发展。

然而，"中国模式"的人才培养方式是根据我国自身国情摸索出的经验成果，在用于培训非洲青年时却存在着若干问题。

雷老师表示，我们需了解非洲国家工业生产力较为落后的实际情况，派出国内经验丰富的技术人员，结合非洲当地实际情况，在当地开展基础项目，提升基础设施建设水平；同时，以帮助当地青年人就业机会为导向，因地制宜地制定"非洲模式"的技术型人才培养战略。"我们在课程设置问题上遇到过困难，真实授课过程中往往无法完全按照国内制定好的计划走，不得不及时调整安排，不断探索和总结出最优的方式方法。"

当谈及今年与早些年培训的不同时，雷老师感叹，中航职教项目进入非洲已有 7 年时间，从最初凭着"传授职业技能"的想法，一步一步不断推进，真正为当地青年、政府和工业化的发展提供了动力源泉。这几年，在国家"一带一路"的理念深入践行下，硬件设备得以充分利用、技术人才发挥专业实力，使得职教项目不断完善并流程化，所有工作都有条不紊地进行，我们在非洲这片土地上践行着自己的社会责任。

图 5　当地学员在车间

雷老师动容地表示，学员换了一批又一批（图 4），但他们都有一个共同点——向往技能、向往中国。学员 Newton 常常课下跟雷老师请教问题，他说："我一定要多学一点，争取去中国学习的机会。现在就是我梦想开始的时刻。"

二、非洲青年女性写实

Rachel 是项目中为数不多的女学员之一。她个子很小，总能在很远处看到她的那顶颇具非洲特色的帽子，埋身在机器里来回操作机床。由于培训内容十分紧凑，她只给了午餐后半小时的交谈时间，激动地描述了她对现实的无奈和对中国的向往。结束后，转身又投入热烈紧张的培训课程中。

（一）生活困惑

项目课程之一是培训当地青年学习数控机床加工。实际上，肯尼亚工业生产应用这项技术比较少，仅有少数学校开设了这个课程，而且实操训练机会更少。Rachel 说："虽然学校开设了这个专业，但我们学习的知识只停留在书本上，完全不涉及实操训练，很多理论知识都还是 20 世纪 90 年代的。科技在革新，我们并不想学习这些老旧技术。"谈及这些时，Rachel 眼神是暗淡的，语气中满是无奈。"这些机床放在学校车间五年了，除了每年培训时会使用它们，平时从来没有人用。学校可能只有 2 个老师知道如何使用这些机床，但都不深入，更别说教会同学们了，这也是它们常年处于停机状态的主要原因。"

Rachel 特别珍惜每天的实操时间，"只有熟练操作，才能真正掌握技术"。当被问及参与大赛培训的目的时，Rachel 并没有给出"培训可使他们找到工作的概率更高"这样的答案。她兴奋地说："我真的热爱机械加工，操作机床非常有意思。通过精细计算、编写加工程序，可以加工出一件非常漂亮的作品，这让我很自豪、很有成就感。"同时，她也十分失落地表示，"肯尼亚工业实际上没有数控机床加工，甚至大多数人都不知道有这一技术。一方面，购买机床设备实在太贵了；另一方面，当地会操作、懂编程的工人实在太少，这里机床加工的发展几乎为零。"Rachel 感谢职教项目提供的基础设施和技能培训课程（图 5），"培训前，我对自己学习的专业非常迷茫和焦虑，甚至不知道可以用在何处。这一个多月的实操培训，让我确信，我热爱机械加工、它对国家工业发展的作用可大着呢！"

图 6　Rachel 在数控机床旁

（二）女性呐喊

Rachel 在车间里十分活跃，总跟在老师后面不断地问实操问题。"作为女性，我需要比男性付出更多的努力！"这似乎触及一个较为敏感的社会话题——性别

纪实篇

专题篇

案例篇

体悟篇

歧视。"政府实际上采取了一些措施缓解这一问题,例如在部分工作岗位规定男女员工比例。但无法否认的是,男女在工作分配和社会地位的不平衡问题仍非常严重。"Rachel 描述了当地工业生产就业的实际情况,"男性工作者远远多于女性工作者"。她沉默了一会儿,继续说道,"男女在工作上并无差别。我们女性同样可以操作机器、编写程序,甚至可以监督管理整个仓库。女性不应该只扮演做家务带孩子的角色,也不仅仅只有男性才能外出工作。"

在与 Rachel 交谈的过程中,能感受到她沉在她内心深处的一些冲动。她害羞地告诉我,今日谈及的有些话,她从未想过会从自己口中说出。"做自己真正热爱的事情是未来工作中最看重的一点。我并不想把工作看成是一件只为赚钱养家的事情,女性同样需要在工作中实现自我价值。我热爱机械加工,并且一定会在这条路上不断奋斗。这不仅仅能够实现自我价值,更是为了我们国家在这个专业水平上有所发展和提高。"

Rachel 的话着实让人惊讶。她打破了我们对非洲青年女性思想层次刻板的传统印象,引发我们重新思考,非洲青年女性同样具备彩色的灵魂。Rachel 的笑容和充满力量的语句让笔者坚定,她时刻准备不停奋斗着,努力跳出既定的框架。正如 Rachel 想对所有的非洲青年女性说的,"All things are possible when you put effort. The female also can do what the male can do."(只要你努力,一切皆有可能。男性能做的女性也能做)。

(三)中国梦启程

机床车间外的不远处是一个中国式亭子,一砖一瓦都是从中国空运而来的,琉璃瓦在阳光下闪着粼粼的光。"倾情传艺促就业发展,心灵相通谱友谊新篇",亭子上的这副对联正是"一带一路"背景下中非双方制造业和工业互惠共赢的真实写照。Rachel 介绍,学校专门开设了中文学习课程,2018 年 9、10 月份她会去辅修中文,学习了解更多的中国文化。"中国文化中有两点非常吸引我,一是,中华礼仪的谦逊和尊敬——晚辈见长辈时作揖问候;二是,中国式传统大家庭观念——亲情感浓厚、遇到问题互帮互助。如果我能去中国,除了继续深造学习技能之外,还希望可以在中国组建家庭,切身感受中国的这种文化。"

Rachel 表示，尽管项目的竞争十分激烈，能去往中国的机会极为宝贵，但自己一定会忠于本心、尽自己最大努力争取到这个名额。在交谈的最后，她充满期待地说道："If I am given the opportunity to go to China, I will appreciate and give my best in everything I do."（如果我被给予去中国的机会，我将充满感激并且尽我所能去做每件事）。

支队成员在实践期间切身感受当地文化、工业生产和社会现状，打破了国内书媒的普遍性描述和多年来形成的刻板印象。不管是公益职教项目，还是扎根在非洲大地上的中资企业，他们积极响应"一带一路"的发展政策，适应当地的政治形态和社会发展，不断探索与创新适合非洲现状的发展模式。非洲青年高度认同中国政策下给他们带来的社会效益与文化融合，对筑造中国梦充满期待与信心！

纪实篇

专题篇

案例篇

体悟篇

背景介绍

作者陆格野，电机系 2017 级博士研究生，2018 年随中航国际肯尼亚支队前往肯尼亚开展暑期海外实践，期间参与了在非洲开展的一项海外公益职教项目，支队成员面向职业院校的发展需求、助力培养当地青年的职业技能。

遇见斯里兰卡

⊙ 张芮瑜

接机的师傅在机场出口等候，热情地迎了上来。他是中部高速项目总经理的司机，衣着很精神。从机场前往项目驻地的路上，车窗外的世界也不断给我们以全新的感知。斯里兰卡目前只有一个民用机场投入使用，就是首都科伦坡郊区的这个机场。我们的目的地位于机场和首都市区中间。很难想象，虽然这里是平原，没有什么地势限制，但一路上，道路狭窄而蜿蜒，两侧的房屋看起来就是普通的乡镇建筑，这感觉很不像是一个国家首都郊区应有的状态。但事实就是这样，一方面，斯里兰卡是一个举世闻名的旅游胜地，另一方面它的经济社会发展状况却不是很乐观。

从机场里出来的这一段路上，我们还是比较吃惊的，因为机场的免税店里，不是各种奢侈品，而是各种家用电器，这是一个很经典的斯里兰卡经济社会缩影，也将为我们接下来一个多月对斯里兰卡的了解拉开序幕。

一、斯里兰卡的文化

斯里兰卡位于南亚，是一个风景优美的岛国，被赞誉为"印度洋上的珍珠"。在斯里兰卡，我们走过康提，漫步高尔，驻足科伦坡，尝试探寻文化的脉络，从不同的视角感悟这个美丽的国家。

斯里兰卡有着 2000 多年的悠久历史和深厚的文化底蕴。佛教奠定了斯里兰卡的文化基础，西方国家的殖民入侵则给其带来了西方的思想文化。两种文化的冲击给斯里兰卡的发展带来了深刻的影响，也给它烙上了深深的痕迹。

康提曾经是斯里兰卡的都城，现在是斯里兰卡的佛教朝圣地。供奉佛牙舍利的佛牙寺就位于康提，是斯里兰卡地位最崇高的佛寺。进入寺庙，古朴的大厅中坐满了虔诚祷告的民众。他们有的低头喃喃诵经、有的双手合十闭目祈福、有的整个身体匍匐地上，跪拜佛牙舍利。所有的游客都不自觉地神情肃穆，加快步伐通过。当宗教以群体仪式行为展现在我们面前时，轻而易举地便让我们感受到信仰的神圣和庄严。

佛牙在斯里兰卡历史上地位重要，曾是王权的象征，如同中国的传世玉玺。佛牙舍利平时供奉在佛牙金塔中，每隔十年才会和信徒见一次面。康提一年一度的佛牙节是斯里兰卡最盛大的节日，据说也是世界上最大的佛教游行。每年佛牙节，将有数十万斯里兰卡和东南亚的佛教徒会集到康提。古城内处处张灯结彩，热闹非凡。傍晚时分，圣象载着佛牙塔的复制品绕城缓缓游行，供信徒分享佛牙荣光。时至今日，小小的康提，仍是斯里兰卡人心中的圣土，精神上的都城。穿越千年，以佛教为经脉，斯里兰卡文化得到延续，传统得到保留。

斯里兰卡可以说是世界上最纯粹的南传佛教国家之一。从孔雀王朝阿育王派其子到锡兰岛传播佛教至今，佛教在斯里兰卡已有 2000 多年的历史。随着时代变迁，印度教、基督教和伊斯兰教在斯里兰卡都有传播，但佛教依然是斯里兰卡最受尊崇的宗教。斯里兰卡宪法中规定：斯里兰卡共和国把佛教放在优先的地位，国家有义务保护和支持佛教。在交流中，我们发现少数人由于特殊原因改变宗教信仰，心中仍会维持对佛教的尊敬，千年的世代延续传统决定了这一点。

在科伦坡，我们却诧异地发现当地也存在很多教堂，这恰好是两种文化的体现。我们惊讶于当地民众的和善友好：他们说话总是和言细语，对陌生人示以善意的微笑，车辆在路口也是耐心等待，极少发生加塞抢道。或许是信仰塑造了斯里兰卡人谦逊温和的性格，这种信仰的力量无关贫富，源于内心。

高尔在斯里兰卡的西南部，最早葡萄牙海盗在此处躲避印度洋风暴，他们听

纪实篇

专题篇

案例篇

体悟篇

到了清晨的鸡鸣，这群没有诗意的葡萄牙人便决定给这个地方取名高尔（葡萄牙语中鸡鸣的发音就是 Gawl）。荷兰人占领高尔后，在此处临海建造了城堡。高尔古城据说是整个殖民时期欧洲殖民者在亚洲修建的最大城堡。古城中保留了许多传统产式风格建筑，散发浓厚异域风情。漫步在古城墙上，咸湿的海风轻易拂去人们行程的疲惫。

古城墙在太平洋无休止的拍打中巍然不动，斯里兰卡却曾被裹挟在资本主义扩张和殖民帝国并吞的浪潮中跌宕起伏，先后经历了葡萄牙、荷兰和英国的殖民统治，直至 1948 年 2 月，斯里兰卡独立，定国名为锡兰。

始于 16 世纪，终于 20 世纪，长达数百年的被殖民统治给斯里兰卡留下了深刻的文化印记：英语被列为斯里兰卡的官方语言之一，基督教随着传教士的步伐在岛屿上传播开来，起源于英格兰的板球现在是斯里兰卡最受欢迎的运动。斯里兰卡的殖民遗产有着特殊的风情，但这种美丽之后充满着残酷：闻名世界的肉桂香料靠的是手工作坊里挣扎在生存线上的锡兰劳工；高尔古城静默的灯塔曾目睹奴隶贸易的罪恶之船来来往往。

二、斯里兰卡的现代化发展

科伦坡是斯里兰卡的商业首都，也是观察斯里兰卡现代社会发展最好的窗口。走在科伦坡街头，很难相信这是一个国家的最发达的城市。道路狭窄，一些路口没有红绿灯；街边破旧的店铺支撑着三四层的矮房；呼啸而过的公交车甚至没有车门，乘客从车中探出大半个身子感受空气的触觉。

斯里兰卡的发展滞后有着沉重的历史遗留因素。斯里兰卡中部和南部是僧伽罗人，北部是从南印度迁入的泰米尔人。两个种族在宗教信仰和生活习俗上存在差异，种族冲突的消极影响直到 2009 年内战结束才从岛国的土地上慢慢消散。之后，发展的种子开始破芽，繁荣的希望开始孕育，斯里兰卡进入发展的快车道。越来越多的高楼大厦奠基动工，数条高速公路从规划图上落地建设。

值得一提的是，中国在斯里兰卡的建设中发挥了重要作用。中国目前是斯里兰卡关键的贸易合作伙伴和最大的投资来源国，中资企业深度参与了斯里兰卡的经济建设。目前有近 80 家央企在斯里兰卡建设项目，从道路到桥梁、从房建到港口城中国在斯里兰卡的投资和建设给当地人民带来了实惠，推动了当地社会的发展。在日常点滴中，我也深刻感受到中国公司的付出和品质得到当地民众的广泛认同和真诚赞誉。

三、斯里兰卡的中方企业

斯里兰卡是首个以政府声明形式支持"21 世纪海上丝绸之路"倡议的国家，在面积 6 万平方千米的斯里兰卡宝岛上，有近 80 家央企建设 100 余个项目。中国既是斯里兰卡关键的贸易合作伙伴又是最大的投资来源国。

中冶集团是最早进入斯里兰卡的央企之一，在斯里兰卡已经完成了机场高速项目，目前正在建设 OCH（外环高速公路）项目，并准备启动 CEP（中部高速）项目。机场高速公路长约 30 公里，连接了科伦坡国际机场和科伦坡，被当地人称为"国门大道"，极大地便利了人们的生活。而我们所在的项目就是 CEP 项目。

要说斯里兰卡中方企业在一带一路中所起的重要作用、对斯里兰卡现代化建设产生的重要意义和对中斯友谊的重要贡献，我觉得不需要太多赘述，只需要一个小故事就足以说明了。一次去一处工地的路上，车里的人闲聊，当地的司机感慨："斯里兰卡存在很多的问题！"副座上的一个中国工程师自信地回答："所以我们来了！"

四、中企在斯里兰卡面临的挑战与应对策略

一是中国企业的技术水平和管理能力和西方发达国家的大型跨国企业相比还有一定的差距。在我们参访一家机械设备公司的时候，斯里兰卡分公司的总经理给我们说，中国企业虽然已经走出国门，走向了世界，技术水平和管理能力有了长足的进步，但还无法与西方发达国家的一些大型跨国企业相比，这是我们的一线工作者看在眼里的。必须承认，我国的"新四大发明"确实足以让世界震撼，

但毕竟是有限的，一些一线工作者和管理人员表示，我们在很多方面还需要继续追赶西方发达国家的优秀企业。目前很多在海外耕耘的中国企业已经充分意识到了这个问题，不断加大研发投入，人才投入，提升创新意识，推动技术水平和管理能力的不断升级；同时，积极参与国际标准的制定，在国际市场中越来越有话语权。由于中国企业高效的生产效率和过硬的质量，受到了很多国家的热烈欢迎，这在工程机械行业体现得尤为明显。

二是中国员工面临个人家庭、孩子教育、职业规划等问题，导致员工存在一定的流失。海外项目由于男多女少，而且项目工期较长，员工的婚恋和与亲人的团聚存在一定的困难。同时由于所在国与国内的语言、文化等存在一定的差异，孩子在当地接受教育，难以保证回国后能和国内教育顺利接轨。由于海外项目周期一般比较长，有些员工基于自身的职业发展规划，会选择离开。目前，很多在海外的中国企业为了防止员工的流失，采取了很多措施。首先，为了解决员工的婚恋问题，举办"相亲角"和联谊活动，尽可能提供单身男女接触的机会，同时针对亲人团聚问题，分批次安排员工回国并给予足够的探亲假期；其次，为了解决孩子的教育问题，在当地开设专门针对中国员工孩子的幼儿园、小学，尽可能保障中国员工孩子教育与国内接轨；最后，企业提供足够的机会使员工得到锻炼与成长，并充分保障优秀员工的晋升与待遇。这一系列举措取得了很好地效果，现在海外项目中国员工的流失比例已经很低了。

三是在海外的中国企业开展党建工作存在一定的阻碍。由于所在国的政治、文化、习俗等与国内存在一定的差异，因此在海外的中国企业开展党建工作存在一定的困难。为了解决这个问题，很多在海外的中国企业设立党委，不定时在内部开展学习活动；将党员分散在多个部门，发挥党员的先进模范和带头作用，关注员工的思想和心理变化，及时了解员工的生活状况；同时，在中国传统节日举办活动，让在海外工作的中国员工体会到家的感觉。

虽然在海外的中国企业面临不少挑战，但也能欣喜地看到，在海外的中国企业在面对挑战时所做出的巨大努力，也取得了很好的成绩。很多时候我们可以很自豪地感觉到，随着我国的不断迅速发展和"一带一路"倡议的提出，会有更多中国企业走出国门，与其他国家的优秀展开竞争，从而不断提升自己的技术水平与管理能力，并在世界市场上占据一席之地。

背景介绍

　　作者张芮瑜，土木系 2015 级博士研究生，2017 年带中冶集团斯里兰卡中部高速（CEP）项目支队前往斯里兰卡开展暑期海外实践，期间参与中冶集团中部高速（CEP）项目调研。

专题篇

"一带一路"海外工程项目人才需求的思考

⊙ 潘洪武

"一带一路"倡议自提出后，得到了越来越多国家和地区的认同。这充分说明，该项举措是具有前瞻性和有效性的。诸多双赢的合作成果使不同国家的政府意识到，这并非纸上谈兵，而是一次真正的巨变，更是合作共赢的伟大实践。

斯里兰卡在"一带一路"的建设前线，在那里，中国企业在走出国门过程中遇到的困难和挑战，中国承包商在海外工程项目的实施过程中都需要人才支持。

一、海外工程项目的挑战

斯里兰卡的位置靠近国际主航道，地理位置十分优越。虽然面积不大，却已经有 80 余家央企在此建立海外驻地，开展业务。"一带一路"海外基建项目多是大型项目——建成后将成为当地的地标建筑或枢纽工程。比如斯里兰卡机场高速公路是斯里兰卡的第一条高速公路，而普特拉姆煤电站则是斯里兰卡最大的火电站。这些项目极大地促进了当地经济的发展，当然，同时也为当地居民的生活提供了不少便利。

近年来，斯里兰卡已经进入了经济发展的快车道，广阔的市场为承包商们提供了巨大的机会，但同样的，过分迥异的国情，也带来了不少的难题和挑战。

（一）海外项目的工程技术问题

正如哲学中所说的，"前途是光明的，道路是崎岖的。"这些建筑建成之后，在各方面都会大有裨益，但建设过程中的种种工程技术难题，却并不能避免。例如，某公司在斯里兰卡承建的高速公路项目，设计路线需要大规模穿越泥炭土区。泥炭土层强度低，厚度大，沉降厉害，变形严重。国内极少出现这种情况，复杂的地质条件给项目的设计和施工带来了挑战。雪上加霜的是，斯里兰卡的交通建设基础薄弱，缺乏相关的参考资料，中方只能另寻出路。即便修建过程如此困难，也没有人有过放弃的念头，而是一直在试着去寻求解决方法。最终，中方企业组织课题，开展技术攻关，解决了在斯里兰卡泥炭土地基上建设的难题，迎来了技术上的又一大进步。

（二）海外项目具有和国内不同的规则和模式

斯里兰卡在独立前曾是英国殖民地，受历史因素影响，工程项目采用的是英国规范。在国内，一般都是设计工作全部完成后再开始进行施工作业，而在斯里兰卡则不同，这里采用的方法是，设计单位设计一段，施工单位建设一段，完工后再进行下一段的设计和建设。另一方面，海外项目对执行过程的把控也与国内项目不同。海外项目的业主和监理往往特别重视设计的规范性和标准性，任何设计和修改都要以计算书或者规范为依据，但国内项目，往往将专家的经验和设计的规范与标准相结合进行工程设计。这些差异，更增加了国外项目实施的困难。

（三）海外项目对工程的管理与国内项目不同

工程建设是庞大而复杂的项目，需要既全面又细致的管理才能够保证项目的高效进行。由于监管要求、市场环境、行业标准等因素与国内存在较大差别，因此海外项目的工程管理也与国内项目不同。以施工进度为例，国内项目往往会根据项目的规模和特点灵活安排施工进度情况，在时间上以周为单位进行计量，而在海外项目中，监理工程师对工程进度的预估要求一般精确到天，并且严格按照进度安排执行监理工作。这些工程管理方面的差异都需要中方承包商企业重新适应、安排，从而符合项目所在国对于工程管理的要求。

（四）海外工程建设的沟通协调问题更为复杂

为了保证项目的良好开展、建设的顺利实施，需要与多方沟通，协调好各方利益。"一带一路"海外项目多为当地重大项目，受到当地政府的高度重视。在工程项目实施过程中，中方企业不可避免地需要同当地政府部门、咨询监理公司、当地员工和居民打交道。而语言问题，是"一带一路"海外建设者们面临的最直接的问题。据统计，"一带一路"沿线国家和地区的官方语言超过四十种非通用语。但这一关，又是顺利开展项目必须解决的障碍。举例来说，某企业在斯里兰卡拓展业务，派遣了经验丰富的项目经理来领导工作，可该经理英语水平不过关，和当地人交流都需要翻译陪同，既然是翻译，传达就一定会有所偏差，这就会在一定程度上影响该项目的执行。另外，海外工程项目市场是买方市场，中方企业作为承包商在博弈中处于弱势地位，更需要良好的沟通来保证项目的顺利开展，维护中方企业的利益。

只有上述这些问题加以解决了，"一带一路"项目才能更好、更加长足地发展。

二、海外工程项目的人才需求

中国承包商在海外企业面临了许多新的挑战，包括各种层面的，但无论是哪一个层面，最终都需要国际化的人才去解决，正因为如此，海外工程项目的人才需求是非常多样的。

（一）海外工程项目需要国际化工程技术人才

海外项目具有一定的特殊性，因此对于工程技术人员的要求相对来说也更高一些。工程技术人员需要具有国际化视野。他们不仅需要了解当地文化，在项目建设过程中充分尊重当地文化传统和宗教习俗，避免冒犯当地民众引起冲突；也需要掌握当地和工程有关的规范和规定，并在了解其和中国规范的差异后，适当借鉴国内经验，针对海外项目的工程技术特点，采用经济安全的技术方法和施工工艺；除此之外，技术人员还需要全过程、全方位、全面地对项目建设水平进行监控管理，保证能清晰地向业主监理解释工程所采用的技术方案和考虑的因素，对监理的意见进行合理评估，采纳其中合理的部分。

（二）海外工程项目需要国际化项目管理人才、法律人才

项目经理是项目的第一负责人，需要有丰富的经营管理经验，并且对项目施工的各个环节都了解，同时，也要熟悉当地项目的运作方式，统筹项目的实施，有效地协调各部门之间的合作，熟悉国家市场标准、操作规范和市场运营规则，采用先进的项目管理方法，充分有效地利用时间、技术和人力。海外项目经理还需要有良好的沟通能力，他们承担了项目的对外工作，要保证与业主、监理和当地部门建立良好的关系。另外，海外项目环境复杂、情况多变，可能发生突发问题，需要项目经理综合考虑，权衡利弊后作出最有利于企业发展的决定。

此外，法律人才也是海外项目的一大需求。良好的合同管理是海外项目成功的基本保障。国际工程法律人才要能熟悉国际工程承包领域的合同范本，在项目前期进行充分调研，认真研究当地的法律法规。在招投标阶段，透彻研究合同，分析潜在风险，规避条款中的不利内容，后期合理运用合同规则，实行合同索赔，维护公司的利益，保证海外项目的可持续性。

三、海外工程项目的人才培养

人才的培养是一个系统性工程，需要企业、高校和政府的全面参与及合作。

企业是"一带一路"人才培养的主要平台，除了让员工们在工作中积累工作经验、掌握工作技能外，还应为员工的自我学习和提升创造机会和条件。西方承包商企业都很重视员工的自我发展。Hochtief 公司是德国最大的承包商企业，该公司员工可申请去高校攻读和业务相关的博士学位，符合条件的员工将享有三年的假期，并且在攻读学位期间照常发放工资。中国承包商可以向西方企业学习，科学设立制度，激励员工自主学习。

以斯里兰卡某中方企业为例，该企业出台一系列措施鼓励员工学习：对于具有专业资格证书的员工给予一定的津贴补助；员工回国进行资格考试，如果顺利

通过考试，回国的往返费用全部报销；组织技能比赛，对表现优秀的人才进行奖励和提拔……这些措施激发了员工的学习热情，很多员工忙完工作后，在办公室自习，学习专业英语或准备考取资格证书。此外，对本地员工的培养也是企业重要一环。选拔优秀的当地员工担任一定的领导岗位，能帮助企业本地化，有助于建立融洽的劳资关系。

同样地，高校在人才培养中有着不可替代的作用，在系统中更是起着支持作用。高校应结合"一带一路"倡议需求，针对性培养相应人才。在教育过程中，应注意强化学生的国际意识与能力，在传统课程基础上，设立"一带一路"有关课程，帮助同学了解"一带一路"的背景、意义、重点和规则等。另外，高校可以为企业提供人才培养智力支持。人才培养是一个耗资巨大的工程，完全由企业完成人才培养，对企业而言是巨大的财力、物力负担。高校可以为企业提供后备支持和指导。高校同企业开展合作，实现项目建设和人才培养共同发展，助力企业人才培养，和企业联合培养人才，并对企业员工进行培训，帮助管理人员系统提升管理水平，增强业务能力。

政府也是"一带一路"人才培养的重要参与者，在人才培养中起到统筹作用。在人才培养体系中，各方的利益和权力不同，需要政府部门协调，从而更有效地发挥系统作用。政府应鼓励高校培养"一带一路"倡议需要的国际化人才，并指导相关院校设计培养体系。这样既帮助高校针对性培养"一带一路"需要的人才，又避免学校盲目开设专业，造成某些专业的过热和资源的浪费。对于缺口较大的专业，政府可以给予一定的政策优惠，鼓励毕业生们到"一带一路"前线参与建设工作。另外，政府还可以建立中国与"一带一路"沿线国家的双边、多边教育合作机制，鼓励中国和相关国家的人才交流，这既有利于培养我国"一带一路"建设人才，也有利于促进中国和"一带一路"沿线国家的文化交流，增进双方民心相通。

在"一带一路"前线，一群无私奉献的中国员工辛勤劳动、艰苦奋斗、造福他国人民。同时，中国承包商在海外面临着许多问题，因此对"一带一路"人才有巨大需求。随着企业—高校—政府人才培养体系的发展和完善，人才缺乏将成

纪实篇

专题篇

案例篇

体悟篇

为一个历史问题。中国工程人才将走出国门，用建设成果书写合作丰碑。"一带一路"将唱响世界，成为人类历史上一次伟大的共赢实践。

背景介绍

  作者潘洪武，水利系 2015 级博士研究生，2017 年随中冶集团斯里兰卡中部高速（CEP）项目支队前往斯里兰卡开展暑期海外实践，期间参与中冶集团中部高速（CEP）项目调研。

"一带一路"倡议在中东地区的机遇、挑战与针对性实施策略

◎ 安振华

党的十八大后，国家主席习近平在出访中亚和东南亚国家期间，先后提出共建"丝绸之路经济带"和"21世纪海上丝绸之路"的重大倡议。"一带一路"倡议提出3年多以来，已吸引了100多个国家和国际组织参与，中国已与40多个国家和国际组织就共建"一带一路"签署了合作协议。2017年，在北京召开的"一带一路"国际合作高峰论坛期间，中国还与多个国家和国际组织签订合作文件。沿线各国聚焦政策沟通、设施联通、贸易畅通、资金融通、民心相通，不断深化合作，已经取得了可喜的早期收获。其中，以亚投行、丝路基金为代表的金融合作不断深入，以中巴经济走廊、中国—白俄罗斯工业园等为代表的一批有影响的标志性项目逐步落地，文化、教育、科技、旅游、商务等民间往来日益密切。"一带一路"建设从无到有、由点及面，进度和成果超出预期。

本文认为，"一带一路"倡议在中东地区的深入推进，需要结合该区域的实际情况有效分析机遇和挑战，并匹配精准的实施策略。

一、"一带一路"倡议在中东地区的机遇

无论是"丝绸之路经济带"还是"21世纪海上丝绸之路"，都将中东地区包

括在内，而且均处在中间点的重要位置，"一带一路"倡议若想顺利实施，必须使中东地区积极参与其中，这样才能保证倡议的两端联系顺畅。另外，"丝绸之路经济带"和"21世纪海上丝绸之路"在中东地区交汇，是两道路线的交汇点，"一带一路"倡议的开展离不开两条路线的协调配合，因此，仅从地理上来看，中东地区是中间点、交汇点，对"一带一路"的实施就至关重要。

（一）我国与中东地区经济互补性强，可实现互利共赢

进入21世纪，受国际金融危机等因素影响，我国经济面临一定的下行压力，经济增长内生动力不足。特别是我国经济发展进入新常态，经济增速、经济发展方式、经济结构、经济发展动力都正在发生重大变化，迫切需要我国以新的举措拓展更大发展空间。"一带一路"的建设不仅能构建全方位开放新格局，促进中国经济持续健康发展，还能为世界经济提供新动力，实现互利共赢。目前，我国在经济建设领域积累了大量经验，培育了许多优秀企业，并培养了大量经验丰富的人才队伍，但国内产业结构升级和资源短缺问题很难从内部消化，需要各方协调分工、优势互补。而中东地区的情况则能够和我国形成互补，中东地区富有大量资源，尤其是石油及天然气等我国极其匮乏的化石能源，但中东地区缺乏经济建设经验及基础设施建设能力。以我们支队的实践地科威特为例，在实践过程中，可以清楚地发现科威特基础设施建设相对落后，主要的现代化设施也是近些年才开始兴建的，未来市场潜力巨大；本地人在经济建设方面并没有很多经验可循，但政府对国家期望大，未来发展前景巨大。不仅如此，中东地区能源价格低廉，如汽油价格约为85菲尔/升 [1]，换算成人民币为1.917元/升，相对国内的价格有非常大的优势。科威特能源以石油为基础，因此，整体能源优势非常明显，这也不失为中资企业可以抓住的一个优势。"一带一路"倡议的一个重要目标就是要将我国探索出的发展经验分享给沿线国家，最终实现丝路沿线国家的普惠式发展。因此，如果我国和中东地区通力合作，实现优势互补，则对双方都有利，可实现合作共赢。

（二）"一带一路"倡议在中东地区有着良好的历史基础

中东地区由于地理条件极其恶劣，早期经济条件十分落后，人民生活也十分困苦。但得益于包括丝绸之路在内的中西方贸易，位于中西方节点的中东地区因东西方贸易而迅速崛起，繁荣的东西方贸易显著改善了中东地区人民的物质文化生活。但由于新航路开辟等原因导致陆路贸易的衰弱，中东地区的东西方贸易桥梁作用逐渐被取代进而不断衰落。因此，中东地区人民对促进东西方贸易的丝绸之路具有一定的历史情结。在石油资源被发现后，中东地区重新燃起了发展的愿景，"一带一路"倡议的提出能够唤醒中东地区人民对发展的向往，符合中东地区现代化建设的期望，容易被中东地区的国家接受和推广。在与科威特最高发展改革委员会秘书的交流过程中，我们就了解到科威特为响应我国提出的"一带一路"倡议，拟投资 1300 亿美元，在 2035 年前在科威特北部建设一座现代化新城，并将其命名为"丝绸城"。因此，"一带一路"倡议在中东地区的推广具有民意基础，受到的阻力相对其他地区反而会小一些，因此，在中东地区推广"一带一路"倡议具有良好的历史基础。反过来，倡议在中东地区的顺利推进也可以给世界其他国家起到一个正面示范效应，可为"一带一路"倡议的顺利实施提供发展样板。

（三）"一带一路"倡议的顺利推进离不开稳定的中东地区

"一带一路"倡议是中国向世界分享成功发展经验的伟大倡议，是中国为世界发展提供中国智慧的伟大尝试。中东地区长期处于动荡不安的局势下，自2010 年"阿拉伯之春"运动掀起至今，中东地区局势更加不稳，各国因为战乱、教派矛盾、外来势力干预等因素，导致中东地区发展退步，社会动荡不安，经济大幅退步，难民流离失所。这些都给"一带一路"倡议的推进增加了极大的不确定性。动荡的中东地区，其不稳定性必将向周边地区扩散，从而有可能严重影响"一带一路"沿线国家的社会安定，从而妨碍倡议的顺利推进。因此，"一带一路"倡议的顺利推进离不开稳定的中东地区，中东地区的稳定将为倡议提供稳定的社会环境。另一方面，如果"一带一路"倡议能够在中东地区良好地施行，必然大

纪实篇

专题篇

案例篇

体悟篇

幅改善中东地区的经济和社会环境，从而利于该地区的稳定。所以"一带一路"倡议的实施和中东地区的稳定是相辅相成的。

总而言之，中东地区是"一带一路"倡议施行的重要组成部分，中东地区的顺利发展将为倡议的推广提供坚实的基础和良好的示范效应。反过来看，"一带一路"倡议也将为中东地区提供必要的技术、经济、文化以及必要的国际关系支持，为中东地区的发展提供了新的思路，促进中东地区国家的经济发展和社会稳定。

二、"一带一路"倡议在中东地区遇到的推力、拉力和阻力

中东地区处于陆海两条丝路的交汇之处，再加上其独特的地理位置和多元复杂的人文、宗教、民族因素，特别是其最为丰富的油气资源在全球日益显著的战略意义，使得这个地区在国际政治和经济舞台上的地位也日益上升[2]。

自 2013 年"一带一路"倡议提出以来，尽管中东地区局势仍旧动荡，但是求稳定、谋发展已然成为大势所趋，"一带一路"倡议在中东地区实施的路线图也日益清晰。目前，既有从《共建"一带一路"愿景与行动》（2015 年）[3] 到《中国对阿拉伯国家政策文件》(2016 年)[4] 的顶层制度设计，也有从国家主席到外长的高层高频出访，就在我们社会实践开展前夕举行的中国—阿拉伯国家合作论坛第八届部长级会议开幕式上，科威特国埃米尔萨巴赫应邀访华，就合作共建"一带一路"展开充分交流，并签署了《中华人民共和国和科威特国关于建立战略伙伴关系的联合声明》，充分体现了中国与中东地区开展深入合作的强烈意愿。

本次实践过程中，我们充分结合在科威特的实地调研和有关中东地区政治经济历史的文献资料，以及与科威特大使馆经济商务处、科威特最高计划发展委员会、科威特中资企业协会和中石化、华为等中资企业的座谈交流成果，就"一带一路"倡议在中东地区实施的过程中，中国做出的不懈努力、中东地区做出的积极回应以及双边合作遇到的主要困难，即从"推力""拉力""阻力"三个角度全面剖析"一带一路"倡议在中东的发展境况。

一带一路"倡议作为中国提出的重要倡议，倡导的核心是共商、共建、共享。在"推力"方面，从国家层面来看，中国于 2014 年和 2015 年分别成立了丝路基金和亚洲基础设施投资银行，这对于"一带一路"沿线国家，尤其是饱受战乱折磨后急需重建和发展的中东地区而言更是意义非凡。习近平总书记在"加强互联互通伙伴关系"东道主伙伴对话会上，曾重点强调，"以建设融资平台为抓手，打破亚洲互联互通的瓶颈。亚洲各国多是发展中国家，普遍缺乏建设资金，关键是盘活存量、用好增量，将宝贵资金用在刀刃上。"同时，中国政府也积极洞察和把握中东各国发展契机，针对各国发展规划签订了一系列合作协议，如将"一带一路"倡议与科威特"2035 国家愿景"对接等，进一步深化中国与中东地区在该倡议框架下的务实合作；从社会层面来看，中国大型国企及民企早在"一带一路"倡议提出之前就已经在中东地区开展业务，目前已经积累了非常丰富的经验，也逐步巩固了自身在中东地区的信誉和影响力，促进了不同文化之间的交流互信，同时企业与企业之间、高校与高校之间、高校与企业之间的人才交流，更积极促进了不同政治、文化、科技等方面的交流互通。

在"拉力"方面，中东地区国家当下积极寻求国际合作，尤其重视与中方的合作伙伴关系，其中，我们本次实践到访的科威特是全球范围内第一个与中国签订"一带一路"合作文件的国家，其国内政策对双边合作给予了绿色通道，但中国企业在科威特建立全面信任仍需时间；同时，中东地区国家由于起步晚、基础差，因此近年来自身发展较为迅速，而其生产力与发展速度之间的较大差距给中国提供了非常大的市场机遇，比如近年来，沙特阿拉伯已经不再满足于单纯出口原油，沙特阿拉伯不断加大在石化领域的投资，将产业链延长，在这方面，中国企业有着丰富的经验和成熟的技术，非常适合在此领域进行技术转移，中石化、上海华谊等公司在这方面都已经取得了非常好的成绩；另外，中国企业近年来越发重视自身知识产权保护以及品牌信誉的建立和完善，相比于中国企业包揽项目要价低，中国企业工人对项目的一丝不苟、勤勤恳恳、有始有终的务实精神更受中东地区国家的青睐，我们在实践中了解到，欧美国家在科威特承揽石化建设项目时，常有建设到一半因为资金问题而烂尾走人的情况，而中国企业和工人更愿意坚持到把项目做完再走，我们的这种精神已然成为一张亮眼的名片，被当地政府及企业所赞赏，因此，一些大型项目也更愿意交给中国企业工人来完成。

在"阻力"方面，中东地区工作条件非常艰苦，地缘政治冲突频繁，对整体经济发展阻碍较大。比如在科威特，白天平均气温为46℃，尤其夏季干燥酷热，需要黑白颠倒在夜晚施工，白天休息，而夜晚的平均气温也在38℃，这样的条件对于工人作业而言是极具挑战的。而中东地区局势的不稳定也对"一带一路"建设带来了较大不利的影响。2015年以来，中东地区的冲突事件接连不断，利比亚内战、伊朗核问题谈判、反对"伊斯兰国"战争、也门动乱等都给中资企业的持续稳定发展带来比较大的冲击。

综上所述，"一带一路"倡议在中东地区的开展，要兼顾中方的"推力"与中东的"拉力"，打通双向隧道，同时积极应对对接过程中存在的"阻力"，这样才能在对外事务的参与中厘清各自的身份和利益诉求，务实精进，以量变促质变，有效推动"一带一路"建设在中东的生根开花结果，进而成长为中国特色的国际公共产品，带动中国外交成长和国家发展。

三、"一带一路"倡议在中东地区的针对性实施策略

"一带一路"倡议是新时代我国构建全方位开放新格局，深度融入世界经济体系的重要倡议。通过本次实践，我们逐渐认识到要实现"一带一路"倡议的美好愿景，除了各国政府高层层面的合作，更需要民间各个层面的落实，需要增强互信了解，从政府、企业等层面实施有针对性的发展策略。

针对中东地区，在宏观层面我们认为首先要了解地区的发展特点，包括自然特点、文化环境和经济发展情况。一方面，中东地区自然环境较差，气候环境恶劣，除石油外，其他自然资源相对匮乏，因此在企业走出去和项目建设方面就要选取对自然环境依赖程度较低的行业进入。文化方面，中东地区宗教信仰虔诚，具有非常强的地域特征。经济上，中东地区人均消费能力强，但基础设施建设相对落后，还有很大的发展空间。另一方面，要理解中东地区经济发展趋势，包各

个国家的发展政策，真正实现中国国家战略与中东地区国家战略的契合。在科威特发展与改革委员会的座谈中，我们了解到中东地区国家当前大都希望实现经济转型，摆脱过度依赖石油出口的现状。以电子商务、转口贸易，以及高新技术为代表的新经济领域都是中东国家大力提倡也是积极引导的转型方向。在微观层面，我们认为需要进行对市场环境的深度调研，包括当地市场开发程度、民众消费习惯、支付习惯、互联网应用建设以及宗教开放程度。只有进行细致的分析才能够寻找产业突破口。

在产业方面，我们认为推进"一带一路"倡议在中东地区的发展，首先可以抓住中东地区经济实力很强但是基础设施建设不足的特点，可以推进我国非常具有优势的城市规划建设等基础设施建设企业先走出去。目前我国以中建为代表的国有建筑企业已经有很多进入中东基础设施建设领域，承接了一批高水平项目，实现了中东市场的突破。其次，针对中东地区环境较差，但是消费需求很强的特点，可以结合我国产业链和电子商务运营的优势，推进出口电子商务在中东的发展。浙江执御是中国民营企业在中东地区市场开拓的优秀代表，作为一家专门针对中东市场的电子商务企业，浙江执御以时尚服饰为突破口，依托当地资源，实现在沙特阿拉伯地区电商领域的逆袭，2017 年已经超过亚马逊成为沙特阿拉伯本地最大的电商平台。最后，针对当前中东地区偏好现金的支付习惯以及相对缺少娱乐活动的特色，我们认为依托中东地区发达的互联网基础设施建设和巨大的消费能力，以中国阿里和腾讯为代表的电子支付、互联网游戏娱乐、移动社交在中东地区也具有非常巨大的发展空间。

在政府层面，由于中东地区国家普遍资金实力较强，采用在其他地区推进"一带一路"倡议使用的资金先行的策略通常难以推进在中东地区的发展。因此，寻找适当的突破口就是需要更多考虑的问题。在实践中，我们发现大多数中资企业还没有建立足够的市场开拓意识，而华为是少数在科威特地区实现盈利的中资企业。通过在华为的走访，我们发现华为取得成功非常重要的一点就是实现了从人力资源、市场开发到政府关系的深度本地化。具体措施包括大量招聘本地化员工，参与当地大学学生的培训项目引导组织到中国访学项目，再到与科威特高层人员之间的政府关系培养，这些都走在了科威特外资企业的前列，也因此获得了当地政府的认可，进入了十分关键的电信基础设施建设领域。本地化在中东国家特别重要的原因，我们认为主要是这些中东国家在资金上十分充足，但石油资源毕竟开采年限有限，因此他们更加看重的是国家未来的发展前景，关心年轻人的技术培养。所以如果能够想人之所想，自然可以实现企业在中东地区的市场开拓。反推回来，要想促进中资企业在中东地区的发展，政府层面就不能因循守旧，需要开拓新思路，以大使馆或企业协会为抓手，积极为企业对接中东地区国家社会资源，实现国与国、企业与企业之间的互惠共享。

四、"一带一路"未来在中东地区的发展前景评估

千百年来，中东一直战乱不断。尤其是近些年，中东多种矛盾相互交织、全面激化。近期，沙特阿拉伯等国与伊朗断交更为中东乱局火上浇油。动荡的局势严重破坏了中东的稳定。加上国际油价长期低位运行，使得众多石油出口国的经济形势每况愈下，民生受损。中东地区局势持续动荡，最深层次的原因是经济发展乏力导致的失业率高、贫富差距大等社会问题。

但是这两年，中东地区各国领导人开始将战略重心向改革和发展倾斜，不畏浮云遮望眼，正是砥砺前行时。并且从国际大环境来看，中东地区市场是世界公认的增长潜力最大的市场之一。中东国家大多属于新兴经济体和发展中国家，人均国内生产总值、人均公路里程、人均铁路里程等指标均远低于发达国家，很多国家正处在工业化、城市化的起步或加速阶段，对能源、通信、交通等基础设施需求量大。

在这样的大背景下，中国的"一带一路"倡议就为中东国家提供了新的机遇。作为中东石油最大的消费国，中国与中东国家在经贸各领域展开了广泛而深入的合作。由于大多数中东国家处于工业化进程的中前期，而中国正处于工业化中后期的经济转型过程中，这就为实现产能合作提供了可能。这样发展的良好态势需要继续推进和高效运行下去。

过去两年，中国一直在增加从伊朗这个世界第四大石油储备国的原油进口[6]。

中国进口的全部原油中，有55%来自中东地区和北非地区。未来，中国在能源安全方面或将更加依赖中东地区，因此可能会投入更多资源推动当地的政治稳定和安全。

由此可见，"一带一路"未来在中东地区发展的前景一片光明。从地理位置看，中东地区是中国与欧洲、非洲国家间重要的海、陆、空交通枢纽。从区域作用看，中国与中东地区的长期友好合作将成为中国与其他国家合作交往的样板，对中国与其他地区国家的合作，乃至与整个地区关系的稳定与发展起到积极作用。从世界影响看，中东地区是个多元化的社会，"一带一路"倡议在中东地区的成功实施可通过这些外籍人员传至他们的母国，甚至世界多地，由此产生重大的扩散效应。

当然中方除加大投资和建设推进"一带一路"在中东地区的发展之外，还应开辟多条渠道增进中东地区各国对中国的了解。由于中国与中东地区距离遥远，意识形态不同，民众的生活方式也存在较大差异，双方间的相互了解较少。中国政府可邀请中东地区各国主流媒体来华参观访问，使他们亲眼目睹并以多种方式记录下今日中国的发展，回国后对中国做出客观、深入的报道和宣传。中国企业也可邀请中东地区各领域的代表来华交流，增进他们对中国相关领域的了解和交往，有利于双方间的业务对接。中国高校也可增加吸收中东地区来华短期培训、交流学生的人数，使他们对真实的中国有直观的了解，回国后传递真实的中国形象。

相信随着"一带一路"的持续推进，中东地区国家与中国的政治互信将更加牢靠，贸易交往更加畅通，战略合作更富活力，人文交流更为便利，安全保障更加有力，共同打造面向未来的全面的战略伙伴关系更加稳固。

五、精准化"一带一路"实施策略的普适性

通过资料调研，我们了解了科威特的一些基本国情。在人口方面，科威特是一个人口小国，总人口约为408万，真正的科威特籍人口仅为127万，而非科威特籍人口则高达281万，其中男性人口约245.5万，女性人口约162.7万人 [7]；

在经济方面，历史上的科威特贫穷落后，人们主要以采珠业、中小规模商业等为生，经济特点主要表现为小和稳定。科威特官方将这种社会状况的科威特定义为"The Old Kuwait"（旧科威特）。

通过在中石化第五建设有限公司（简称"中石化五建"）科威特项目的实习，并且与中国驻科威特大使馆经济参赞处、科威特中资企业协会，以及与中石化兄弟公司——中石化第十建设有限公司、中石化洛阳院和中石化起运公司进行交流，我们发现大多数在科威特的中资企业并没有足够的话语权，行业标准和工程主导权仍然掌握在欧美国家的公司手中。如中石化旗下的这些企业，项目来源单一，严重依赖国外的总包公司拿项目，中间商赚差价的情况十分严重，这也造成了这些基建行业的利润率比较低。另一方面，这些企业所建设的项目需要密集的劳动力支持，专业性强，行业划分十分明确。如中石化第五建设有限公司主要关注科威特国内的炼化行业，中石化第十建设有限公司主要关注原油加工这一行业。行业划分明确对中石化各个子公司来说，让各个子公司各司其职，在某一行业内做到专而精。但是这也不可避免带来一个问题，各个子公司之间缺乏合作交流，行业关联性虽然强，但是都在自力更生，没有通过点、线、面将科威特石化行业链接起来，加强中国企业在石油炼化行业的话语权。而中石化洛阳院通过以总包的身份加入到科威特新炼化项目中来，加强了自己的话语权。

中石化第五建设有限公司承建了许多大型的石油炼化装置的修建，工程经验丰富，项目管理团队成熟。但是由于属于劳动密集型的建筑企业，在科威特石油炼化行业当中处于弱势。如果要改变这一现状，需要进行市场拓展、企业转型并且加强与其他公司的合作。在发展的过程当中一定要看清国际形势，抓住科威特国内政策，增加在科威特石油炼化的行业的力度。

在这些科威特的中资企业中，我们发现只有华为实现了较为可观的盈利，并且在科威特通信市场有绝对的话语权。这一方面和行业性质有关，华为属于通信行业，该行业利润率很大是一行业优势；另一方面，华为十分注重市场占有率这一块，不断加强与科威特政府的合作，拿到了许多政府和军方项目。华为特别重视技术革新与社会责任，通过技术与人文关怀双管齐下，提升企业在科威特的影响力。

2012 年，科威特议会通过"2035 愿景"。埃米尔希望通过北部开发将科威特打造成中东地区金融与贸易中心。北部开发包括丝绸城和布比延等五岛，通过港口、铁路联通伊拉克直至地中海沿岸，辐射伊朗，作为住宅、商业、教育、康乐中心，带动物流、旅游发展。这一点与我国的"一带一路"倡议十分吻合，中石化第五建设有限公司可以抓住"一带一路"倡议和"2035 愿景"的机遇，进军住房、基础设施建设等行业，扩大在科威特市场的影响力。其他中国企业，也可以抓住机遇进军科威特各个行业，广撒点、广扑面，增加中资企业在科威特市场的占有率[8]。

科威特属于中东国家中较为开放的一个，在其他中东国家也会存在类似的问题。众所周知油气资源是中东国家的命脉，早期它们直接出售原油获取经济效益，但是近年来中东国家转型从原来的直接出售原油，到现在兴建炼化厂，通过生产制造化工产品增加经济收益。由于资源的单一性，他们为了保证自己在该领域的控制权，而制定一系列的政策，保证让这些资源控制在政府的手里。这虽然对国外企业有一定程度的压制，但是也促进了市场的多样化，为国外企业提供了很多机会。中国企业可以抓住机遇，在目前行业繁荣的时期进军科威特市场。

实践证明，"一带一路"倡议是十分适合中国发展国情的，我国可以通过"一带一路"倡议加强与沿线国家的政治、经济、文化等方面交流。在政治层面，加强与各个国家的合作，促进全球政治格局多元化的发展；在经济层面，中国企业可以走向海外，解决"求生存""谋发展"等问题，同时也向海外输出先进技术和劳动力，扩大中国企业在各个行业内的国际影响力。同时，中东地区石油资源丰富，非洲国家矿产资源丰富，走出去同时也将丰富的资源带回来，很好地推动国家发展；在文化方面，中国企业在走出去的过程中也将中国文化输出到各个国家，让一个文化强国登上国际大舞台，并被大家广泛认可，扩大中国的全球影响力。

六、工程建设企业的实践探索——以中石化五建科威特项目为例

中资企业在中东地区的发展可谓机遇与挑战并存。中石化五建在科威特当地"求生存、谋发展"的历程与现状，就是不断发展创新的过程。接下来我们围绕企业技术创新与观念革新两个方面，从智能管理、信息备忘、数据共享、转变观念、强化宣传五个角度阐述中石化五建在中东地区的实践探索。

（一）智能管理——完善施工过程监管网络

合作研发信息采集移动设备，避免信息重复存放。目前中石化五建科威特项目技术部门已经开发了一套架构、功能较为完整的信息化管理系统，包括了人员、物资、工况三个方面的信息化监管。平心而论，这套自主研发的系统在海外项目中进入到实战应用阶段，已经是非常了不起的一个技术突破了，充分凸显了企业技术人才的自力更生、不畏艰难的精神。但是在系统数据的收集录入方面，目前还采用人工录入的模式，即现场检查员（承担数据采集任务）在纸质文件上进行数据采集记录后，拿回到通信技术部门由数据录入员手动将文件上的数据录入数据库。而在这个过程中，只是发生了数据的二次复制，并没有产生新的数据或产生新的分析结果，因此这个过程并不产生价值，相反，由于多了一个工作环节，反而增加了成本。因此，如果能与华为等通信技术公司合作研发信息采集与上传一体的移动终端，将数据采集与录入合成一步完成，就避免了信息的重复存放，使得数据流通效率和数据时效性得到极大程度的提升。

提高信息管理系统通用性，制定标准化模式。目前科威特项目技术研发团队研发出来的 KNPC 信息化管理系统是为科威特新炼厂项目量身定做的，其实用性也非常强大，但是数据量如此庞大复杂的系统，之后能否也适用于其他项目的信息化管理，目前还是个未知数。虽然这样的信息化管理系统是针对一个项目研发的，但是其中的数据流体现的却是一套完整的信息化管理模式，如果能在进一步优化系统的可调节性后，制定成一套标准化的模式，提高信息管理系统的通用性，那么这个系统才能发育成长，逐渐成为五建整个公司的信息化管理系统，进一步成为可以在国内通用的项目及企业单位应用的信息化管理系统。

在时间维度上分析数据，建立长效评价模型。目前科威特项目采用的信息化管理系统，已经能够对采集到的数据进行简单的统计分析，比如对各个区域、各个单元以及各个分包商的当前工程进度，当天的工作进程，原材料的库存情况，人员的上岗情况，各区域的安全事故发生情况等，都能直观地给出统计结果。但是这些统计都是横向展开的平面分析，缺乏在时间维度上建立的纵向分析，如果能将目前平面上的数据进行合理分类整合，并且观察分析其指标随时间而发生的变化，则能让整个统计分析的结果变得立体起来，逐步形成长效评价模型，这对于企业风险评估和未来预期及决策将具有重要意义。

（二）信息备忘——建立员工成长电子档案

目前，中石化五建科威特项目已经对所有员工搭建了个人资料信息库，包括个人基本信息及一部分岗位信息，主要用于出勤考核以及人事统筹管理。但是说到人事管理，除了个人基本信息，还要有其工作表现情况的评测，因此，在个人资料信息库的基础上建立员工成长电子档案就显得很有必要。对此，有以下三点建议：一是建立长期动态员工信息库，可以包括但不限于个人基本信息、技术水平评估、参与项目列表、所获荣誉奖励以及违章历史记录，并且所有信息内容实时更新，这样可以最大限度提高管理效率，并对个别人特殊情况的发生提供预警信息；二是跟踪在岗绩效，对于员工工作表现进行跟踪记录，这与上面提到的在时间维度上进行数据分析以建立长效评价是一脉相承的，这样可以全面持续对员工进行考核，同时以此为依据结合奖惩制度做到更公平的绩效考核，提高员工的积极性；三是建立黑白名单，对于技能过硬、工作认真、责任心强的员工以及工作马虎大意、自我要求不高、安全意识极差、多次违反劳务合同的员工进行特殊标记，以便在之后的项目队伍建设中提高二次招募效率，节省成本。

（三）数据共享——搭建人力资源交易平台

借鉴滴滴网约车平台，在城市还没有发展起来，生活节奏没有今天这么快速的时候，人们对于出租车的需求完全没有现在这么强烈，在路边等候打车是一件再平常不过的事情，但是随着城市规模越来越大，生活节奏越来越快，人们越来

纪实篇

专题篇

案例篇

体悟篇

越追求出行的便捷高效，而此时，出租车司机与乘客直接信息的不通畅成为一道壁垒，而滴滴却敏锐地把握到了其中的商机，通过建立司机与乘客之间的信息桥梁来获得利润。我们可以看到，这个过程中，滴滴并没有创造新的价值，它只是把现有的数据进行了司机与乘客之间的共享，满足了乘客对于打车效率的私人定制化需求，也就是在这个过程中，滴滴的价值被自然地体现了出来。同理，国企经历多年的改革之后，原有的大批技术工人从体制内被精简出去，而项目的完成已然需要这批技术工人来完成，此时企业与工人之间却有了信息的沟壑，如果此时能有一个数据平台，将企业对人员的需求信息与工人对岗位的需求信息进行收集并共享，搭建起企业与工人之间的人力资源交易平台，那么就能像滴滴一样在其中获得利润。目前，中石化五建已经建立了一大批员工的信息数据库，如果将这些信息合理合法地整合利用，为企业与技术工人搭建起数据交互平台，无疑将成为中石化五建未来转型发展的一个新方向。

（四）转变观念——做好准备深入国际市场

人情与契约。在与多家中资企业交流的过程中，我们发现一个普遍的现象，就是中资企业在海外承揽项目的过程中，总会在合同问题上吃哑巴亏，这反映出的其实是文化之间的差异。在中国这样一个人情社会，很多事情大家更倾向于约定俗成而非约法三章，处世行事讲究一个情理，而西方国家讲究契约，做事情追求严格按照条例执行，对于各种契约中的条款运用自如。因此，中国的企业在海外与其他国家企业合作时，容易将这种大家按照情理办事的惯性思维带过去，对于合同条款却认识不到位，因此总是吃哑巴亏。而未来要想深入国际市场，及时转变思维方式，熟悉国际合作的游戏规则，才能保证在这个过程中处于平等的地位。

借用与制定。中国企业打入海外市场起步晚，很多海外市场都已经普及欧美标准，因此要想在海外市场站稳脚跟，很多时候要被迫接受和使用欧美国家制定的标准。但是，现如今随着我国科技水平的迅猛发展和对知识产权的日益重视，中国标准需要走出国门走向世界，沿用别人的标准就会永远受制于人。在这个过程中，中资企业需要肩负起这样的使命，在打造企业信誉品牌的同时，要积极参与到规则和标准的制定中去，只有逐步进入食物链的上游，才能拥有更大的发展空间。

灵活与严谨。中国企业在海外承揽大型工程，能够高效完成的一大原因是企业内部机制较为灵活，大家更希望把时间花在如何办成一件事上，而不是花在讨论这件事能不能办成上，但是欧美国家的企业却会在执行之前做非常详尽的分析评估，也因此增加了大量的时间成本。中国企业施工效率高但是管理机制仍然落后，欧美企业拥有先进严谨的管理机制但是施工效率相对较低，未来深入国际市场，竞争更加强烈，企业需要做到近乎没有短板才能长久立足国际市场，因此，如何将灵活与严谨有机结合，在向国际化管理水平靠近的同时仍然保持较高的工作效率，相信是中石化五建等企业需要长期研究的一个课题。

（五）强化宣传——内外兼修打造企业形象

在与科威特中资企业协会的座谈会上，华为在科威特的技术总监跟我们讲道：中国在科威特有许多中资企业且规模庞大，在科威特生活工作的侨民也很多，中国人在科威特工作都很认真负责。中国企业喜欢埋头苦干，但是不善于讲故事，很多时候做了一大堆实事却没有讲出精彩，等待别人去发现自己的闪光点，这其实造成了很多隐形的损失。宣传是可以创收的，一个项目做好做大做出典型了，要让别人知道，让别人来帮助企业推广，这个过程中企业获得的认可是一笔巨大的隐形财富，对于企业后续发展具有重要意义，一部精彩纷呈的企业文化宣传片，一本引人入胜的企业宣传画册，都是打开市场的敲门砖，我们需要注重自身形象的打造。同时，做好企业宣传的过程能帮助企业自我认知和自我反省，在思考如何将自己推销出去的时候，我们会逐渐清楚哪些是自己的长处，哪些是自己的短处，这样才能认识到自己的核心竞争力，同时找到影响自己发展的主要矛盾，后续才能对症下药。所以，我们要重视宣传，内外兼修，树立企业形象，讲好中国故事。

纪实篇

专题篇

案例篇

体悟篇

背景介绍

　　作者安振华，化工系 2016 级博士研究生，2018 年带中石化五建科威特支队前往科威特开展暑期海外实践，期间深入科威特中资企业一线，与中资企业家协会、科威特商贸参赞处以及科威特发展改革委员会等的交流访谈后，详细探讨了中东地区"一带一路"倡议推进面临的机遇与挑战问题，为倡议提供一个具备普适性的精准化实施策略并对中石化五建海外项目发展提供建议。

参考文献

[1] 商务部国际贸易经济合作研究院 . 对外投资合作科威特指南（2017 版）[Z].2017.09.

[2] 吴思科 ."一带一路"框架下中国与中东国家的战略对接 [J]. 阿拉伯世界研究，2015(06): 4-11.

[3] 赵超 . 共建"一带一路"愿景与行动发布 [N]. 人民日报 , 2015-03-29(001).

[4] 中国对阿拉伯国家政策文件 [N]. 人民日报 , 2016-01-14(013).

[5] 吴毅宏 ."一带一路"中东走廊建设——风险把控及相关路径 [J]. 宁夏社会科学 , 2015(06): 108-115.

[6] 施诚夏鸣 . 中国原油进口贸易空间格局优化对策研究 [D]. 浙江师范大学 , 2015.

[7] Central Statistical Bureau of Kuwait. Population estimates in Kuwait by Age[Z], Nationality and Sex[Z]. 2017.01.

[8] 程永如 . 让"一带一路"对接科威特"2035 愿景" [N]. 国际商报 , 2018-07-10(002).

中资企业在印度发展的挑战与建议

——以潍柴印度公司为例

⊙ 黄玉磊　王高远　褚文俊

在国家大力推进"一带一路"和"走出去"倡议的背景下，越来越多的中资企业进一步开拓了海外业务，积极探索在海外扎根立足，足迹遍布东南亚、中东、欧美和非洲等地。清华大学博士生海外实践的海外基地中不乏承担了"一带一路"重要基建项目的大型国企，它们往往承担了当地关乎国计民生的重大项目，有力地促进了当地基建和产业的发展。然而，中资企业普遍国际化历程不长，经验相对不足，在扎根当地的过程中往往面临着企业内部、外部各种各样的问题，找出这些问题的共性和特性，互相借鉴，妥善解决，是中资企业能否真正"走出去"的关键一环。

印度地处海上丝绸之路的关键位置，因此对中资企业在印度发展情况的调研十分重要。潍柴印度公司在印度的不断发展过程中，面临着许多挑战，而与"一带一路"沿线的众多其他中资企业相比，其所处环境又具有许多特殊性，值得细细研究。首先，印度作为"一带一路"的重要沿线国家，并没有参与"一带一路"建设，这使得中资企业在印度的基本政治环境与非洲和东南亚等地的有所不同；其次，印度作为重要的发展中国家，既不像新加坡和欧洲各国那样发达，人民相对富裕，也不像非洲一些国家那样发展极度滞后，印度的经济体量较大且发展趋势良好，这使得其成为重要的新兴市场，从而为企业的发展创造了机遇，但同时也加剧了企业之间的竞争，包括海外企业与印度本土企业的竞争，以及海外企业之间的竞争；最后，印度与中国同为亚洲大国，领土面积、人口总数等具有众多相似之处，同时印度曾为英国殖民地，文化交融和对抗的影响处处可见，这使得中资企业在印度发展具有很多不确定性。

基于中资企业在印度发展的共性和特殊性，本报告以潍柴印度公司在印度的发展为例，调研中资企业在印度发展的机遇与挑战，探讨中资企业扎根印度的经验教训，同时也为中资企业更好在"一带一路"沿线国家发展提供参考。

一、印度与潍柴印度公司

印度历史悠久，为四大文明古国之一，其地处北半球南亚地区，是南亚次大陆最大的国家，也是一个由 100 多个民族构成的统一多民族国家。目前，印度经济总量已位居世界前列，且是全世界经济增速最快的国家之一，其第一和第三产业相对发达，第二产业相对落后。印度人口数量与中国基于持平，但年轻人口占比远高于中国，经济发展前景良好。在莫迪政府"Make in India"（印度制造）等口号下，世界众多企业，特别是欧美公司，纷纷在印度投资建厂，以抢占市场，占得先机，其中也包括本次实践企业——潍柴集团。然而，印度也同样具有贫富差距大、基础设施建设落后等问题，各种历史、宗教、习俗、殖民时期遗留问题等因素从各方面影响着印度的发展，使得外资企业在印度建厂面临着众多不同的挑战。

潍柴集团在印度市场的发展历程从 2006 年开始，一共经历了贴牌销售—公司化运营—全散件组装（Complete Knocked Down，CKD)模式三个阶段，下一步发展计划为提高零部件本地化率，通过并购进一步打开本地市场。

2006 年，潍柴派遣具有海外市场拓展经验的员工李健来到印度调研印度的市场和相关企业。基于潍柴在印度无知名度的现状，集团决定采用贴牌供货的方式进入印度市场。不久后，潍柴集团在印度成立办公室，与当地老牌汽车和发动机企业 Ashok Leyland 合作，由 Ashok Leyland 贴牌销售，就此开始初步进入印度市场。

2011年，在进一步熟悉了市场形势之后，潍柴在印度德里正式设立了子公司——潍柴印度公司，开始在印度进行公司化运营。随后为了进一步接近印度市场主要竞争对手和供应商，公司于2012年迁至浦那。

2014年，为了进一步扩大业务，潍柴提出了"轻资产投入建立发动机组装厂，践行当地化制造"的发展战略，由此开启了潍柴集团在海外投资建厂的探索。轻资产投入是指工厂用地采用租赁的形式，以减少建厂成本。生产方式采用CKD模式，即发动机零部件从国内进口，在印度当地进行组装、试车、销售。由于印度当时对零部件和整机的税率不同，这种模式可以带来一定的税率优惠。2014年提出轻资产运营的战略后，工厂于当年建成投产，并于次年实现盈利，一直积极发展至今。

潍柴印度公司目前有在职员工113人，其中中方职员21人，印方职员92人，主要产品为船用发动机，在印度市场占有率超过55%。潍柴印度公司全面负责集团在南亚区的海外业务，生产的发动机不仅供应印度，还供应周边尼泊尔、孟加拉国、斯里兰卡、马尔代夫等国家。公司目前的产能是每年10 000台发动机，专注于180~500千瓦的功率范围，并计划在不久的将来扩展到180千瓦以下和500千瓦以上的范围。潍柴印度公司的正常运营，加快了潍柴国际化品牌建设，最大程度地满足了当地客户的个性化需求，为巩固印度乃至南亚市场奠定了基础。

下一步潍柴印度公司计划拓展业务范围，从船用发动机、发电用发动机、非道路机械用发动机拓展到道路发动机、新能源动力，并进一步提高零部件本土化率，提高市场占有率，丰富产品种类，扩大销售规模。

二、中资企业在印度发展的挑战

与在国内及其他国家不同，中资企业在印度投资建厂会遇到很多特殊的问题。以潍柴为例，其在印度的发展并不是一帆风顺的。潍柴在印度遇到的挑战主要有四个：文化差异、技术壁垒、人员流动性和营商环境。

（一）文化差异

文化差异是每一个跨国企业都必须面对的问题，潍柴印度公司也不例外。在印度，社会大众普遍时间观念不强，履约意识薄弱，这一点给员工管理带来了很大的阻力。任务安排给印度员工后，普遍存在无法按时完成，无法达标完成的问题，这一点让公司的管理遇到了一定的挑战。此外，印度是一个受宗教影响很深的国家，主要是印度教和伊斯兰教，宗教的影响深入到社会与文化的每一部分，比如，宗教会有各种节日和仪式，当工作时间和宗教节日起冲突时，大多印度人会果断选择请假，这在一定程度上影响了工作的进程。

（二）技术壁垒

印度与中国经济发展状况、气候环境、基础设施建设、政策法规等情况都有所不同，这将迫使进入印度市场的企业调整产品技术，从而产生技术壁垒。以印度发动机市场为例，其市场竞争非常激烈，老牌发动机企业康明斯很早就进入印度市场，与本土汽车企业竞争，具有几十年的本土化历程，产品价格便宜，技术要求高。许多中国公司计划进入印度市场，调研后却发现技术壁垒高，前期投入大，被迫放弃。

（三）人员流动性

印度员工辞职较为频繁，其原因是在印度跳槽后收入增长比例比较高，平均增长20%～30%。潍柴印度公司也是如此，公司内部印度员工人员流动性较强，许多员工来自其他公司，并存在较高的短期离职率。由于公司培训新员工需付出较高人力及资源成本，而很多员工刚培训完就离职，给公司造成了很大的损失。这也是所有在印企业都需要面对的问题。

（四）营商环境

外资企业进入一个新市场往往处于"人生地不熟"的境地，营造一个好的营商环境是企业能否立足和发展的关键。无论是由于政治、军事等原因引起的社会秩序动荡、经济下行；还是由于不稳定的外交关系、长期的社会风气、国内市场形成的固有利益格局对于外来企业的排斥等种种原因引起的对中资企业的区别对待，都会极大地破坏企业海外发展的土壤，造成营商环境恶化。营商环境与很多因素有关，如国家政治关系、政企关系、国家政策、社会状况、市场垄断、企业形象等。

在印度，由于近两年来莫迪政府吸引海外投资的努力初见成效，印度政府对于海外企业继续维持积极态度，并给予一定的政策和税收方面的优惠，例如税率GST改革后减少了各个邦之间的重复征税，简化税务流程；海外企业进口设备关税达到一定额度后会予以返还等。印度政府从法规层面上对中资企业没有区分，各项政策对海外企业基本一视同仁。不过，印度招商引资政策力度不大，企业在当地的用水、污水处理、高压气、煤气等都是企业自己解决；印度的法规相对完善，但非常难以全面厘清，潍柴印度公司通过雇佣当地高端人才为助手，并通过有法律背景的公司秘书及咨询机构等解决，而海外公司在这方面存在较大障碍。此外，印度市场属于寡头市场，具有几个如塔塔集团、印度信实集团等巨头企业，使得市场拓展更加困难。从个人感情和社会文化意识的层面来看，印度人更加认同欧美企业和文化，同时在东亚一带更亲日韩，会造成对中国企业和产品的略微疏远，使得印度市场对中国品牌的接受程度比较低。

三、中资企业在印发展的建议

计划拓展印度市场的中资企业将不可避免地遇到上述挑战，想要在印度立足并发展壮大，必须妥善处理上述问题。在遇到困难并解决的过程中，潍柴摸索出了很多经验，值得在海外投资建厂的中国公司借鉴。

（一）应对文化差异

为应对文化差异的挑战，潍柴印度公司着重宣传强调"责任、沟通、包容"的企业价值观和"激情""效率"等企业文化，相关标语在公司随处可见，并经常举办各种企业文化宣传活动。这些措施进一步缩小了文化差异，使中印员工相互影响，方便企业管理和员工之间的合作。除此之外，做好人员的属地化管理，用印度人来管印度人，以及制定好量化考核标准，从软硬两方面促使所有员工同心共力，也取得了较好的效果。

因此，在印度发展的中资企业面对文化差异时，可以从企业文化建设和人员属地化管理方面入手，一方面大力加强企业文化建设，提高员工工作自觉性，另一方面尊重当地文化，以本土管理人才为依托，强化企业管理。

（二）打破技术壁垒

潍柴能在印度竞争激烈的发动机市场立足，主要依靠扎根印度的深度发展理念，其在研发、人员、销售方面都投入大量精力，对印度市场进行针对性的产品开发和性价比优化，以匹配当地需求。比如某型号发电用发动机，国内同型号产品采用电控喷油技术，而潍柴针对印度市场，开发了 EGR 路线机型，实现了成本降低和竞争力提高。此外，潍柴在市场开发和调研方面投入较大，雇佣大量员工进行市场调研和开拓，并在主要城市建立了完善的销售网络，在深入理解印度市场的基础上进行针对性的生产销售。公司技术负责人孙经理讲道："中国公司要想来印度发展，必须做好扎根印度打持久战的决心，想赚一波快钱就走，在印度这个市场不可能。"

因此，建议计划拓展印度市场的中资企业做好长期投入的准备，在前期调研、市场开拓、人员管理、技术研发、销售网络维护等方面都需要投入大量精力。

（三）加强人员流动性

对于人员流动性问题，潍柴印度公司实施了一些解决措施。第一，加强核心员工的激励，提供较好的待遇；第二，加强人文关怀，定期组织公司员工的感情建设、文娱活动、户外活动以及文化融合活动，这些措施受到当地员工的普遍认可，比如打板球，高温天气下他们可以乐此不疲地打上一整天。公司也会组织一些很有意义的家庭活动，比如 Family Day（家庭日），让员工和家人一起来参与，加强文化融合与归属感，让员工觉得是在为一个跨国大公司，一个决心扎根印度发展的公司工作。

因此，面对人员流动性挑战，公司可从加强员工激励和人文关怀两方面入手，以此提高员工对于企业的满意度和归属感。

（四）改善营商环境

潍柴印度公司在营商环境方面做出了很多努力。潍柴作为外资企业，在当地非常注意遵纪守法以及合规经营，保证了海外业务的顺利开展；潍柴印度公司积极和当地政府合作、参加印度的行业协会，融入当地社会；同时通过中国驻印度总领馆等途径加强与当地中资企业的信息共享，实现互利共赢。此外，潍柴也在社会公益方面做了很多努力，包括投建希望小学，捐赠学习用品等；同时，冠名一些当地的板球赛，以提升潍柴的品牌形象。

因此，企业需要更加注意遵纪守法、合规经营，同时，自身也需要积极采取措施融入当地社会，改善营商环境。

四、国家政策建议

国家对于海外中资企业的配套保障政策，如政策便利、税收优惠、国家保证等，是企业走出国门的重要支撑，会极大地促进企业的海外发展。目前国家在欧美等中高端市场会提供优惠贷款等金融保障，在非洲等发展中地区也会提供一定的政策保障海外企业员工人身安全等，但支持企业在印度发展的配套政策较少，政府没有相关的补贴和税收优惠等。此外，中国和印度本身的政治关系不够稳定，这导致来印度投资的企业数量十分有限，在印度建设中国城的计划也被搁浅，因此，潍柴等海外企业对于国家配套保障政策还是有着相当需求的。

海外中资企业面临诸多风险与挑战，政治格局调整、经济动荡、地区局势冲突、恐怖主义威胁、金融法务危险等诸多因素都给境外中资企业和人员带来越来越大的威胁，安全问题对企业的影响越来越显著。对境外投资企业而言，政治风险是影响最大的一种风险，一旦发生，企业所遭受的损失将不可估量。因此，对于潍柴等中资企业来说，对于国家最大的希望还是稳定政治局势，建立中印两国长效稳定的良好关系，以此营造良好的营商环境，促进商业交流。

此外，建议政府主导中资企业从单一作战的模式转变为抱团发展，例如建立中国城和中资产业园、企业园区等设施，将不同行业的企业进行整合，发挥各自优势，并进行一定的基础设施和生活设施建设，这有利于解决海外企业工作人员水土不服、无法适应当地环境的问题，提高工作效率；另一方面也可以鼓励中国企业相互帮助，共同发展。

最后，诸如双边关系和商业机会的定期通告和签证的便利等，均会对企业的发展产生积极影响。

综上所述，希望国家能重视海外中资企业的各项需求，为企业提供更多、更全面的政策保障，为"一带一路"倡议的实施保驾护航。

印度作为新兴的全球重要市场，受到全世界跨国公司的重视，然而印度特殊的社会发展阶段和历史人文境况，又使得外国企业在印度扎根立足面临一定的困难和特殊性，目前成功在印度扎根的中资企业更是为数甚少。本报告以潍柴印度公司为例，总结了其在印度发展所面临的机遇和挑战，探讨了中资企业扎根印度的经验教训，同时为中资企业更好地在"一带一路"沿线国家发展提供了参考。

背景介绍

作者黄玉磊，能源与动力工程系 2017 级博士研究生，2019 年带潍柴印度支队前往潍柴印度公司开展暑期海外实践，期间对印度发动机排放路线及产品规划进行调研，形成了涉及"道路领域""非道路领域""发电领域"和"新能源车"的调研报告，为潍柴印度公司在道路、非道路和发电领域应对排放法规升级、产品规划及市场导入提供了重要支持，为潍柴印度公司在印度发展新能源动力的战略选择提供了参考建议。

作者王高远，能源与动力工程系 2017 级博士研究生，2019 年随潍柴印度支队前往潍柴印度公司开展暑期海外实践，期间通过实地探访观察、与技术和销售人员交流等途径，了解潍柴印度公司在印度发展现状；随潍柴印度公司商业负责人前往印度主要尾气后处理企业 FAURECIA 进行相关合作洽谈，进一步了解潍柴印度公司在印度的相关企业合作模式。

　　作者褚文俊，核能与新能源技术研究院 2017 级博士研究生，2019 年随潍柴印度支队前往潍柴印度公司开展暑期海外实践，期间跟随潍柴印度公司技术人员前往果阿邦，实地了解客户需求和企业售后工作；针对潍柴印度公司进入印度市场、发展立足、谋求壮大过程中所经历的困难挑战、总结的经验等与公司总经理和总技术负责人进行了座谈，从多个方面探究中资企业在印度发展的机遇与挑战，为中资企业更好地在"一带一路"沿线国家发展提供了参考。

纪实篇

专题篇

案例篇

体悟篇

中资企业在老挝的挑战与对策建议

——以水电产业为例

◎ 杨 柳 程冰清

老挝与中国接壤、自然资源丰富、社会治安稳定，近年来，已吸引了很多不同国家的企业过来投资开发。随着越来越多的中资企业进入老挝市场，市场格局也在不断发展变化，在市场变化的过程中，对企业的升级转型和要求也在不断提高，使得企业面临的挑战在逐渐增加。

一、老挝水电市场的问题分析

对于中国水利电力对外公司（简称"中水电公司"）而言，早期进入老挝市场时，市场资源非常丰富，在项目投资建设中，老挝政府为吸引外来企业的投资，政策都比较优惠，建设期间面对的困难较少，机遇较多，回报率良好。后期随着进入老挝水电市场的中资企业越来越多，老挝政府对中资企业的管理经验越来越丰富规范，在这个过程中逐渐总结经验，政府的管控更加规范合理，而且外来企业的增多导致老挝的市场、环境等发生了很大变化，越来越多的问题开始暴露出来，具体有以下几点问题：

（一）缺少对电站建设的整体规划，电费回收困难

老挝电力消纳过剩，供电基础薄弱，输送渠道单一，在很多"一带一路"沿线国家都暴露出"电力回收"问题。这个问题是跟国家的整体规划息息相关的，电站建设周期很长，这应该是纳入国家的整体规划中，并且与其他产业相协调。老挝水资源丰富，特别是湄公河流域，但是电站建设种类过于单一，主要是水电站，存在明显的季节性问题，即旱季发电较少，雨季发电较多。而且目前因为缺少规划，进入老挝市场的企业过多，建设的水电站很多，但是输变电线路建设缓慢，电网系统薄弱，而且老挝国内以农业发展为主，工业基础较薄弱，用电需求不高，虽然水电站的电发了出来，但是很难全部用掉，因此出现了"发出的电送不出去"的问题，导致了收费上的困难。

电力消纳问题在很多国家发展的不同阶段都会出现，在海外建设水电站的投资成本较大，建设水电站的目的既要解决当地缺电问题，提高民生水平，也要保持盈利以维持企业的发展，老挝政府和中资企业已经开始共同面对、分析讨论这个问题，在现有合同的基础上，大家采取更加灵活、有效的方式，中资企业也作为命运共同体，共同面对解决问题。

（二）流域管理能力欠缺

老挝的电力调度体系较不完善，流域管理能力欠缺。由于老挝基建基础薄弱，水电站建设多数是外国企业投资建设，对于流域的综合管理能力是欠缺的，甚至没有相应的防洪机制和调度规程。有的电站一旦泄洪，就可能会殃及下游的其他电站，对当地的民生、安全等影响较大。

2017 年 9 月 11 日，"南椰 2"项目出现了上游水电站溃坝，导致"南椰 2"水电站的厂房被淹事故，使得企业不得不重新清理和维修厂房，清理维修的成本较高，而且因此付出的时间代价导致水电站不能发电盈利而造成的损失也很大。从事故发生至今，企业一直在主动与政府协调商量将已失去功能的溃坝拆除，虽然老挝政府也很重视该问题，但是没有具体的行动。

（三）政治经济风险

老挝在中国社科院发布的《中国海外投资国家风险评级报告（2019）》中，风险评级为 BBB，在世界银行发布的《2019 年营商环境报告》中在 190 个经济体中位列 154 名，这充分说明在老挝投资需要承担一定的政治经济风险。

（四）法律风险

老挝法律整体上基本健全，现行法律有 118 部，包括经济、行政、文化等方面。但是 2017 年"南椰 2"水电站遭遇的上游私人电站溃坝导致的损失没有得到合理的赔偿，使得企业损失较大。一些法律问题暂时并没有暴露出来，在遇到问题的时候才露出缺陷。

（五）标准的适用性问题

目前，海外市场中对于欧美的标准是非常认可的，但是对于中国标准的认可度还不够。认可度不够有多方面原因。一是因为中国标准对外传播程度不够，目前尚没有完整正规的英译版中国规范，这使得中国规范仅仅在中国比较适用，没有"走出去"，没有在国外传播使用。二是因为规范的不统一，各个国家的规范之间存在一些矛盾甚至相反的情况，这种情况下双方很难达成统一。例如"南公 1"项目中遇到的问题，在中国的标准中是可以不用设防洪底孔的，而老挝的标准要求必须设。三是标准规范较难解释。中国建设水电站项目非常多，经验非常丰富，标准是非常规范和健全的，如果和国外的工程师认真交流，展示公式的推导过程和原理，国外的工程师也是认可和采纳的，然而具备这种对标准充分了解，且能够用英文与专业术语和对方交流解释能力的人才极度缺少，而且需要花费相当的时间和精力才能解释清楚，此外在工程建设中有相当的经验是工程实际经验，很难解释清楚，比如某个值在某些特定条件下的取值，是通过试验获得的，而不是由公式推导而出的。标准的翻译、解释、交流都对项目建设造成了一定的影响，标准的实用性问题是项目建设期间面临的亟待解决的问题之一。

二、中资企业在老挝发展的对策建议

（一）充分调研市场开发需求

企业一定要慎重着重地考虑当地的市场需求，老挝早期水电市场需求比较大，公司盈利较多。后期随着进入的企业增多，水电站建设过多，老挝政府管控提升，盈利受到了一定的影响，因此在进入海外市场前，需要认真地调研市场需求，审慎分析后，再进行投资开发。

（二）主动承担责任、协助当地政府建立相关机制

老挝的电力调度体系不完善，没有防洪机制和调度规程。作为负责任的企业有义务去协助当地政府主动承担一定的责任，否则一旦电站泄洪，就可能会殃及下游的其他电站。出于对民生、安全等方方面面的考虑，企业应主动建立相应的防洪协调机制。中水电公司是第一个建立调度规程的公司，并且将规程主动提交给了老挝电力公司和调度中心以供其管理老挝的水电站调度。这对老挝水电站的流域管理调度、防洪规划是很积极的贡献。

（三）积极承担社会责任，维护国家形象

公司可以有计划地针对不同项目承担一定的社会责任，包括为当地百姓捐助、建立、扩建学校，让当地人民的子女能够接受较好的教育，得到更好的发展。此外还可以帮助当地人民解决一些民生问题，如修建垃圾处理厂、修路、修桥等。根据不同项目当地百姓不同的需求展开，为当地的百姓做一些实实在在能够改善他们生活的事情，为国家树立良好形象。

（四）增加标准的适用性

积极培养专业人才，对标准进行准确的翻译和传播，尤其加强对规范和标准的解释和说明，进而增加中国标准的国际影响力，使得中国标准也能够"走出去"，把中国的工程建设经验能够较好地分享出去。研读其他国家的规范，协调不同国家标准中相互矛盾的地方，把标准中不统一的地方进行划分单独研究和处理，加强与国外标准规范编写专业人员的交流与沟通，共同协商统一标准。

纪实篇

专题篇

案例篇

体悟篇

（五）海外员工属地化管理

由于语言、文化及受教育程度的差异，很多海外公司当地员工的能力素质参差不齐，属地化管理比较困难。企业首先应制定一系列规章制度，从薪酬、福利、待遇、升迁等方面体系化地管理。保证员工工作时长，让大家放心踏实工作，可以工作到退休。培训时采取"以老带新"的方法，刚进入公司时对员工进行各方面详细认真的培训，让员工能够快速了解公司的发展状况和工作要求。之后组织员工在各个职能部门进行轮岗。配岗时，根据轮岗时的表现即个人能力和特点进行合理划分。其次，鼓励聘用培养当地高级人才，如留学归来并有较高的学历学位的高素质人才。积极创造机会，让其到中国企业总部或者一些标志性工程进行参观学习，加强其归属感、责任感的培养，让其感受到自己所从事的工作是光荣的，是值得骄傲的，同时发挥"传帮带"的引领作用，逐步带动周边其他人员。

三、保障中资企业在老发展的政策建议

（一）保障中资企业在海外投资的信贷资金

中资企业在海外的发展其实很大程度上都依赖于信贷资金，这对中资企业的资金保障至关重要。近年来，中资企业在海外的项目数量其实是在逐渐减少的，究其原因主要是由于国内对项目的审批和资金的发放更严格。2019 年上半年老挝政府出现债务危机后对于现在已经投入开展执行的项目影响巨大。有很多中资企业的项目正在建设中，需要大量的资金无法落实。还有一些企业已经和当地政府针对项目建设签订了协议，面临是否开展项目的困境，导致中资企业进退两难。

可见，仅依靠地方政府银行的信贷资金风险较大，一旦政策经济形势有变，银行为了保障自身的经济利益，会采取相应的措施，例如撤资或者限制贷款等，这对企业的海外投资影响巨大。因此建议国家建立"一带一路"资金银行，尽量避免断贷的情况出现。

（二）全面了解老挝国内的信用和风险情况，紧跟国家的政策调整

信用评级对于有意开拓海外市场的新兴企业影响较大，这是他们进军海外市场的标准，但对于全面反映一个国家的信用和风险指标存在一定的问题。例如，在 2018 年的时候老挝的信用评级比较高，这会吸引企业进入老挝市场投资，但是到了 2019 年信用评级突然下降，资金断流，这对于刚进入老挝市场投资的中资企业影响较大。希望现有的信用评价体系和结论能更为客观、及时和全面，为中资企业提供可靠的判断依据。

（三）规范秩序，统一管理，减少恶性竞争

近年来，由于老挝水电市场趋于饱和，工业基础薄弱，电网建设不够完善，使得发出的水电卖不出，而且由于老挝政府财务紧张，处于负债状态，使得成本回收极为困难。随着越来越多的央企扎堆进入海外市场，市场需求减少，形成了恶性竞争，出现了一些不规范的行为，各个企业为了抢夺项目"大打出手"，使得企业的发展受到限制，市场出现了很多不规范的现象。

为了能够让中资企业更加顺利地在"一带一路"沿线国家开展项目建设，建议国家相关部门能够对市场先进行合理的分析和评估，了解市场需求，再对市场的需求和风险进行充分的调研后，按照各个企业的规模和能力，对各个企业进行统一的管理安排，合理划分市场"蛋糕"，并在建设的过中规范管理，使得企业能够合规进行建设，减少因为恶性竞争造成的资源浪费和经济损失。

（四）开辟国家和企业问题沟通渠道

企业一方面寻求发展，希望能够带来收益，但同时在开辟市场的过程中遭遇许多问题，如市场竞争不规范、政策风险等，但是没有较好的渠道和途径去反映问题，也就没有相应的解决方案。企业内部的经验教训可以一起分享学习，企业之间的问题、矛盾等需要渠道和路径去反映和解决。

四、中水电公司在老的实践探索

中水电公司作为窗口型企业，是中国水电行业最早参与国际经济合作的国有企业，也是中国最早进入老挝水电开发市场的公司，具有丰富的海外投资建设经验。公司在进入老挝的 20 多年间，先后完成了多个水电站和线路工程，从最开始的国际工程承包、卖方出口信贷、买方出口信贷、到 BOOT 项目投资，实现了从产业链的下游到上游的战略转型。中水电公司在老挝市场中一步一个脚印，稳步扩展业务种类，抢占优良资源，开创老挝市场发展局面。

在项目经营实施的过程中，中水电公司把国家利益和企业地区发展的目标结合起来，积极响应国家"一带一路"政策，成为第一个进入老挝水电市场的企业，可谓是"第一个吃老挝螃蟹的中资企业"，始终坚持服务于国家政治外交、服务于国家战略、服务于集团业务发展需要，使企业利益与国家利益始终同向。这既促进了企业的业务发展，也向老挝人民彰显了中水电人的精神风貌，既践行了中央企业的责任，也加速了企业地区业务的发展。

由于中国筑坝技术和经验较成熟和丰富，建设质量较高，在水电站建设过程中，老挝当地政府积极推进和欢迎中国企业到各地建设水电站。由于老挝当地经济不太发达，主要以农业为主，工业基础薄弱，当地人民相当穷困，在水电站建设中带动了地方的经济发展，解决了当地人民的就业和工作问题，极大地改善了当地人民的生活条件，当地居民对于项目建设期间积极履行社会责任、保护生态环境也都给予了高度赞扬，社会对中水电在老挝当地开展项目的评价都较高。项目的实施，有效带动了当地经济发展，促进了当地劳工就业；水电站投产后，也将为老挝实现"东南亚蓄电池"目标再添新动力。

在项目建设中，中水电老挝分公司不断和老挝高层进行沟通协商。项目建设所在地的老挝政府也积极地与中资企业沟通。在"南公 1"项目建设中，老挝原国家主席朱马里和现政府副总理西潘敦（图 1）都对水电站进行了视察，详细了解了项目施工进度、质量、安全生产和防洪度汛情况，对项目引进基于中国北斗卫星导航系统的大坝数字化监控系统控制施工质量给予高度评价，对项目建设进度、质量及对当地经济社会发展所做的贡献都给予了高度的赞扬。

图 1　老挝副总理宋赛·西潘敦视察"南公 1"水电站（右三）

背景介绍

　　作者杨柳，水利系 2017 级博士研究生，2019 年随中水电对外老挝支队前往老挝开展暑期海外实践，参与"'南公 1'水电站溢洪道流纹岩过渡料直接筑坝爆破技术研究"项目，并就中资企业在老挝的机遇挑战进行调研。

　　作者程冰清，水利系 2017 级博士研究生，2019 年随中水电对外老挝支队前往老挝开展暑期海外实践，参与"采用重型振动碾提高筑坝效率的碾压参数研究"项目，并就中资企业在老挝的机遇挑战进行调研。

纪实篇

专题篇

案例篇

体悟篇

企业出海，求势于人

⊙ 包堉含

随着中国企业在全球价值链中发挥越来越重要的角色，全球市场需求为中国企业的全球化发展提供了广阔的发展空间。由于国内人力资源相对短缺，且工资逐年上涨，中石化五建自 2006 年走向海外以来开始探索人力资源方面的多元化，即逐步雇佣大量外籍的管理技术人员、施工作业人员。相比于中国员工，外籍员工所具备的语言、文化、人工成本和人员稳定性高等方面优势，为公司在该地区开展业务提高了效率，降低了许多可见和不可见的成本，实现了公司的"降本增效"。

回顾中石化五建公司在海外开疆拓土、迅速发展的十三年历史，其实也是人力资源逐步国际化的十三年，具体来说可以分为三个阶段。在 2011 年以前，中石化五建公司的海外项目几乎没有雇佣外籍管理人员，只有个别部门出于业主对语言、专业资质的要求雇佣部分外籍员工和吊车司机，项目部雇佣的管理技术人员不超过 20 名，几乎可以忽略不计。这一时期对外籍员工的使用是被动的，是完成业主要求式的使用。

2011—2014 年的阿布扎比炼油厂扩建项目第一次试验较大规模使用外籍员工，其中在高峰期包括 600 多名从印度、尼泊尔、孟加拉招募的外籍劳工，HSE、质量等部门使用了近半数的外籍员工，还启用了两名外籍的 HSE 区域经理。该项目通过雇佣外籍员工降低了人力资源的成本。

2013—2016 年的沙特阿拉伯项目大规模地雇佣和使用了外籍员工，高峰期人员达到 3800 人，其中 40% 为外籍员工，主要来自尼泊尔、印度。在项目部中，HSE 部门中的外籍人员超过了 60%，质量部门超过了 50%。这些项目积累了外籍员工的经验和教训，为科威特项目提供了很好的参考。在科威特项目中，使用外籍员工超过了 3000 人，并第一次引进了工资更低的越南劳工。

在中石化五建科威特项目实践期间，项目上有一半的工人来自印度、尼泊尔、越南等国家，我们工作和生活的营地就像一个地球村，我深刻体会到在国内人力成本持续上升、建设项目价格长期低位徘徊的背景下，在未来的国际项目中进一步大范围、深层次使用外籍员工是必然的趋势，因此有必要系统完善针对外籍员工的管理体系，建立海外项目的企业文化，本文围绕这一问题展开了调研和研究。

一、企业的隐性资本——重思降本增效

资本是借以获取利润的资源和能力，也是一种能够进行自身再生产的能力。在企业运营过程中，资本既是成本也是受益。在一般的企业经营之中，关注最多的是经济、资产、劳动力等要素，这些可以概括为经济资本，本文将其称为显性资本。但是法国社会学家布迪厄则提出，资本不仅包括经济资本，还包括文化资本和社会资本，本文将其称为隐性资本。社会资本是指个人可以用于获取稀缺性资源的社会网络，文化资本则指个体所处阶级所拥有的文化及与文化活动有关的有形或无形资产，社会资本和文化资本都可以以一定形式转化为经济资本，而且在促进个人发展方面起到非常重要的作用。隐性资本的培养，是提高企业在国际市场竞争力的必要手段，是海外项目持续发展的基石。

对于企业而言，同样存在文化资本和社会资本。企业的社会资本一方面指企业与政府、社会团体、其他企业的社会关系，另一方面也指企业内部的社会网络和规范，前者可以使得企业获取外部的资源和信息，后者则能够整合企业内部的个体，提高企业的效率。企业的文化资本则是指企业逐步形成的包含价值观念，

体现企业精神的器物、制度和理念，可以理解为企业文化，一些学者将企业文化资本概括为包括企业制度文化、企业家精神和人本文化三个方面。

企业的社会资本和文化资本的形成需要时间、精力和经济成本投入，需要长期的积累培养和高频率的互动。一般认为，社会资本和文化资本是在社会互动中产生的。行动者间的交往越多、联系越密、彼此共识越多，这些社会资本就越有可能产生，越有可能持久。对于海外项目而言，隐性资本的形成将更加困难，因为这需要中国企业逐步摸清各国工作人员的特点，主动寻找合适的沟通、交流和合作模式。

企业的社会资本和文化资本也能够转化为经济资本，既可以通过社会资本直接获取稀缺资源和信息服务于企业的工作，还可以通过社会资本与文化资本中所包含的网络、信任、规范、价值观等内涵，降低企业内外人员沟通合作的难度，提高工作效率，即节约"交易费用"。从调研的情况来看，从隐性资本转化为显性资本时则四两拨千斤。在访谈中，我听到了不少这样的例子，"科威特政府中雇佣很多印度籍的雇员，因此印度籍员工在办理政府业务方面往往会受到优待，能在很短的时间内办理完成，但是中石化五建公司自己处理则需要两三周左右"；当支队成员问起中资企业在科威特的经营现状时，他们说道："在科威特没有任何一个咨询公司有能力把所有批文拿下，而且也很难计算合理的价格，找到恰当的代理人则有可能很轻松地办妥。""我们公司的 Tushar 能够帮助项目摆平很多事情，比如和总包对应部门的员工关系就很好，也很会沟通，能够把很多问题在办公室外解决。"

相比于国内项目，国外项目最大的不同就是企业所面临的陌生的社会网络和文化环境，这意味相比于国内项目，企业的社会资本将基本归零，且需要重新培育；雇佣全球不同国家的劳动力则意味着原有的企业文化可能将不完全适用于不同文化背景员工，在企业文化的再生产上遇到问题。因此，企业社会资本和文化资本将极大地限制企业的海外经营。由此可见，对于海外项目而言，社会资本和文化资本的培育和保护将是企业顺利经营、降低经营成本的关键。

二、外籍员工管理与降本增效

外籍员工的雇佣和管理直接或者间接都牵涉海外项目运营过程中的三种资本，因此与降本增效、风险防控有直接关系。

（一）单个海外项目

从单个海外项目来看，管理和经营的核心在于通过雇佣外籍员工直接降低经济成本，培育社会资本和文化资本。

首先，就显性资本的角度而言，雇佣成本低廉的国际劳动力是降低项目成本、提高项目绩效的有效措施。在国际劳动力市场上，中国工人的工资逐年提升，而雇佣东南亚、南亚等国的外籍员工则成本较低，印度籍工程师的平均月收入仅在 350KWD（约合人民币 7323 元）左右；同时，外籍管理人员和外籍工程师具有当地政府和业主所认可的专业资质，能够满足企业运营的基本要求。当然，由于总体上外籍员工的工作方式、技能水平与中国工人存在差距，如果使用管理不善也会给企业带来损失。

其次，就社会资本的角度而言，雇佣外籍员工可以直接提升企业的社会资本。外籍员工具备语言优势，满足业主对相关人员的要求，能为项目处理政府、业主的材料和文件，也方便与业主、外籍工人沟通；而且他们在当地具有相对较好的社会资本，擅长处理与业主、总包、监理、当地政府以及相关组织的关系，能为项目的顺利实施节省沟通成本。

最后，就文化资本的角度来说，外籍员工管理是项目经营中的一个风险来源。由于企业面临着多文化的工作环境，原有的企业文化未必发挥作用，甚至还会导致冲突，由于沟通不畅、管理不善可能会激化外籍员工的负面情绪，导致罢工、冲突等问题，对项目整体施工进度造成影响，造成项目固定成本、费用的损失。因此需要投入精力和实践，培育适用于海外的企业文化。

（二）长期海外经营

管理经营的关键就在于要保护和进一步发展项目所积累起来的社会资本和

文化资本，降低长期经营过程中的成本。

首先，海外项目社会资本和文化资本的形成本身就投入了大量的人力、物力和精力。第一，成熟员工的培养需要花费时间和精力。在访谈中质量部朱经理谈道，从印度招募而来的大学生，很多都无法直接胜任工作，需要逐步转变印度员工在质量检查上的想法，逐步适应中国企业的节奏，一般而言至少需要 6 个月以上才能培养成熟。第二，寻找合适的工作方式，通过跨文化沟通使得员工相互磨合，并筛选出符合施工作业要求的领班、工人等同样需要时间和精力。比如，在访谈中海亮经理谈道，在越南技术工人的组织过程中，刚开始就重新考核和测评施工人员的作业水平，而后尝试了三种作业方式，最终才逐步让越南技术工人独立承建，并选拔出来外籍的大队长负责管理。

其次，应当意识到，项目所形成的社会资本和文化资本同样是项目的重要成果。经过项目的培养和锻造，公司已经创造了大量不可见的财富：对于公司而言，这包括在项目工作中逐渐积累起来了默契、信任、人际网络、沟通方式等社会资本，企业内部形成的高效、实干、平等的企业文化，以及培养了一批在经验、技术、能力等方面得到长足进步和发展的人才资本。正如科威特项目将"安全、平稳、有效益、出人才、出标准、出经验"作为项目的目标那样，这些经验、标准、人才等成果都是无法体现在财务报表中的项目成效。而这些无法纳入财务报表中的绩效和成本其实对海外项目的长期运营都有不可或缺的重要性，如果不注意对海外项目形成的社会资本和文化资本的保护与利用，项目结束后网络、人才、氛围的流失其实意味着项目一种资本的流失。

再次，项目所形成的社会资本和文化资本可以投入下一个项目的运营中，为下一项目节省培育人才的成本、招聘人员的成本，提高未来团队组建和工作的速度，提高工作效率。在项目的访谈中，多个部门领导均提到，在下一个项目中依然希望使用在本项目上培养起来的、优秀的外籍管理人员，和经过筛选具备良好沟通能力的技术工人。这不仅是因为他们有项目上的经验和技术，还由于他们适应了公司的工作文化和人员，沟通起来较为方便，换言之这其实意味着他们与公司之间存在较高的社会资本和文化资本。

最后，对于打算长期深耕中东市场的国企而言，在与当地政府、外籍员工的接触与工作中，同样向当地政府、人民、外籍工人传达了中国的价值观念、文化思维和中国"一带一路"的理念，影响了中国和中国公司在外国人心目中的形象，这其实也为中国和中国企业积累了社会资本。

所以如果公司未来有计划和条件长期深耕海外市场，那么就不仅要在效率、费控、财税、人力等显性资本上"降本增效，预防风险"，更要在这些隐性资本上下功夫、花力气，这些工作均与外籍员工管理和海外项目企业文化的建设有密切的关系。具体来说应当包括两个方面：

（1）就单个项目而言，总结项目在培养社会资本和文化资本、预防风险上的经验和问题，改进和完善项目人员招募、人员管理、培训体系和福利管理等方面的制度和措施，将经验上升为制度，提高未来项目的效率。

（2）就公司长期海外经营而言，应当完善海外公司运营的人员管理体系和制度，灵活运用各种方式最大程度保留既有项目所积累的人才和社会资本，减少资本流失，为后续工作奠定基础，降低成本，提高效率。

针对上述两方面的工作，我采用访谈和发放问卷的办法，按照"经验—问题（需求）—建议"的思路收集相关信息，梳理已有的做法和经验，发现可能改进的空间并提出一些初步的建议和想法。在实践期间我先后进行了 19 次访谈，访谈范围包括项目部领导、各部门经理、中方员工和外籍员工；同时，通过在线问卷向外籍员工收集相关信息，共有 26 名员工填写。

三、海外项目人力资源管理现状

（一）人力资源构成

中石化五建公司在海外项目上所使用员工有四种来源：第一部分是具有编制的正式员工；第二部分是由红海人力资源公司派遣的合同员工；第三部分是由项目部直接招聘的管理人员和工人，包括中国籍员工和外国籍员工；第四部分是由当地劳务公司派遣的外籍人员。

在这些员工中，第一部分和第二部分员工可以算是公司的固有员工，而且自2019年开始，企业正式员工和红海合同工开始享受相同的待遇，在职务职级方面同等对待，同等参与公司购房，在推动红海合同员工确立归属感和国企改革方面迈出了一大步。这两部分员工的工资除了项目工资外，国内还发放基本生活金、享受年假、探亲假和往返交通费用，项目结束后如果海外无项目即返回国内等待下一个项目，在科威特项目结束后相当一部分员工返回国内归属海外分公司（国际业务部）管辖。比如2016年沙特阿拉伯项目结束后，有不少员工就返回公司总部。

目前外籍员工都是由项目部直接招聘或者是劳务派遣的员工，部分中国员工也是由项目部直接招聘的。但是项目上招聘的特别优秀的中国员工存在由项目雇佣转为公司合同雇佣的晋升渠道，在本项目上就有多名优秀的中国籍员工经部门经理和分管领导推荐，向公司人事处申请，转为签署红海劳务派遣合同的内部员工。

项目雇佣的外籍员工，主要来自于到所在国进行考试、招聘到的管理人员和工人，对于他们而言不存在"转正"渠道，主要依赖项目之间的连续性，由上一项目推荐到下一项目继续工作。当然项目存在间隔时，确实有不少优秀员工选择了另谋他处。

此外在工作繁忙期间，还会直接从当地劳务公司直接雇佣员工。在本项目的高峰期，外籍员工使用超过4000人，占比超过60%。其中包括安全部、质量部使用的管理人员总共接近70人，1100名印度籍焊工、940名越南籍焊工、923名尼泊尔工人。

（二）外籍员工的福利待遇

在薪酬方面，出台了外籍员工的薪酬管理规定，除了基于岗位发放的工资以外，设定了每个项目或每两年晋升工资档位的工资晋升标准。针对技术工人，在项目开始时可以根据经验、考核技术等级确定工资的差异，对于有工作经验、技术较好的技术工人会有较高的薪酬，此外焊工工作满一年后可以进行调薪，具体办法是由所在单位考核，由质量部出具合格率，由施工部确认是否提薪。

在假期上，所有员工在法定假日加班均有双倍工资，但是年假上各层级员工则存在较大差异：部门经理 4 个月休假一次，普通中国籍管理人员 6 个月休假一次，中国操作工人 9 个月休假一次，外籍管理人员 12 个月休假一次，部分外籍工人则签订了两年合同没有休假。据了解，总包公司 TR 的休假则较为统一，所有员工均有 3 个月休假的待遇。

除从当地招聘的人力资源公司的外籍工人外，所有自聘的员工均由公司承担食宿，人均发生的间接费用约为每天 7KWD（约合人民币 147 元），其中饮食标准为人均 1.5KWD（约合人民币 31.43 元），中国籍、越南籍员工饮食由中国的饮食分包公司负责，印度籍员工则由当地的饮食公司分包负责。据了解这一标准在同类企业中为最高的，其他公司如当地一些施工企业 NSH 一般为 0.8~1.2KWD（约合人民币 16.76~25.14 元）。

（三）外籍人员管理经验

在历年海外项目中，中石化五建公司确实遇到了跨文化沟通的难题，也逐渐积累了不少外籍人员跨文化沟通、人性化管理的经验。主要体现在以下几个方面：第一，树立平等对待各国员工的原则，对员工有人性化关怀；第二，创新和尝试外籍技术工人的组织管理方式，比如针对本项目招募的越南籍焊工，设计了中外混编、外主中辅、独立承建等多种组织方式，也提拔一些越南籍的施工队长，用外籍人员管理外籍人员，还在施工作业中实施绩效激励；第三，针对外籍管理人员，举行拜师仪式，用师徒责任关系将双方扭在一起，在各部门的小团队建设上，中外员工共同参与；第四，在项目部组织的娱乐项目、体育活动中实现中外员工的参与，比如在春节活动中，很多外籍员工都积极参与准备节目表演；第五，在科威特项目中，公司建立了外籍管理人员、技术工人及其技术等级的人员档案，记录了他们的基本信息和技能，并逐步筛选出了优秀的员工，为后续项目继续使用这些已经有经验、有技术的优秀员工打下了基础。

纪实篇

专题篇

案例篇

体悟篇

四、海外项目人力资源管理的需求和问题

（一）人力需求

从访谈和调研情况来看，各个部门或多或少都有长期聘用外籍员工的需求。比如质量和安全部门，实际工作中使用的外籍员工已经超过半数，并且多个项目的锻炼，已经培养了多名非常优秀的外籍员工，他们在日常生活中发挥了非常大的作用，借助于他们的语言优势和文化优势，对外能为公司处理与总包的关系，对内也能够更好地协调管理外籍员工，由于他们熟悉公司上下和中外员工，短期内很难替代，部门经理也认为与员工的长期合作对于项目的长期经营意义重大。施工部门同样表示欢迎，由于实际项目运行过程中，有大量的工人均是外籍员工，如果能有属于项目部的"自己人"出面协调与外籍施工人员的关系，会降低公司的管理难度。对于上述使用外籍员工的部门，培养部分员工担任主管、部门副经理对于公司长期运营来说有非常有意义。

对于采购部门，约旦籍员工已经与中石化五建公司形成了长期的合作关系，借助于他的文化背景和在当地的社会资源，在解决物资采购等问题上能为公司解决一些很关键的瓶颈问题。对于合同费用控制部门，目前尚未雇佣外籍人员，但是据相关部门反映在合同费用控制方面，其实也有长期雇佣外籍人员的必要，因为海外项目所有的合同谈判签署均是英文，在文化背景下也不是中国的大陆法系，因此外籍员工在语言和文化背景下更有优势，能更好地解决合同和谈判方面的问题，但是对于合同部门而言，这样的外籍员工只能长期聘用，因为相关信息的泄露对项目和公司都会有较大的影响。

（二）海外项目人力资源管理的问题

从访谈和问卷分析的情况来看，海外项目人力资源管理的主要问题体现在以下几个方面：

第一，外籍员工对于公司整体的归属感不强，从统计的情况来看，选择继续留下本公司的原因主要是薪酬和私人关系。但是对于未来打算长期深耕国外市场，

各部门其实均有必要与特别优秀的外籍员工形成长期的合作和雇佣关系。

第二，基于项目制聘用的特点，外籍员工缺少可以预期的长期晋升通道，也缺乏长期的考核晋升管理体系。虽然少部分外籍员工逐渐担任了部门主管，但是晋升的考核方式缺少制度和规范，主要依赖于项目领导推荐。

第三，外籍员工和中国员工在休假等待遇上的差异既是外籍员工抱怨的来源，也是影响他们难以融入整个公司的原因之一。

第四，住房和饮食是导致外籍员工选择离开公司的主要原因。虽然公司为员工提供的饮食标准是同类公司中最高的，但是几乎所有外籍受访者均表示事物还有较大的改进空间，在访谈中部分印度员工甚至表示从来没有在公司食堂吃过饭，都是自己从超市购买食物。

第五，营地的娱乐设施主要符合中国人的运动和健身习惯，没有充分考虑外籍员工的需求。

第六，中外劳动观念上的差异始终较为根深蒂固地存在，比如对于加班等中国企业司空见惯的现象难以短期消除。

第七，公司的一些文化和口号不一定适用于海外项目管理，比如"爱我中华、振兴石化"。

第八，分包公司相比于中石化五建公司在直接使用的外籍工人上缺乏经验，需要进行一定的培训和能力建设。

五、建议

基于上述分析，我认为公司海外项目要建立培养和保护隐性资本的意识，从公司长期海外经营的角度出发，系统完善国际人员管理体系，有层次地招聘和使用外籍员工，建设海外公司的企业文化。

从公司层次而言，可以从以下方面改进。

第一，海外分公司可以参考中国项目外聘人员转为红海合同制人员的办法，与个别特别优秀的外籍管理人员签署用工合同，待遇、职位晋升、休假等参考中

纪实篇

专题篇

案例篇

体悟篇

国员工。当某地的海外项目完全停止期间，根据其业务类型派驻中东地区的其他地方开拓市场，或派回公司安全技术中心等相关部门，提升国内项目的管理水平。

第二，由公司起草针对项目上外聘外籍管理人员的考核和晋升办法，将外籍人员晋升考核制度化和规范化。

第三，完善项目已经建立的人员监控档案，实施动态监管，在项目结束时应当更新各个员工的表现和技术等级，在未来项目中优先联系和雇佣在既往项目中表现优秀技能出众的员工。

第四，系统总结海外项目外籍管理人员、外籍员工招聘、培训、管理的有效经验和有效制度，将其系统化、规范化，形成一系列指导海外项目运营的政策规范、操作指南和案例库，为未来项目的长期经营奠定基础。

从项目层次而言，可以从以下方面进行改进。

第一，在上述外籍管理人员考核晋升办法的基础上，在项目外籍员工较多的部门提拔使用较优秀的外籍管理人员担任主管和项目副经理、经理。

第二，在条件允许的情况下，尽可能统一中外普通管理人员的休假周期。

第三，改善伙食管理体系，设立外籍人员的伙食工作委员会，主动跟进食品状况，提高饮食质量。

第四，在条件允许的情况下，改善未来营地的住房和淋浴设施，对破坏公用设施的员工进行严厉处罚。改善未来营地的娱乐设施，考虑到不同国家人员的娱乐和运动偏好。

第五，建立针对项目管理人员、分包公司相关人员、领班、工人的现场培训体系，尤其是外籍员工管理和跨文化体系，依托于公司的案例库，提升项目及分包公司的外籍员工管理水平。

第六，在中外员工共同参与下，为海外分公司草拟公司的口号、标语等，作为可传承的文化资本。

背景介绍

　　作者包堉含，公管学院 2018 级博士研究生，2019 年随中石化五建科威特支队前往科威特开展暑期海外实践，期间通过调研和实地考察，寻找海外项目运行过程中存在的人力资源管理问题、风险，为中石化五建公司科威特项目提供降本增效和风险防控方面的措施建议。

参考文献

[1]　周小虎 , 陈传明 . 企业社会资本与持续竞争优势 [J]. 中国工业经济 , 2004(5).

[2]　方忠 . 企业文化资本内涵及价值分析 [J]. 上饶师范学院学报 , 2009, 29(1):54-57.

[3]　边燕杰 , 丘海雄 . 企业的社会资本及其功效 [J]. 中国社会科学 , 2000(2).

纪实篇

专题篇

案例篇

体悟篇

国企海外党建工作模式分析与建议

——以中石化五建公司科威特项目部为例

⊙ 吴宇潇

随着"一带一路"倡议的不断推进，越来越多中国的国有企业"走出去"，海外党建工作在复杂的国际环境中助推深化国企海外布局。然而，在复杂的国际环境中，如何更好地发挥海外党组织的政治核心作用，锤炼海外企业党员的理想信念，是新时代海外党建工作面对的新课题。

以科威特为例，由于政治和社会文化差异，海外党建活动存在一些限制，因而党建活动不便公开开展和宣传。在党建工作不宜公开的情况下，中石化五建公司科威特项目部党支部承担着海外党建、企业文化、后勤保障等工作，确立了"内外有别，内部开展，外部不公开，有效运转"的指导原则。科威特项目部党建工作在做好"固定动作"的同时，因时因地制宜，做好"自选动作"。"固定动作"指的是对党的理论政策的常规性学习，深入学习贯彻习近平新时代中国特色社会主义思想，全面贯彻落实党中央统一要求，强化党建工作责任制，全面从严治党，规范党建工作。"自选动作"指的是以文化自信为基础的一系列创新性的党建工作。

一、中石化五建公司科威特项目部党建工作的主要运行模式

《中国共产党章程》第三十三条规定:"国有企业党委（党组）发挥领导作用，把方向、管大局、保落实，依照规定讨论和决定企业重大事项。国有企业和集体企业中党的基层组织，围绕企业生产经营开展工作。"[①] 此条明确规定了国有企业开展党的基层组织工作的基本内涵。国有企业在海外也没有特殊、没有例外，必须全面从严治党、加强党的建设。然而，新的环境在为国企提供新的发展机遇时，也为国企的党建工作提出了新的困难与挑战。中石化五建公司科威特项目部作为"走出去"的国有企业，在探索海外党建的工作实践中形成了一套既能适应当地环境，又能落实任务要求的新模式，形成了具有特色的党建工作经验。

（一）组织设置上的全覆盖模式

由于海外项目的特殊性，驻外党员分散性、流动性强，管理难度较大，中石化五建公司科威特项目部遵循"确保企业发展到哪里、党的建设就跟进到哪里、党支部的战斗堡垒作用就体现在哪里"的原则，实现了党组织的"全覆盖"。基层党组织不放松，为做强做优做大国有企业提供坚强组织保证，实现了党组织结构上的有效延伸。此外，中石化五建公司科威特项目部坚持"同步建，同配备"原则，及时配齐项目部班子团队，配强专职党支部书记，公司党委选派党委工作部主任程龙根担任科威特项目部专职党支部书记，确保了五建海外项目高效运行。

不宁唯是，中石化五建公司科威特项目部做到党建工作"不拉下一名党员，不丢掉一支队伍"，将分包商党员、分包商队伍管理、外籍员工管理统一纳入海外党建工作范畴。科威特项目部党支部对现场 33 家分包单位派驻以党员项目班子成员为主的"党代表"，"党代表"以项目班子成员为主，建立与分包单位"对口"联系点，了解员工思想状况和诉求，协助做好安全稳定和生产经营工作，帮助解决实际问题和困难。

---

① 《中国共产党章程》，人民出版社 2017 年版，第 23 页。

（二）党建工作与生产经营融合

科威特项目部党支部根据项目特点，开展"我为成本献一策"活动，安排项目班子与部门之间集中讨论 20 多次，制定降本增效措施 12 项，比如物资采购一项，规避当地采购成本大、风险高的缺点，改为国内采购优先的原则，节约费用达 350 万美元。公司党委把是否促进经营生产作为检验境外一线党组织工作效能的试金石，党建工作为项目降低成本提供了切实的建言献策作用。

科威特项目部以党员"六诺"活动（自主提诺、支部审诺、庄严承诺、公开示诺、岗位践诺、全员评诺）为抓手，充分发挥海外党员在安全、质量、费控等重点工作中的作用，在锤炼党性中创造了价值。

（三）项目民主管理模式的新探索

民主管理是党组织联系广大海外员工的纽带，也是增强员工主人翁意识的内在要求。不仅如此，企业内部融洽的关系是施工生产顺利推进的保证，党组织为畅通内部信息提供了桥梁作用，有利于打造和谐的内部氛围。科威特项目部党支部注重建立多渠道沟通平台，加强交流，解决问题。科威特项目部党支部打造"民意"直通车，在营地设立信访接待室，为保证员工反映问题或诉求渠道畅通。通过多方渠道，党组织更多地了解了员工诉求，有针对性地做好解疑释惑工作，先后协调解决 100 多起队伍稳定方面的各类问题，全力打造和谐项目，为调动各方积极性取得了良好的效果。

（四）推行"服务型"党组织功能定位

面对科威特的超高温、沙尘、疾病流行、文化生活枯燥等各类艰苦作业环境，五建公司科威特项目部的各级党组织把改善员工的工作、生活条件，为他们提供优质的后勤服务保障作为日常工作的重要内容。比如，利用休息日组织员工开展羽毛球、篮球、足球等体育比赛，还组织员工游览波斯湾风景，有助于沟通海外员工之间的感情，缓解海外员工的心理压力。

"服务型"的党组织功能定位既能让海外员工感受到组织家一般的温暖，也进一步激发了职工心系公司、奉献企业的热情。去年以来科威特项目部先后 2 次邀请国内心理健康专家和中国援科威特医疗队，对近 2000 名作业工人和管理人员进行心理健康辅导、心脑血管疾病预防以及医疗服务等；每月在现场和营地医务室组织全员测量血压，关注患有高血压等心脑血管疾病人员，对患病人员及时救治和安排回国治疗；对住院病人及时探望慰问，患者提出食堂饭菜不可口，安排食堂单独提供个性化服务。科威特项目部党支部书记程龙根在访谈中多次提到："我就是搞服务的。"科威特项目部有效拓展了党建工作的外延，牢固树立服务意识，为员工做服务、办实事，以"春风化雨，润物无声"的方式激发了职工对于公司的认同感。科威特项目部找准自身定位，这些得人心、暖人心、稳人心的工作正是党群众路线在海外党建中的发展和创新。

（五）打造"防火墙"应急体系

科威特项目部党支部针对中东地区局势的风云万变，建立健全相应的应急响应机制，完善应急预案，提高应急预案的科学性和实用性，保证做到未雨绸缪。与之配套，科威特项目部党支部重视建立健全信息收集和传递网络，积极做好各类信息的收集和反馈，尤其是积极与中国驻科威特大使馆进行信息沟通，确保对各类信息收集的完整、及时，筛选无误，以提高对突发事件的预判及应急处理能力。其牢固树立"海外无小事、处处讲政治"的理念，从"党要管党、从严治党"的政治高度出发，确保公司生产有条不紊的开展。

员工队伍稳定是开展各项工作的基础。一旦发生员工罢工、上访群体性事件，不仅影响施工生产的顺利进行，而且其造成的政治影响是难以挽回的。因此，确保员工队伍的稳定，是海外项目党组织的一项重要工作。科威特项目部党支部高度重视员工队伍稳定工作，严格员工行政管理，关爱员工的工作、生活，及时解决员工提出的合理诉求，把各项工作做细做实，确保队伍稳定。程龙根书记提出："稳定工作已经完成从'救火'到'防火'转型，仅仅是哪里出了问题就去解决问题这样的工作方式还是很被动的，要防患于未然，关注员工的诉求，防止发生不和谐的事件。"在程书记领导下，科威特项目部党支部发挥员工纠纷调解组织体系的作用，高度重视一线员工反映的问题，及时进行调解处理，把问题、矛盾解决在萌芽状态，防止矛盾激化和问题的扩大，切实化解不稳定因素，为企业正常运行保驾护航。

（六）构建"同心圆"文化

以文化自信为创新之本的党建工作成为科威特项目部党建工作的一大亮点。每一个中国企业走向海外的时候，它不仅仅是一个以盈利为目标的利益集团，更是推广中国形象的文化大使。中石化五建公司科威特项目部的党建工作牢牢紧扣文化建设的主题，坚持以人为本，在尊重文化差异的基础上发扬中国传统文化的魅力。一方面，科威特项目部党建工作的文化自信继承了国有企业本身的政治优势传统和优秀文化基因，"人性化管理"成为海外中国企业有别于其他国家企业的一大优势，其中蕴含着中国人本主义的人文关怀。

除了上述对作业工人和管理人员的身心健康的全方位关注之外，科威特项目部还推行了传统中国的"师徒制"，以结对子的方式让外籍员工更好地融入项目团队，学习中国文化和中国石化的规章制度。中石化五建公司科威特项目部对外籍工程技术人员全部签订"师带徒"合同，举办"中国师傅"带"外国徒弟"结对仪式，签订中英文版师徒协议 110 份。这种"传帮带"的方式充分体现了中国文化在国外的有效实践，既能帮助外籍员工融入中国企业，又有利于沟通中外员工之间的感情，为文化融合提供了良好的载体和渠道。

另一方面，科威特项目部党建工作以中国传统节日为依托，创新性地举办相关文娱活动，起到传播文化和凝聚人心的双重作用。2019 年春节，科威特项目部为留守在一线工作的员工们举办了大型的"春节联欢晚会"，组织 4000 多名中外员工参加项目"春晚"。中石化五建公司党委书记带领艺术团小分队赴科威特项目部慰问，与项目部干部员工一起吃"千人年夜饭"。对春节的庆祝既让中国员工拥有过年的心灵慰藉，又能让外籍职工感受到了中国传统文化的魅力。中国传统温情脉脉的"家文化"已经开始逐步打造成国有企业自身的文化名片，成为企业在海外为中国文化自信所作的最佳注脚。可以说，文化自信是国有企业海外党建工作的创新之本，也是国有企业海外党建工作走向成熟的标志。

除了人本主义的"家文化"之外，科威特项目部还积极选树先进典型的方式宣扬艰苦奋斗的精神品质。比如，进行了项目明星的评选，总计评选出 53 名中国和外籍员工的项目明星；推选了项目部经理王志伟为"感动石化"人物。通过评选项目明星和先进典型的方式，充分发挥党组织，尤其是党支部的战斗堡垒作用和党员的先锋模范作用，起到良好的带动作用，凝聚人心，振奋士气，增强职工队伍的整体战斗力和向心力，宣扬了中国的吃苦耐劳、艰苦奋斗的传统美德。总体而言，中石化五建公司科威特项目部党建以文化聚力，打造以爱国主义为核心，以艰苦奋斗为精髓，以"家文化"为纽带的中国品牌，进一步强化了海外员工的爱国爱企情怀，增强了海外员工干事创业的信心和勇气，充分体现了国有企业的文化自信。

二、海外党建模式升级的建议

相较于国内环境，海外党建业务存在一定的复杂性需要紧跟国际环境而调整，中石化五建公司科威特项目部党建模式在瞬息万变的时代洪流中还需要巩固优势，继续发展。习近平总书记提出，要以改革创新精神推进国有企业党的建设，要坚持解放思想、实事求是、与时俱进，主动适应参与国际化竞争和扩大对外开放的新特点①。海外党建工作如何结合新形势、紧跟新要求、适应新变化、形成新思维、建立新机制还需要从以下几方面着力。

（一）海外党建工作与企业文化进一步融合

因驻外机构的党建工作有其特殊性，党组织不便公开活动，党员也不便亮明身份。面对此情况，只有进一步把海外党的建设融入企业文化建设中去，把企业文化建设纳入到了企业发展战略中并以此为切入点和契合点开展灵活多样的党组织文化活动。同时，随着海外企业属地化经营的不断深入，跨文化管理问题也日益突出。这就要求驻外基层党组织要积极探索推进跨文化管理，找准中外文化融合的有效方式和载体，努力丰富驻外基层党组织建设的内涵，切实构建起具有海外党组织特色的企业文化体系。

因此，建议科威特项目部党支部找准企业文化建设这个切入点和契合点，结

---

① 《以改革创新精神推进国有企业党的建设》，《光明日报》，2009年8月18日，第1版。

合公司实际，开展形式多样的党组织文化活动。比如中石油公司把"石油精神"融入到企业文化之中，坚持在海外项目和针对外籍员工也弘扬"大庆精神""铁人精神"，唱响"我为祖国献石油"为主旋律，起到了更强的企业识别性和凝聚性。中石化公司现在虽然已经有"感动石化"人物作为典型，但如果能进一步由此凝练出中石化公司的精神特质，以此打造出更具识别性的中石化公司的企业文化将使员工有更大的自豪感和对企业的认同感。

（二）海外党建工作与公共关系进一步融合

习近平总书记在党的十九大报告中指出，加强中外人文交流，以我为主、兼收并蓄。推进国际传播能力建设，讲好中国故事，展现真实、立体、全面的中国，提高国家文化软实力。[①] 随着"一带一路"倡议的全面实施，"走出去"的国有企业是社会经济、文化交往中最活跃的主体之一，更是展示中国文化软实力的重要载体之一。作为资本、知识、技术和人才高度密集的社会组织，国有企业在国际化经营的同时，需要同时兼顾优化国家形象、提升国家软实力的使命。

现在中石化五建公司科威特项目部被当地媒体的宣传和介绍还相对较少，做得多，宣传得少，以至于科威特的舆论高地仍然还受西方主流媒体的影响较大，以至于对中资企业的误解较大。这点可以参考华为在科威特所作的努力。华为公共关系部致力于经营和科威特主流媒体高管的关系，有效扭转外国对华为"侵犯隐私"等误解，建立了在科威特的良好企业形象。中石化五建公司科威特项目部是否能够更多在科威特社会之中发声？一方面，海外经营活动为国企的社会责任提出了更多新的要求，未来海外党建可以成为国企落实社会责任的一个着力点，在谋求自身发展的前提下，也要兼顾注重对于社会责任的担当，推动科威特当地社会的经济发展与社会进步，以树立负责任的中国企业良好形象。另一方面，通过媒体发声，努力通过良好的中国企业形象打造良好的中国国际形象，进而优化中国企业在科威特的营商环境，争取为更多中国企业在科威特的发展提供良好的

---

① 习近平：《决胜全面建成小康社会 夺取新时代中国特色社会主义伟大胜利——在中国共产党第十九次全国代表大会上的报告》，人民出版社 2017 年版，第 44 页。

外部条件。

（三）海外党建工作和新媒体技术进一步融合

首先，依托远程培训、移动客户端、网络平台等新技术、新手段针对海外项目党员干部流动性强、集中难度大的情况，开展高效党建学习；其次，在党建活动开展过程中，采用"网上领学、线下促做"的方式，有效克服党建学习文件不便携带出境的问题；最后，利用互联网相关技术，开展网上召开支委会、党员大会、上党课以及干部竞聘，打破时空限制，做到与国内党建的同时同步。因此，创新党建工作的一条思路即充分施放网上党建的优势效应，将海外党建工作和新媒体技术进一步融合。目前中石化五建公司科威特项目部对新媒体的运用还相对滞后，比如学习强国应用（App）的使用人数方面还没有完全推广，所学积分上还尚未量化考核，诚然这主要受限于科威特艰苦的基建环境和通信技术，因而建议在可能的范围内，拓宽党建工作的载体，利用新媒体技术进一步加强党建工作。

背景介绍

作者吴宇潇，马克思主义学院 2018 级博士研究生，2019 年随中石化五建公司科威特支队前往科威特开展暑期海外实践，期间调研中石化五建公司海外党建模式，开展政治理论宣讲，与中华人民共和国驻科威特大使馆经济商务参赞、华为技术科威特有限公司、驻科威特中资企业协会以及协会成员公司代表进行座谈交流。

纪实篇

专题篇

案例篇

体悟篇

越南建筑工程的合约整体环境及中外建筑工程标准差异分析

⊙ 王　哲　张　颖　叶开儒　钱星宇

越南是我国"一带一路"沿线上的重要国家，也是东南亚经济最具活力的国家之一。长期以来，中资企业在越南进行广泛的投资，涉及行业包括能源、基础设施、教育等诸多行业。然而近年来，一方面，随着越南国内民粹主义的抬头，社会上开始出现反华情绪，给许多中资企业特别是建筑承包商在当地的运行造成了负面影响；另一方面，由于美国推行"亚太再平衡"战略，许多西方国家插手东南亚事务，在经济上与中国展开恶性竞争，这也给中资建筑承包商企业在越南的投资造成了极大的阻碍。本项目计划以建筑行业为研究对象，通过对中资企业在胡志明市的运营状况进行调研，从当地建筑合约环境及建筑工程设计标准两方面分析中国建筑企业当前在越南所面对的投资环境。

一、越南建筑工程的合约整体环境分析

（一）越南建筑工程的法律框架及发展

自 2007 年越南正式加入世界贸易组织后，越南官方不断完善有利于外国投资者的法律框架，随着经济的持续稳定发展，越南已经成为东南亚地区最具投

资潜力的国家。近年来，越南在司法体制改革方面也取得了重要进展，尤其是对有关公共基础设施项目的投资制定了详尽的法律框架。其中，第 15/2015 号法令 /ND-CP (2015 年 4 月 10 日生效) 明确规范了政府对 BOT（build-operate-transfer，建设—经营—转让），OT(operate-transfer，经营—转让），BTO(build-transfer-operate，建设—转让—经营），BT（build-transfer，建设—转让）、BOO（building-owing-operation，建设—拥有—经营）以及 PPP（public-private partnership，公共部门—私人企业—合作）等各类建设模式的管理方式。该法令概述了执行 PPP 项目的程序，以及准备项目提案、政府批准和发布公告的程序。此外，法律还允许 PPP 项目的投资者根据合同抵押特许权，并允许 PPP 项目的贷款人指定一个合格的第三方来行使贷款人的介入权。越南的道路交通建设通常采用 BOT 和 BT 模式，能源类项目 (如火力发电厂、水力发电厂) 和水务系统的项目通常采用 BOO 模式。总体而言，政府通过放开管理机制，为越南的 PPP 项营造了灵活运行的环境。法律还规定了对项目资金的获取、合作伙伴和改善外国投资者权益等方面，给予外国投资者更好的支持。

在大多数越南电力和基础设施融资中，国际金融机构提供的资金占了相当大的比例，其中出口信贷机构支持的贷款和商业贷款的比例都相对较高。 然而，贷款给一个项目需要冒很高的风险，所以这些贷款机构通常特别关注项目的可行性，以及信用风险的评估。此外，一些开发银行还在该项目中提供财务咨询，这些银行通常对借款人的资产拥有特定级别的控制和担保要求。总的来说，金融机构在项目融资方面的发展趋势不仅保障了项目的融资和运营的灵活性，还使项目方能够主动地利用投资组合进行多样化的风险对冲。越南的项目融资和项目交易的文本规范与世界上绝大多数国家一样，通常包括项目文件：政府与投资方的协议、建筑合约、项目管理咨询协议、项目承包公司的协议等；财务文件：设施协议、安全协议、政府管理机构的资金担保等。投资方在项目运行前必须取得政府机构颁发的许可牌照。

（二）越南商业建筑项目总承包的模式

1. EPC 模式

EPC（engineering procurement construction，设计、采购、施工）模式即俗称的"交钥匙"工程项目，包含工程设计、采购以及施工三个主要环节。EPC模式是中建（东南亚）在越南的建筑项目主要采用的总承包模式。交钥匙总承包是设计采购施工总承包业务和责任的延伸，最终是向业主提交一个满足使用功能、具备使用条件的工程项目。

2. EPCM 模式

EPCM（engineering procurement construction management，设计、采购、施工与管理）模式是当前国际建筑市场较为通行的项目支付与管理模式。在EPCM项目中，客户（甲方）选择项目承包商（乙方）代表甲方为整个项目提供"一整套管理服务"。EPCM项目要求承包商不仅要提供管理服务，还要同时提供实际的EPC合同和项目管理服务，这种模式取决于客户的要求或合同的性质，并由合同双方协商。这种模式下，由EPCM管理方为业主选择分包商，但其本身与分包商之间不存在合同关系，因此，EPCM承包商无需承担施工合同风险和经济风险。当EPCM总承包模式实施一次性总报价方式支付时，EPCM承包商的经济风险被控制在一定的范围内，获利相对比较稳定。

（三）越南工程总承包的合约规范

FIDIC 合约规范

越南的工程总承包项目（EPC）的合约规范主要是以FIDIC（国际咨询工程师联合会）合约为主，并且必须符合越南政府颁布的"37/2015/ND-CP法令""09/2011/TT-BXD通告"以及"48/2010/ND-CP法令"相关的要求。另一方面，AIA、NEC3、JCT和DDB的合约形式在越南通常不适用，但其基本结构可能包含在某些合同条款中，而且根据合同类型的不同，条款也会发生变化。在涉及外国承包商的情况下，如果有多个承包商共同执行合同，也可以采用合伙经营的方式。合作方之间彼此相互协调，在合作中通常会有一个承包商牵头，EPC 合同由各方签署。

（四）越南法律框架对建筑承包合约的约束

1.《招标法》对外国承包商的约束

2013 年越南制定了《招标法》并于 2014 年 7 月 1 日起开始施行。

越南《招标法》规定了招标的程序以及各方的责任和权利。它明确规定了招投标过程应遵循公开、透明、公平竞争和公正的原则，但这一法律框架仍然存在对外国投标人参与公共采购投标的限制。例如，外国承包商在越南参与国际投标时，必须与国内承包商签订合作协议，或者指定本国分包商，除非国内承包商没有能力参与工程的任何环节。在特定的基础设施招投标中，工程的主管方应是雇主本身或授权一家国有企业来组织投标和审查申请。例如，交通部批准了胡志明市的 Long Thanh Dau Giay 高速公路项目的投资计划，并授权国有企业——越南高速公路公司 (VEC) 为该项目的雇主。

2.《建筑法》对外国承包商的约束

根据越南《建筑法》第 59/2015 号法令，外国承包商只有在获得建设管理部门颁发的建设经营许可证后，才能在越南从事建设活动。如果按照越南的招投标法要求投标，外国承包商必须已经赢得竞标或签订合同。如果是不需要投标的项目，但外国承包商希望进行投标，则必须满足两个条件：①取得项目业主的中标决定书（bidding winning decision）或合同授予；②签订符合越南建筑和施工相关法律法规的履行合同。

根据越南《建筑法》规定，外国承包商必须以文件的形式向有关部门递交执照并向当地的登记管理办公室报备工程的具体信息（包括地址、传真和电话号码、印章、项目代表、纳税编码等）。同时，承包商需要为参与项目的外国专家和工人申请工作许可。此外，从事进口机械和设备的质量监督、建造设备的安全监督、运输装备的检验等工作的劳工均需要按照越南《劳工法》规定依法购买保

纪实篇

专题篇

案例篇

体悟篇

险、按标准给付工资以及安排工作时间。外国承包商必须与越南承包商签订联合协议（consortium agreement），或与越南承包商签订分包合同(subcontract)，外国承包商必须遵守施工标准的要求，此联合协议或分包合同将作为申请越南建筑施工许可证的组成文件。

3. 对利润资金要求

越南对外国建筑项目承包企业没有设置特别费用和税收，而一些 BOT 或 PPP 项目还可以享受一定程度的优惠税收待遇。按照越南现行的外汇法规要求，除越南国家银行（SBV）规定的某些例外交易外，建筑承包商越南境内的所有交易、付款、广告、上市价格和合同价格都必须以越南盾的形式结算。外商直接投资的企业（FDI）在履行财务义务、向税务机关提交审计报告和税务申报后，有权将利润转汇到境外，但必须在汇款日前至少七个工作日通知当地税务机关利润汇出计划。除银行手续费外，越南对投资回报或贷款支付不征收任何费用或税收。

4. 责任约束

风险管理的一个基本原则是将风险分配给最有能力承担管理风险的一方（即风险分配）。通常情况下，合约的形成方式是对合约总体责任的限制和违约金（非实际损害赔偿）设置上限，这部分内容受到越南本国《合同法》的保护。业主与建筑承包商订立总承包合同时需要依据根据越南《建设法》和越南《民法典》的有关规定，并遵从建设部颁布的"37/2015 法令""48/2010 号法令"以及"09/2011 号通告"。越南的建筑承包合同一般采用 FIDIC 合约范式，由业主与承包商经过协商订立。通常情况下，承包商的全部责任限制是在双方决定的水平上达成的，并以合约的总价值为上限。而第三方责任应适用于该方因过错、过失、侵权或损害进行索赔或由法院裁决。具体而言，合约双方都应该为另一方造成的损失负责。损失范围除了付款终止和赔偿以外，包括但不限于施工损失、利润损失、违反合约造成的间接损失以及与合约相关的第三方所造成的损失。一方对另一方的全部责任不得超过建筑合同中规定的合同价值的总和。

在遭遇不可抗力（FM）的情况下，合同将免除双方的损害责任或应该履行的合同义务，雇主或承包商不应对工作上的损失或延误负责建筑合同的签约双方应该明确定义和分类不可抗力事件。如果遭遇不可抗力，承包商应尽最大努力将雇主的损失降到最低，双方应在尽力调解后立即恢复正常工作。

5. 履约担保（performance security）

订立合同是建筑项目施工的前提条件。合同分为总价包干合同（internal lump-sum contract）、家庭承包建筑合同（projects carried out by households）、自建施工合同（self-performed construction contract）。一般而言，总价包干合同的履约担保是强制性的，其履约保证金（performance security）通常为合同价值的 2%~10%，高风险合同的价值可能更高，但一般不超过合同价值的 30%。

履约保证金可以以订金、第三方托管（escrow）或债券的形式支付，越南政府鼓励使用履约保函。履约保函是承包商在履行建筑合同期间为履行其义务而提供的文件，只有在完全履行该义务或当雇主收到建筑和设备供应合同的担保时，履约保函才会失效。预付款保函(APB)是建筑工程的另一个重要担保。在公营部门，如建筑工程合约要求的预付款超过 10 亿越南盾，雇主必须先向承建商申领工程进度拨款，然后才可向承建商申请预付款。EPC 合同中 ABP 的最低价值为合同价格的 10%，但不超过合同价格的 50%。

（五）建筑承包合同在越南的风险环境

FIDIC 合同条件最大的优点是构架清晰，条款之间逻辑分明，有利于明确各方的权益和义务。在建筑合同中，风险分配决定了风险的责任，其对项目成本、施工时间、工程质量、潜在纠纷、延误和索赔有着巨大的影响。事实上，合约的风险分配不当已被经验证明是造成越南建筑项目纠纷的首要原因。在越南的建筑工程中，承包合约面临的潜在风险主要分为两大类：系统性风险和非系统性风险，前者主要包括政治风险、经济风险、自然环境风险和社会文化风险；后者主要包括投标风险、技术风险和违约风险。

1. 系统性风险

（1）政治风险

政治风险是投资者在投资一个国家时可能面临的风险，包括政府的重大政治事件、法律和政策的调整、金融货币体系的稳定性、战争危机、罢工、腐败等。政治风险可以长期地、不可预测地影响一个建筑项目的运营和盈利能力，而且随着时间的推移而这些风险累积效应也会随之增加，最终可能导致投资者面临巨大的损失。总体而言，越南的政局较为稳定，战争和内乱等政治风险不大。

自 2007 年越南加入世贸组织以来，越南官方出台的部分政策缺乏持续性、稳定性。同时，根据 2019 年透明国际公布的 2018 年腐败感知指数（CPI，清廉指数），越南在 180 个国家和地区中排名 117，这说明越南政府部门存在一定的贪污腐败现象，可能会对建筑行业的公平竞争造成一些不利影响。另一方面，对于中国投资者来说，一个严重而敏感的风险是中越双方对南海的领海争端可能对中资企业产生不利的影响。中国投资者在投资越南时应当充分考虑上述所有政治风险对建筑项目和施工过程可能造成的影响。因此，建议投资者应仔细审查越南的历史、政治制度、文化习俗、对外国承包商的政策。

（2）经济风险

经济风险主要体现在外汇风险和通货膨胀这两方面。对于在越南的中国承包商来说，外汇风险主要是人民币兑美元的汇率波动、人民币对越南盾的汇率波动以及美元兑越南盾的汇率波动。外汇风险对承包商的成本会造成很大的损失，不得不承担汇率变动所带来的风险。

（3）自然环境风险

一方面，越南常见的自然环境灾害包括有洪涝灾害、台风、地震、泥石流等。此外，地理环境（偏远山区、雨林、水系）的因素也有可能会对工程的施工基础材料、设备、交通以及人员的生活物资造成潜在的风险。对于自然环境的风险，承包商应该按照 FIDIC 条约中不可抗力条款进行协商，对由不可抗力问题引起的风险进行适当索赔。

另一方面，《环境保护法》和《建筑法》于 2015 年 1 月由越南国民议会批准实施，这两份法律文件对建筑行业的投资和施工都造成了广泛的影响。根据最新修改的《环境保护法》有关规定，投资者必须在 10 天内向当地有关部门提交环境评估报告、环境审查和环境保护计划的相关批准和证明。此外，根据越南《建筑法》要求，项目投资者必须依法取得《施工经营能力条件证书》(operation ability conditions certificate)。虽然越南《环境保护法》适用于越南国内所有国土，但各地区省份也可就建设许可、勘测和开发许可等事项制定相关的补充法律法规，因此投资方和承建方需要注意本地法规对环境保护的要求，避免因环境评估对工程造成不良影响。

（4）社会文化风险

越南国内总体比较稳定，没有长期性的种族和宗教冲突，但需要警惕越南国内近年来针对中资企业和华人的排斥现象。近年来，越南国内曾爆发过几起反华示威游行这不仅仅影响到当地政府对中国企业的政策，也影响了中国建筑承包商的投标环境和劳工招聘。

2. 非系统性风险

（1）投标风险

越南的工程项目大多数采用国际公开招标，国际承包商之间的竞争激烈，经常会遇到投标失败的风险。此外，还需要警惕工程量遗漏的风险，招标文件中的部分合同可能没有给出详细的设计标准和施工标准，承包商按照自己的估算进行报价时可能出现工程遗漏。

（2）技术风险

根据调研得知，越南的工程项目施工标准不统一，通常包括美国标准、英国标准、混合标准等，由于中越两国对建筑标准方面存在差异，中方承包商会面临技术标准上的风险。而设计缺陷和标准差异也可能会在施工过程中造成大量的返工。

（3）违约风险

违约风险主要有两类：一类是业主违约的风险，另一类是供应商违约风险。在海外项目实施过程中，由于业主的资金不到位，业主会拖延工程进度款。由于越南的建筑工程和合约法律还尚未完善,有时候业主单位为了规避风险,钻法律漏洞,不能按时履行支付约定,从而给承建商造成经济损失。

(六)债务抵押与破产程序

1. 债务抵押

在项目融资中,贷款人将涉及各种类型的资金担保,以确保其债务偿还能力,而出借方需要将其作为决定是否提供贷款的主要因素之一加以考虑。在越南,贷款人通常使用的担保和抵押品有四种常见形式:①对项目土地、建筑物、设备、账户的抵押;②项目合同的转让以及合同涉及的任何债券或资金担保;③保险单转让;④借款人的母公司或另一方就贷款合同项下借款人的债务提供担保。根据越南法律,抵押贷款是担保权益,可以向国家担保交易登记机构(NRAST)登记。而转让通常不涉及此类担保交易,尤其在一些越南国内和小型融资中,贷款人会选择抵押而不是转让,因为转让在登记时受到法律的保护。在这种情况下,借款人在项目合同项下的所有财产权利应抵押给贷款人。

越南政府颁布法令明文将债务要求列入产权,并可抵押。实际上,银行最关心的不是项目合同中借款人的抵押权力,而是项目资产的抵押,特别是将来可能形成的债务抵押品(如正在建造的建筑物)。

债权执行的优先级(enforcement priority)是依据在越南国家担保交易登记机构(NRAST)的注册时间而定的,早注册优先于晚注册,已注册优先于未注册,所以工程协议越早签订越具有优势。越南法律接受未来资产的目的是建立抵押贷款,但是根据资产类型的不同,其登记机关也不同。例如,船舶应当在海事处登记,航空器应当在有具体规定和要求的航空部门登记,建筑应该在建筑部门登记。在项目融资中,需要强制要求借贷人母公司进行担保,如果借款人没有母公司,那么第三方(金融机构或公司)可能会进行担保。需要注意的是,越南法律允许受益人在担保人不履行支付义务的情况下强制扣押担保人的资产,并在不能强制执行的情况下对担保人提起诉讼。

2. 破产程序

越南法律赋予债权人财产权利的三种方式: 诉讼(仲裁)、担保强制执行和破产程序。大多数的交易合同都可以进行诉讼或仲裁,但其余两种方式的适用范围是有限的。例如,无担保债务或部分有担保债务是债务人提出破产申请的先决条件。近年来,随着 2014 年《破产管理法》的颁布,越南破产法发生了许多重大变化,最新修改的《破产管理法》于 2015 年 1 月 1 日生效。这次修订有三个特别突出的变化:①无清偿力的企业是指从付款期限起三个月未履行债务义务的企业。在期限过后三个月,债权人可以申请破产程序。②债权人清算会议的制定的要求将对债权人更有利: 出席会议的债权人至少要占无担保债务总额的 51%。③在破产清算过程中,专门指定资产管理人员来管理和清算破产的实体或个人。

根据 2014 年《破产法管理法》的规定,在法院做出破产启动程序后,有担保债务应在资产重新分配顺序之外独立解决。破产程序的顺序为:①支付破产诉讼费用;②清算未按劳动合同和集体谈判协议支付职工工资、遣散费、社会保险、医疗保险等福利;③清算破产后用于恢复经营的债务;④清算对政府的财政义务;⑤债权人名单上应当清偿的无担保债务;⑥清算因抵押物的价值不足以抵偿债务而未支付的担保债务。

在债务担保方面,有担保的交易应在国家担保交易登记机构(NRAST)包括土地使用权登记办公室、越南民航管理局和越南海事局所登记担保情况进行担保执行。有担保的出借人应首先向有担保的交易登记处提交强制执行担保的通知,以履行其对抵押品或担保金的执行权利。除非当事人另有约定,一些有担保的资产将通过拍卖进行处置。一般情况下,主合同和担保合同明确规定了双方处置有担保资产的方式、权利和义务。

(七)仲裁途径

随着越南国内的法律体系和监管制度不断完善,越南的司法机关应对诉讼仲裁的能力也随之改善。如果产生项目融资或与建筑项目有关的纠纷,当事人可以向当地主管法院起诉。尤其是"01/2014/NQ-HDTP 决议"进一步限定了"与越南法律的基本原则相矛盾"一词的适用范围，这一决议旨在排除法庭受到外部力量干涉的因素，从而维持法庭相对独立客观进行仲裁的地位。

越南没有设置专门的法庭或争议解决程序来处理因建筑或项目融资引起的争端。越南目前有 7 个专门法庭，包括刑事法院、民事法院、经济法院、行政法院、劳工法院、少年和家庭法院、行政法院。在实际情况中，跟建筑项目有关的纠纷通常会由经济法庭或民事法庭来仲裁。由于越南尚未签署 ICSID（International Centre for Settlement of Investment Disputes Convention）公约，如果外国投资者与越南政府产生纠纷，则只能根据双边投资条约 (BIT) 或多边投资条约向 VIAC（越南国际仲裁中心）起诉越南政府。VIAC 是目前越南国内解决国际争端的仲裁机构，2015 年受理案件 146 起，为其成立以来最高。其中，VIAC 共审理了 21 起建筑案件，占 2015 年 VIAC 案件总数的 15%。

二、越南建筑工程合约的具体差异、风险与应对措施：基于 PAM2006 与 FIDIC99 版的合约对比分析

PAM2006（以下简称 PAM）和 FIDIC99（以下简称 FIDIC）版红皮书，均是以业主负责设计、承包商进行施工为基础的合同条件，笔者针对两种合同范本的比较，以期在实践过程中，无论采取哪一种合同模式，均能在合同谈判或是具体合同履约过程中，从另一种合同模式中查漏补缺，寻求指导，找到解决问题的方法。

（一）现场人员

首先就现场人员来讲，不管在何种合同模式下，现场存在的人员仍然是传统意义上的三方人员，即业主、工程师和承包商。但是 PAM 弱化了工程师的权力（PAM 中使用单词 architect，鉴于其主要职责与 FIDIC 中 engineer 的职责类似，为了便于对比，在此仍然翻译为工程师），强化了业主和承包商的直接勾兑，业主除任命工程师以外，还任命专业工程师如结构和土建专业工程师和机械电气专业工程师、计量工程师，以及专业咨询，工程师可以根据需要授权这三类人员，

但是他们却是直接受雇于业主的，这与 FIDIC 中差别较大，在 FIDIC 中这三类人员都是工程师队伍中的一员，一般是业主与工程师签订合同，其余现场的专业工程师人员由工程师雇佣。

（二）合同变更

关于变更，二者的规定也存在差异。从定义上看，两者就有些微小的区别。FIDIC 的定义是通过对临时工程和永久工程在合同中的不同要求来分类，在第一点上，FIDIC 特别备注了，工程量的变化不一定构成变更，对工程量的变化幅度设定了一个范围，具体体现在 12.3 款估价的规定，该条款规定只有工程量的变化超过了 10%，才能采用新的费率和价格，现在我们就以 10% 作为临界点，如果工程量在原合同基础上增加了 9%，假如增加的 9% 工程量的所发生的前提条件均与原合同条件一样，毫无疑问这部分的支付应按照原合同中 BOQ 的单价予以支付，这部分难道就不是对原合同情况的变化么？这当然也是变化，也应算是变更，只是这样的变更比较微小，对设计和施工均无实质性重大的影响，在 FIDIC 实践应用过程中没有走变更的程序。但是在 PAM 中，PAM 认为只要是变化就是变更，至于变更后，针对变化部分变更价款的确认问题，则按照 11.6 款估价法则来进行，那是第二步的事情了。在此，笔者更倾向于 PAM 的定义，干净利落。

谈到这里，我们就必须要理一理变更的程序以及与索赔的关系。从 FIDIC 和 PAM 来看，变更产生的形式均有两种：一种是指示形式，另一种是批准形式，如表 1 所示。

表 1　PAM 和 FIDIC 变更的形式

PAM 11.2	FIDIC 13.3
11.2 款，工程师签发工程师指令，指令变更或是批准承包商提出的变更	13.3 款工程师签发变更令，或者批准承包商根据 13.2 款价值工程提出建议书，形成变更令

变更的签发者都只能是工程师，承包商无权作出变更，其发起的变更要经过审批和批准程序。对于批准形式的变更令，一般承包商在报批过程中就会对变更

工作进行一个大致的估算，在报告中考虑变更在给自己带来工期或费用上的利益的同时，能给业主带来什么样的利益，以便能获得批准，这一类指令的后续额外费用或者 EOT 的确认就相对要简单些，这里笔者不做论述。

（三）业主提前占用部分工程

接下来我们将对比业主提前占用部分工程的条款，PAM 合同条款 16.0 partial possession by employer（雇主部分工程的接收），FIDIC10.2 款 taking over f parts of the works（部分工程的接收）。我们从事件发生和发生所带来的后续结果两方面来分析（见表 2），首先来看，部分工程的提前占用是怎样发生的。

表 2　部分工程提前占用的发生和后果

PAM	FIDIC
发生	
合同赋予了业主提前占用部分工程的权利，但是在使用之前必须征得承包商同意（承包商不得无礼延缓或是扣留此类同意）	业主自主决定下，要求工程师颁发永久工程的任何部分的接收证书，但是在工程师颁发证书前，业主不得占用该部分工程。（此处讨论业主在工程师为颁发证书前业主事实上占用部分工程）
后果	
16.1（a）在业主占用之日起 14 天内工程师签发部分工程接收证书；	10.2（c）如承包商要求，工程师应颁发该部分的接收证书；
16.1（b）该部分工程的缺陷责任期开始起算 注：FIDIC 中如果竣工试验失败，这应该归因于业主提前占用呢还是承包商违约呢，此处很容易引起双方争议。而 PAM 则一刀切，直接开启该部分工程的缺陷在责任期。	10.2（a）和（b）部分工程被视为从开始占用之日起被接收，承包商从此日起不再承担该部分的照管责任，转由业主负责，在缺陷通知期期满之前完成该部分的竣工试验。
16.1（c）误期损害赔偿按比例相应减少 注：没有对累计误期损害赔偿最高额的规定，但是此款项不在工程师签发的中期支付凭证中体现，由业主自行扣除。	10.2 最后一段，单日的误期损害赔偿金按比例减少，但是不影响误期损害赔偿的累积最大额。

PAM	FIDIC
16.1（d）（e）(f) 质保金，在部分工程完工证书签发后，14 天内，工程师签发证书返还该部分工程相应质保金的一半，且整个项目的质保金的限额按比例减少。该部分工程缺陷责任期期满后，且所有缺陷在此期间承包商已经修复，那么工程师签发缺陷责任修复证书，在该证书签发后 14 天内，工程师签发证书返还承包商该部分工程剩下的一半质保金	FIDIC 无此规定

纪实篇

专题篇

案例篇

体悟篇

（四）抵销问题

接来下笔者想特别强调 PAM 中独有的抵销条款 30.4 款，其与 FIDIC 以及任何合同模式下的业主反索赔有区别也有相似之处。

首先，法定抵销的概念上有严格定义，它是指二人互负债务且给付种类相同时，在对等数额内使各自的债权债务相互消灭的意思表示。法律上抵销被权利化，称为抵销权，且这不是一种请求权而是形成权。一旦抵销的意思到达对方即发生效力。债务人可以提出疑义和抗辩但需要经过司法程序。

抵销权具有两个特性：第一，是相互性，即双方当事人互享权利、互负义务，且两债均已到期。如果一方债已到期而另一方未到期，未到期债权人放弃自己的期限利益愿意提前履行债务，是可以为抵销的。如甲已经交货而乙还未届债务履行期，甲（被动债权）可以提出与抵销债务，乙（被动债务）可以选择是否提前履行。第二，原则上讲，两个都已经到期的债应当属于同种类之债。金钱给付之债、劳务之债、智力成果之债通常不易抵销。如果是不同种类之债而双方当事人都愿意抵销也是可以的。这时抵销就不是一种形成权，要依据双方的意思表示才可以。

法定抵销是狭义上的抵销，是一种形成权，符合抵销的所有特征，但经过双方当事人的约定进行的抵销不是形成权。有学者认为无论法定抵销或约定抵销都属于形成权，与之相对的是约定抵销。约定抵销是一种"私力救济的形成权"，与债的保全的代位权、撤销权类似。但刘凯湘认为形成权有多种，所谓债保全的代位权撤销权也只能通过公力救济的方式实现，不是严格意义上的形成权。同样，约定抵销是一种债的消灭方式，但不是形成权。

再看 PAM 中的抵销条款。适用抵销的条款有 2.4 承包商未能遵守工程师指令；4.4 承包商应缴纳的费用、税款、收费；5.1 承包商放线误差；6.5（e）对未按合同要求施工的工程，材料，货物或工艺进行抵销；6.7 承包商未按照工程指令对不满足合同要求的工程修复；14.4 货物或材料的权利担保；15.3（b）项目实质性完工后，针对不重要的缺陷，承包商逾期未修复，业主聘用第三方进行对其修复，其费用进行抵销；15.3（c）项目实质性完工后，针对不重要的缺陷，承包商逾期未修复，业主同意不予以修复，但是进行直接抵销；15.4 缺陷清单；15.5 严重缺陷修复；19.5 以及 20.A.3 该承包商投保或续保，而承包商没有做到，由业主进行的投保或续保适用抵销条款。

如果最终双方对于抵销的款额有争议，任何一方均可申请裁定，在裁定下来之前，业主不得进行抵销款的扣除。对于抵销条款，双方先裁定，如果对裁定不服提起仲裁，若逾期未提起仲裁，则为最终结果，对双方均有约束力。

（五）争端解决

最后，FIDIC 和 PAM 关于争端解决的条款也有不同。对于 FIDIC 而言，存在先后顺序。首先，争端应按照 20.4 取得争端委员会的决定，由争端裁决委员会（简称 DAB）裁决。双方应在一方向另一方发出通知，提出按 20.4 款将争端提交 DAB 的意向后 28 天内，联合任命一个 DAB。第二，经 DAB 对之做出的决定（如果有）未能成为最终的和有约束力的任何争端，除非已获得友好解决，应通过国际仲裁对其作出最终裁决。

对于 PAM 而言，不同的争端事项，对应着不同的争端解决机制。首先，判决是根据 30.4 抵销条款将争议提交仲裁的前提条件。双方通过书面协商一致后可以自由地将任何其他争议提交裁决。在实际竣工后，30.4 条的任何争议，都应根据 34.5 条提交仲裁。

但是，如果雇主和承包商之间产生争议或分歧，不管该争议或分歧产生在工程施工过程中，完工后，或中止施工后，而且这些争议或分歧属于下列内容，那么应该将这些争议或分歧提交仲裁：34.5(a) 无论是合同引发的还是与合同有关的任何性质的问题；34.5(b) 应由建筑师自由裁量的合同遗留事宜；34.5(c) 承包商有权要求获得的建筑师未签发的任何证书；34.5(d)25.0、26.0、31.0 或 32.0 条双方享有的权利或应履行的义务；34.5(e) 雇主或承包商不合情理地表示不同意。

同时，PAM 还规定了调解规则。尽管存在 34.0 条，经雇主和承包商书面同意，各方仍可以将任何争议付诸调解。如果各方就将争议提交调解达成书面同意后二十一（21）天内未能就调解人达成一致意见，任何一方均可向马来西亚建筑师协会主席申请来任命一位调解人。任命调解人后，调解人应当根据 PAM 调解规则或该规则的任何修改或修订开始调解。

但是，调解并不影响各方仲裁权。之前根据 35.1 条将争议提交进行调解不得成为将争议提交让承包商或雇主进行判决或者仲裁的先决条件，并且承包商或雇主根据 35.1 条将争议提交进行判决或者仲裁的任何权利不得以任何方式受到损害或影响。

总体而言，PAM 和 FIDIC 在其他合同条款，如质保金规则条款，业主扣款抵销款扣除渠道等，均有较大的差异，笔者在此就不做一一论述了。两种合同模式下，笔者认为 PAM 是在 FIDIC 的基础上，实践的再延伸，一些条款的设立比 FIDIC 的规定更为具体，实际的操作指导意义更强，如上述变更估价的确定，一些条款的设定，使得施工过程中更具有灵活性，有利于施工的向前推进，如抵销条款的设定。但是 PAM 使用的国别毕竟有限，仅限于在马来西亚，在全球范围内的施工合同，大多还是采用 FIDIC 条款范本，那么通过对 PAM 的学习以及与 FIDIC 的对比，作为承包商，笔者希望能在我们践行 FIDIC 合同的时候特别是在合同谈判的时候能利用修改特殊条款的机会，使合同条件总体公平，最大可能地避免合同风险。合同条件无优劣之分，所谓的不公平主要是由于业主在特殊条款中对通用条款进行修改，增加了种种不利于承包商的条件和限制，才使合同条件失去公平，承包商只有通过智慧的谈判，才能为自己争取应得的公平与公正。

纪实篇

专题篇

案例篇

体悟篇

三、中外建筑工程标准差异

标准化作为现代工业文明的重要特征，是衡量中国企业管理水平的重要标志，是提升国家企业核心竞争力的重要途径。到目前为止，欧美标准在国际建筑工程市场中占据主导地位。我国 ENR 承包商主要市场在亚、非、拉地区。欧美标准在以上国际建筑工程市场中占据主导地位，一方面是地缘、历史优势；另一方面使用欧美标准的国际建筑工程产业链上游端优势，具有推广优势。

为响应国家"一带一路"倡议，推进中国标准国际化进程，进行国际工程技术和建筑工程技术标准对比与应用研究是十分必要的。

中国标准"走出去"的过程，也是突破技术性贸易壁垒，提升中国国际市场竞争力的重要手段。让我国技术标准国际化，让更多国际工程项目使用中国技术标准，有利于我国对外承包工程的企业在项目运营中掌握技术主动权，充分发挥我国现有技术优势，创造更大的企业利润。中国工程技术标准"走出去"也有利于带动相关工业产品出口，为工程建设全产业链带来经济效益。

现有国际工程技术标准体系主要有国际标准、欧洲标准、美国标准、法国标准、德国标准、英国标准和澳新标准等。由于各国家各地区经济形势、社会政治、工业技术、法律文化的差异，工程技术标准体系表现出不同的特点。相比国内标准研究，国外主要标准研究更注重标准体系在综合性、整体性、一致性、协调性、扩散性、标准化、安全性、动态化、市场化等方面的表现。

综合性：欧美专业标准一般同时涵盖设计、施工、验收和运营维护管理等方面要求，能够对工程项目全生命周期进行规范；而我国现行各专业标准过于强调设计、施工、验收和运营工作的相互独立性。

整体性：欧美标准专业划分较为明确，各专业作为标准范围划分的单元，不单独增设额外标准；而我国在重要领域的标准，通常单独成册，行业间缺乏沟通、相互独立，破坏了标准的整体性。

一致性：欧美标准中设计、施工、验收和运营维护管理标准一般在同一个专业规范或规范系列的不同篇章中进行叙述，从而能够避免各阶段标准间的矛盾；

而我国现行标准体系把设计、施工、验收和运营标准一般由不同的组织分别进行编制，难以做到一致性。

协调性：当不同标准文件相关联时，欧美标准一般采用了规定协调程度，制定协调文件的方式，使标准之间不会发生冲突；而我国各行业标准基本上各自形成自己的标准体系，行业标准之间的协调难度较大，标准编制管理上比较混乱。

扩散性：欧美等发达国家和地区非常重视参加国际标准化组织活动，努力将其国内标准向 ISO 和 IEC 国际组织和其他国家推广，而且鼓励采用国际标准和国外先进标准；而中国标准在国际上的推广方面，工作做得很不够，标准的影响力十分有限。

标准化：欧洲和美国通常为非政府组织制定标准和应用、机构审查和政府监督形成多维标准监管政策，有效保证标准的公平性和标准化；而在我国，项目标准立项、征求意见、审查和发布还需要进一步加强，以确保标准制定工作的公平、公正、透明和标准化。

安全性：欧美发达国家在项目建设中特别强调项目的安全生产。在工程安全方面，人员安全是其考虑的首要任务，其次是工程的经济性和合理性；我国是一个发展中国家，在制定标准时，重点是在总体工程安全可控的前提下，尽可能地降低成本费用。

动态化：为了确保标准的长期科学性和适用性，欧美标准协会制定了标准化的更新和维护计划。更新周期一般为 3~5 年；然而，我国的标准更新普遍滞后，许多标准已经非常陈旧。

市场化：欧美标准简洁灵活，最大限度地满足市场需求，维护消费者利益，促进标准的形成和不断更新；而我国的技术标准是具体而详细的，属于生产型标准，这在一定程度上制约了企业适应市场变化和创新的能力。

建筑工程技术标准对比应用方面，国内已开展部分研究工作。比如在标准翻译方面，国内已进行诸多研究中美建筑工程技术标准异同的翻译及出版工作。但是中国企业在承揽国际工程业务中应用国际技术标准过程中依然面临一些问题，主要包括：

① **国际标准收集困难。**中国企业缺乏系统了解和收集国外标准的渠道，常常需要从业主或工程师处获得部分标准，导致对投标和履约所需的技术标准收集不全面、更新不及时。

② **对中外技术标准差异认识不足。**国内外技术标准在设计、施工、运营和维护的差异很大，国际工程项目参与人员存在不熟悉国外标准、对国内外技术标准差异认识不足的情况，这会对国际工程投标报价和项目实施过程中的成本、质量、进度以及 HSE 管理造成重大影响。

③ **标准化工作缺乏统一协调。**从事海外业务承包项目的各工程局各自为政，同一标准多家单位重复投入翻译成本，却没有一家翻译成果具有相对的权威性，造成标准化工作在低水平上的投入浪费。

④ **复合型人才缺失。**在集团海外项目中，部分技术骨干的外语水平不够，不能准确翻译外文版技术标准。而项目部的外语翻译人员又不熟悉技术标准，不能准确翻译标准，即使委托专门的商业性翻译机构，也存在类似的问题。复合型人才的缺失导致承包商与业主或咨询工程师对技术标准的理解和使用上常常存在差异，并且沟通不畅。

从国内外研究水平及现状来看，现有标准翻译工作还远不能满足中国企业国际工程建筑施工的实践要求，缺少许多急需的国际工程建筑施工相关标准的中文翻译以及部分重点国内工程建筑施工标准的英文翻译。中国企业也需要进一步研究国际各主要技术标准体系，并在标准制度机构、发展阶段、整体水平，以及标准体系结构、标准逻辑关系、强制性水平、覆盖范围、要求深度、市场化特点等方面对比国内外技术标准体系的差异。同时，还需要系统地从标准指导思想、整体性、使用范围、计算方法、材料标准、试验方法和施工工艺等方面对比研究国内外工程建筑施工相关重点标准。

四、结语

五年前，国际建筑承包商几乎承包了越南大城市所有大型建筑工程项目，从房屋、酒店到商业中心，尤其专业房地产开发。越南本土建筑企业基本没有能力生存，他们因为过时的技术、缺乏管理技能和人才外流而在国内建筑市场节节败退，更不要说成为 EPC 承包商。

然而，由于国内政策倾斜及本土建筑企业能力的提升，近些年来越南国内建筑企业在建筑市场上的势力越发壮大，越南建筑企业集团抓住了开拓国内市场的恰当时机。越来越多的越南名字，如科特康和 Hoang-Bin 公司已经频繁出现在建筑市场上。他们参与投标，成为大型工程的 EPC 承包商。这意味着越南建筑公司有能力与外国承包商平等竞争。比如科特康在竞标过程中打败了外国承包商，成为一系列大型项目的主要承包商，这些项目包括地标 81、巴里翁台省 Ho Tram Strip、黄金城和钻石岛等。

虽然越南国内建筑企业在不断做大，但是其建筑市场总量依然庞大，有许多关于多层建筑、贸易综合体和酒店开发的项目，现在对于中国建筑企业来说，在越南发展建筑行业仍旧拥有巨大的潜力，越南处于巨大的人口红利期，工人被认为是勤劳和聪明的手，中国公司在当地招聘建筑工人能有效降低造价。

在最后一次同中建东南亚公司的张总聊天时，他说道，"中国建筑公司在越南成立东南亚总公司是有很多原因。""越南建筑市场大，价格低廉，人力资源丰富"，他解释说。海外市场的发展也将帮助中国承包商提高执行能力和管理技术。

背景介绍

作者王哲，电机系 2016 级博士研究生，2018 年作为越南支队支队长前往越南胡志明市开展暑期海外实践，以建筑行业为研究对象，通过对中资企业在胡志明市的运营状况进行调研，对照中国与美国工程设计标准，详细分析两国设计标准的差异点，并为中国公司承接国际 EPC 工程提供专业化咨询。

作者张颖，水利系 2016 级博士研究生，2018 年随越南支队前往越南胡志明市开展暑期海外实践，参与"中国民用与工业建筑工程设计标准与美国标准的主要差异分析"项目研究。

作者叶开儒，法学院 2017 级博士研究生，2018 年随越南支队前往越南胡志明市开展暑期海外实践，针对越南建筑合约管理体系发展历史及形成原因进行调研，分析合约环境特点及注意事项，并就提高公司针对越南市场的合约管理水平提出建议。

作者钱星宇，公管学院 2017 级博士研究生，2018 年随越南支队前往越南胡志明市开展暑期海外实践，参与"东南亚主要国别合约环境及应对措施研究"项目。

案例篇

"一带一路"海外多层次融资的模式、问题和建议

——以马来西亚央企融资为例

◎ 季诗朋

　　"资金融通"在"一带一路"中发挥着重要作用，搞好"一带一路"离不开金融的支持。如何搞好"一带一路"的金融创新和制度设计，是一个在理论和实践层面都具有重大意义的课题。当谈起中国企业"走出去"的融资时，人们往往想到中国企业的国际工程承包，以及国家开发银行（简称国开行）、中国进出口银行（简称口行）、中国出口信用保险公司（简称中信保）等政策性金融机构的"一条龙"金融服务，这种模式在过去帮助中国企业"走出去"的过程中发挥了重要作用，在新的历史时期它们将扮演怎样的角色？为"一带一路"而生的亚洲基础设施投资银行（简称亚投行）、丝路基金等新型机构，将如何发挥其作用？一个在"一带一路"国家开展业务的央企应当如何利用"一带一路"的融资渠道，建立多层次融资体系？"一带一路"的宏观金融政策如何更好地在微观层面对接企业的融资需求？

　　中冶集团是中国大型建筑央企，进入马来西亚本地市场以来，经过艰难的开拓积累，逐渐发展成为当地中资企业中的翘楚。近年来，随着公司业务数量持续上升，市场竞争越发激烈，对公司自身内部的融资能力要求不断提高。同时，随着"一带一路"倡议不断推进，国家出台了一系列支持"一带一路"的金融政策，金融机构希望借助央企实现"抱团出海",企业也希望更好地借着"一带一路"宏观金融政策的东风为自身发展和业务拓展服务。因此,一边是迫切需要资金的海外中国企业,另一边是在国家战略背景下大力支持企业在海外拓展业务的一系列金融机构,如何将资金的供给和资金的需求双方进行有效衔接,是我们课题关注的重点。

一、马来西亚本地市场概况

马来西亚是"一带一路"的桥头堡,也是"21世纪海上丝绸之路"的枢纽。在世界经济论坛公布的全球竞争力指数(GCI)中,马来西亚一直占据新兴经济体榜首。在"一带一路"沿线65个国家综合发展水平排名中,马来西亚仅次于新加坡和中国,位列第三名。这意味着马来西亚既具备一定的经济发展和国家治理能力,同时又具备了相当的市场规模和潜在机遇。马来西亚也是中国发展经济合作伙伴关系的重点国家之一。中国与马来西亚隔海相望、唇齿相依,建交四十多年来中马关系逐步升级,于2013年建立起了全面战略伙伴关系,两国在开展产能和装备制造合作方面潜力巨大。

马来西亚政治环境稳定,标准普尔、惠誉国际及穆迪三家国际评级机构都将马来西亚国家主权评级评为投资级,是值得企业长期投资发展的国家。此外,伊斯兰金融体系是马来西亚的特色,早在2006年马来西亚政府就提出了马来西亚国际伊斯兰金融中心计划,伊斯兰金融包括银行业务、证券业务、保险业务等,通过发行伊斯兰债券(Sukuk)进行融资是许多当地企业的重要融资渠道。

马来西亚金融体系尚未完全开放,存在资本及外汇管制。与新加坡、中国香港、英国伦敦等国际金融中心不同的是,马来西亚的货币林吉特是不可自由兑换的货币,在国际金融市场上流通程度不及新加坡元、英镑等可自由兑换的货币。因此,在马来西亚以外地区获得的国际融资都需要兑换成林吉特才能进入当地市场,投资收益也需要由林吉特兑换为外币才能汇出,这些因素给企业融资造成了清算风险和换汇风险,从而给在马来西亚开展国际融资的企业带来了一些挑战。另外,正因为马来西亚的国家评级在投资级以上,国别风险、政治风险不高,因此传统政策性银行的特色业务反而在马来西亚没有优势。这也要求我们在当地探索寻找市场化融资的新模式。

"一带一路"沿线国家多为发展中国家，项目建设所需资金量巨大，仅仅依靠政策性金融支持难以持续，市场化是必经之路。充分调动各方资源，有效利用全球资金，坚持以企业为主体，市场化运作，保持投融资的可持续性，真正实现共商、共建、共享，是"一带一路"的应有之意。因此，在马来西亚研究多层次融资体系非常具有代表性，有助于我们研究政策性金融渠道之外的市场化力量，也对我们在其他"一带一路"沿线国家开展融资活动具有重要的借鉴意义。

二、中国企业"走出去"面临的问题

中国企业"走出去"经历了若干阶段。20 世纪 80 年代初，走出国门的工程类企业更多的是完成对外援助项目的建设。随着对外开放的不断扩大，中国企业开始更多市场化的尝试，从劳务分包开始，对外承包额度快速增长，中国企业逐渐凭借自己的力量走入了国际市场。随着海外承包能力的提升和政府的资金支持，中国企业也逐渐在施工总承包和工程总承包的商业模式下占据一席之地。未来，工程承包类企业将更多参与 PPP/BOT 类型的项目，发展方向将是为开发商提供一揽子解决方案，金融支持将是其中的关键环节。在调研中，我们发现，当前的业务模式存在以下薄弱环节：

（一）纯债权模式风险过高

在传统工程项目中，为解决业主资金短缺问题，总承包商通过自行出资，或向银行申请贷款融资以解决项目所需资金问题。由于单个基建项目所需资金量较大，工程款会挤占业主大量的资金，不利于业主同时开发多个项目，产生规模效应。如果总承包商能够帮助业主进行融资，业主的自有资金便可以节省下来，从而实现总承包商和业主的双赢。然而，许多融资业务模式都是以债券融资为基础开展的，在这个模式中总承包公司处于中心地位，也是全部风险的承担方。一旦业主无法还款，银行会直接追究总承包公司的责任。因此这个方案对总承包商而言，在放大收益的同时也承担了过高的风险。

（二）政策性金融模式存在短板

政策性金融机构如国家开发银行、中国进出口银行和中国出口信用保险公司在"一带一路"融资活动中承担了主要角色，具体贷款方式包括出口买方信贷，出口卖方信贷、银团融资等。在多数融资模式中，中信保的担保都是银行发放贷款必不可少的前提条件，而中信保担保通常需要所在主权国家政府出具担保函。由于债务水平上升因素，部分国家已经较难提供主权担保，这意味着更严格的融资条件和更高的融资成本。部分市场化项目也较难申请主权担保，例如口行的"两优"贷款需要政府参与或者中信保担保，鉴于马来西亚的国别风险较低，且东道国政府并未参与该项目，中信保的保费不具备优势。此外，政府类项目融资期限和审批周期较长，资金不够灵活，无法快速地响应市场机会。

（三）股权融资规模和用途受限

股权融资可以实现"四两拨千斤"的效果，是降低负债率、实现风险共担、提升融资能力的理想选择。然而，中国的金融体系还是以银行体系为主导，股权资金来源不足，虽然我国已经发起设立丝路基金、中非基金、中拉合作基金等一系列股权投资基金，但总体来看仍不足以满足"一带一路"建设的资金需求缺口，原因是多数资金大都以政府出资和外汇储备为主，这些资金的使用是有局限性的，外汇储备资金和政府资金的运用有一些基本的原则。深层次的原因还是多数股权投资应当由私人资本出资，而当前于私人资本参与相对较少，限制了股权融资的空间。

因此，一方面需要更好地发挥"国家队"的作用；另一方面也需要拓宽融资渠道，积极寻找新的资金来源。目前中国金融体系仍然以银行体系为主导，银行是不适合参与高风险的股权投资业务的，而中国的基金公司尚且无法充当"主心骨"的角色。综上考虑，我们认为资产管理公司和央企海外投融资平台可以作为重要的股权投资者，弥补现有体系的不足。

三、构建多层次融资体系

（一）央企海外投融资平台："一带一路"的中坚力量

根据《国务院办公厅关于转发国务院国资委以管资本为主推进职能转变方案的通知》（国办发〔2017〕38号），未来国务院将会出现国有资本投资、运营公司，国资委的职责更多地从"管企业"转向"管资本"。目前，国内已经出现了国新、诚通等一系列试点公司，并有望进一步扩大。根据国资委的规划，国有资本投资运营公司是未来国有企业资本投资运营的主体。因而，国有资本投资运营公司，可以成为"一带一路"建设融资的"生力军"。

目前，央企海外投融资平台并非新鲜事物，中国交建、中国五矿等公司已经建立了海外投融资平台，我们认为，可以借国有资本运营改革和"一带一路"的东风，进一步发挥海外投融资平台的优势和作用，以国有资本投资运营公司作为重要依托，逐步完善并发挥央企海外投融资平台的作用，由国有资本投资运营公司对其进行统一管理。

央企海外投融资平台凭借其专业和资金优势，可以补充"一带一路"融资的缺口。央企本身就是"一带一路"项目的生力军，人才资源充沛，不乏既懂工程又懂金融的复合型人才，在"一带一路"投资项目中，可以与传统金融机构的人才形成优势互补。另外，随着"一带一路"项目的推进，央企在境外通过经营积累的资金会越来越多，在中国境内金融体系尚未实现资本账户开放的情况下，这些利润在境外进行统一管理有助于提高资金利用效率。可以参考境外不同国家地区在法律结构、贸易自由度方面、金融开放程度的比较优势，在不同的国家和地区设立区域总部，每个区域总部对接一批国家的"一带一路"项目。具体组织架构设想如图1所示。

设立区域总部可以产生规模效应，方便资金的统一归集和管理。同时，区域总部作为当地运营的法人主体，可以在活跃的金融市场上发债，筹得资金的同时，也可获得国际机构的信用评级。这些信用评级可反过来为下属公司提供担保，进一步降低融资成本。

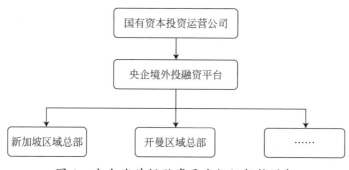

图 1　央企海外投融资平台组织架构设想

设立区域总部也可支持人民币国际化工作。区域总部作为人民币离岸的清算中心，进一步扩大人民币在境外的使用，并打通人民币在岸—离岸流通渠道。

（二）多层次融资体系设计

我们通过在当地建设生态城市典型项目为案例，将央企海外投融资平台作为重要的股权投资方引入该项目，介绍多层次融资体系的构成。这个项目是典型的项目融资运作模式，以 SPV 作为核心。SPV 由中冶马来和马来西亚本地公司组成联营体，共同对这个项目进行出资。引入本地公司有很多好处：第一，引入马来西亚股东，符合"一带一路"的"共建共享"之义，同时可以实现中方和马方的利益共享和风险共担；第二，中方有技术和资金，马方熟悉市场和法律，可以实现优势互补；第三，当地股东的引入可以拓宽融资渠道，如发行伊斯兰债券。

同时，央企海外投融资平台作为重要股权投资者进入，投融资平台在马来西亚设有运营中心，通过运营中心对 SPV 进行注资。这些资本作为劣后级资本。我们还引入一系列优先级资本：丝路基金、马来西亚主权财富基金作为财务投资者进入，享有最高级别的资金优先级；资产管理公司、REITs 资金、私人资本等资金作为夹层资本引入，并采用"股权加债权"的融资方式。

我们还引入传统的银团贷款模式，由亚投行作为牵头行，引入马来西亚当地银行和中国商业银行组成银团进行投资，同时，向当地投资者发行伊斯兰债券。整体融资平台结构设计如图 2 所示。

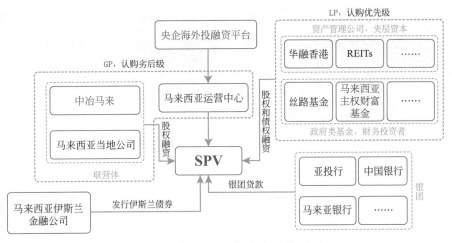

图 2　多层次融资平台结构设计

我们综合运用多种融资渠道和融资方式，使用"股权加债权"融资模式，实现了中方和马方的利益共享和风险共担。在这个案例里，承包商通过引入外部股权类基金，以产业基金为主体对基础设施进行融资，实现表外融资，控制资产负债率，最终实现了融资目的。

（三）灵活运用金融工具，强化风险控制

在实际操作过程中，可以进一步引入多种担保结构来强化项目的风控。对担保结构的进一步设计如图3所示。

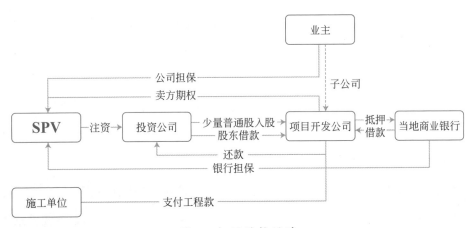

图 3　担保结构设计

由此，我们可以看到，不仅仅是要做好融资，更是要做好融资后的资金运用，强化风险控制。只有这样，资金才能够安全地使用。此外，我们还可以运用融资租赁等工具降低企业的资金成本。

四、中企"走出去"的政策建议

（一）对央企的政策建议

重视投融资能力的打造，培养和吸纳投融资人才。"生态城市"项目只是中国工程承包类企业承接项目中的一个缩影，但以此为例我们可以看到投融资运营业务是央企未来的发展趋势。多层次融资保障体系除了可以保障企业正常的运营之外，还决定了企业能否在设计、规划、建设等方面施展拳脚。今后 BOT 和 PPP 等需要投资拉动的项目，将对企业投融资能力有着更高要求。既具备与企业业务相关的专业素质，又了解投融资政策和渠道的人才将是企业培养和吸纳的重点，也是现在的人才缺口所在。央企应发挥平台号召力和企业文化的吸引力，加大人才储备力度。

深耕细作核心市场，主动参与更高附加值的项目。企业以生存和盈利为本，在进入海外市场初期可能并不具备筛选项目的条件，但早期"走出去"的工程承包类企业在企业运营和工程技术上已经具备了再上一个台阶的能力，如果不寻求突破，只会增加中国企业在同水平项目投标中的相互竞争，压缩企业利润，将国内出现的问题复制到国外，有悖于"一带一路"精神。随着企业实力的提升，粗犷的发展方式应逐渐被淘汰，企业应将眼光更多地放在体现工程技术和管理水准的项目上，打造更多的精品项目，提高企业影响力。比如在 BOT 和 PPP 类项目中，企业将全面参与管理和施工，更长的项目周期意味着更大的资金投入量和更高的风险，但项目附加值也随之增加。

充分利用海外投融资运营机构，全力支持海外公司业务拓展和升级。为了更好地支持高附加值项目的开展，在保持和传统金融机构关系的同时，也要充分利用海外投融资运营机构，通过下设的地区性运营中心，将 EPC、PPP 等项目与投融资紧密结合。一方面可以利用投资平台和地区性运营中心与投资方和贷款方对接，打通融资渠道，吸引资金投入，加强和亚投行、进出口银行、丝路基金等金融机构的战略合作；另一方面便于集团掌握资金的动向，对各地区海外公司的业务开展起到宏观调控的作用。

（二）对金融体系的政策建议

"一带一路"应以市场化原则进行。"一带一路"是沿线国家共同的大计，只有市场化，才能充分调动各个参与国家的积极性；只有市场化，才能保证长期的经济效益。政策性银行的减让式补贴会挤占财政资金，并且不利于形成良性的激励机制，特别是外方会对中国的资金优惠抱有期待。例如，此前中泰铁路之所以出现波折，原因在于中方为泰方提供的贷款利率为 2.5%，高于中方向印度尼西亚雅万铁路提供的 2% 的利率，导致泰方出现攀比心理，直到中方将铁路贷款利率同样降至 2% 才得以开展。这也是经济学中"信号"理论的应用：资金利率不但扮演了价格的作用，更扮演了"信号"的作用。完全的政策性金融不保本，而商业性金融过分强调商业效益，可能会忽视一些长期利益，因而，在这其中，注重"保本微利"的开发性金融可在其中发挥重要作用。

适当减少对债务融资的依赖，进一步发挥股权融资的作用。在我们的案例论述中，已经讨论了，微观层面上债务融资不利于构建最优风险分担的原因。从宏观层面上来看，企业在国际工程项目和跨境投资中过分依赖于债权融资也是加杠杆，与当前"去杠杆"的大势相悖。另外，中资企业的跨境项目也具有周期长的特点，在央企的业绩激励下，债务杠杆容易加上去，不容易降下来，具有明显的顺周期性。债务杠杆的上升可能成为中国金融体系未来潜在的风险点。因此，要未雨绸缪，在"一带一路"融资规划的初期就要考虑避免发展成如今中国的地方政府债务问题。一方面，股权融资应在其中发挥重要作用；另一方面也需要综合运用各国的资金来"共商共建共享"。

搭建央企海外投融资平台，允许其在符合监管要求的情况下开展衍生品交易规避损失。目前国资委对国有企业开展衍生品交易有比较严格的限制，导致很多国有企业无法使用境外金融机构提供的常见金融产品。这个和之前一系列国企进行金融衍生品交易导致国有资产流失是分不开的。企业人员对金融工具的熟悉不及金融机构工作人员，因此这样的规定对国有企业是一种保护。然而，很多在境外开展工程业务的央企无法使用一些最基本的套期保值工具来规避正常的汇率风险，因而很多央企被迫承受了原本可以合理规避的损失。在国有资本投资运营中心出现后，我们认为该规定可以适当放宽，在监管合规的前提下允许国有资本投资运营中心开展适当衍生品交易，规避相关风险。

在资本账户尚未完全开放的过程中推进人民币国际化，应充分考虑外汇和人民币不一致所导致的"监管套利"问题。在调研中我们发现，马来西亚是较为支持人民币国际化的国家，许多时候付款企业在美元和人民币之间愿意选择人民币，反而是中方收款企业很多时候并不愿意接收人民币。究其原因，和中国的资本管制有关。很多外贸企业有很多使用外汇的需求，如果外贸企业接受人民币，那么这些企业在需要使用外汇的时候还需要将人民币换成外汇，购汇要经过外汇局的审批。尤其是当很多企业有急用外汇的需求时，对外贸企业带来的不便超过了货币自身贬值所带来的损失。因此，人民币国际化的阻碍有时候不在国外，而在中国金融体系自身。这也充分说明了人民币国际化和中国金融体系改革需要通盘考虑，配套进行。

建立企业和金融机构之间的协调机制，避免海外恶性竞争。央企和金融机构"走出去"关注的主体不同，央企很多时候希望向境外输出技术标准和技术，而金融机构会考虑资金的风险和收益，二者的诉求并不完全一致，金融机构和央企可能会出现"各自为战"的局面。有时，企业可能会先同境外业主沟通，可能在没有事先和金融机构沟通好的情况下会向业主提出特别优惠的条件，事后又以同业主沟通好的不利条件同金融机构沟通，最终造成企业和金融机构双输的局面。由于金融企业和央企的管辖职能部门不同，每一个项目都要上升到国务院协调则太慢，可能错过大量市场机会。因此，应加强顶层设计，如可考虑在国务院层面设立央企和金融机构之间的协调机构，统筹规划，及时响应，实现中方共同利益最大化。

背景介绍

　　作者季诗朋，就读于五道口金融学院。2017 年前往马来西亚开展调研，以中冶集团马来西亚公司为研究起点，从公司开展业务的实际需求角度出发，致力于建立和完善可落地的多层次融资保障体系。

纪实篇

专题篇

案例篇

体悟篇

以大型项目为依托推进企业人力资源属地化管理的路径研究

——以下凯富峡水电站项目为例

⊙ 张 磊

在国家大力推进实施"一带一路"倡议的背景下，越来越多中资企业参与到国际业务开发中去。属地化发展是国际经营企业实现全球发展的必经之路，是企业深度融入所在国社会经济发展需面对和解决的重大课题之一，而人力资源属地化则是企业属地化管理战略的关键。本课题以赞比亚下凯富峡水电站这个大型项目为依托开展研究工作，研究该项目生产要素、组织机构、管理决策等人力资源属地化实现要素的配置方案和实施路径，统筹考虑构建适应全球发展战略的境外机构人力资源属地化方案。

一、项目概况

赞比亚下凯富峡水电站项目位于赞比亚的南方省凯富埃河最后一个峡谷处，地面厂房，共安装 7 台混流式机组 (150MW 机组 5 台，6MW 机组 2 台)，总装机容量 762MW；大坝坝高 130.5m，坝顶长度 374m，碾压混凝土重力坝，合同总额为 15.67 亿美元。该项目由中国电建集团公司以中国水电名义签约，委托水电十一局（占股 90%）和西北院（占股 10%）联营实施。项目自营为主，引水系统土建切块分包给水电五局。主体工程设计由西北院负责。该项目是赞比亚自1964 年独立以来投资规模最大的水电站，建成之后，将从根本上扭转赞比亚电力短缺的局面。

项目主要采用两级管理模式：第一级为项目部代表 EPC 总承包方进行全面的项目管理；第二级为内部核算的施工作业处，即在项目部的领导、协调下，对承担的分部分项工程施工组织和管理。项目管理组织机构包括项目班子及高层管理人员 8 人，管理部门 12 部 2 室。下凯富峡水电站项目部基于工程施工需要，按照国别市场空间和开发潜力，合理利用当地人力资源，抓住重点、覆盖区域，真正实现人力资源属地化经营管理。截至目前，项目部聘用中方员工 446 人，赞方员工 3040 人，其中包括当地大学毕业生近 100 人，当地员工人数占项目员工总数的 87.2%。项目部在提高当地员工聘用比例的同时，更加注重对当地员工进行有效管理，并逐渐探索出人力资源属地化管理的良性路径，为中资企业在非洲推进人力资源属地化提供了有益借鉴。

二、人力资源属地化管理的内涵

"属地化"是现代企业尤其是企业发展海外业务的重要战略。一般来讲，"属地化"被分为"广义属地化"与"狭义属地化"两种定义模式。"广义属地化"主要包括采购属地化、宣传属地化、理念属地化、员工属地化等范畴；"狭义属地化"则常常单指人力资源属地化。

本文将人力资源属地化作为研究对象，认为其内涵主要是以"属地化"内涵为依托展开。企业属地化从管理的主客体角度来讲，企业工作属地异于企业所属国，主体通常指的是中国的跨国企业，客体相应的则是企业在工作属地所管理的工程与劳务；从管理过程来讲，海外中资企业应具有"属地"意识，以当地既有条件与环境为依托，利用当地资源从事管理工作；从企业战略目标来讲，推进"属地化"的直接目的是挖掘东道国资源，从而降本增效，推动企业长远利益的实现。通过对属地化内涵研究的展开，本文认为人力资源属地化是在尊重东道国政治、经济、文化等环境的前提下，通过在东道国对当地人力资源进行有效开发与管理，以求达到企业融入当地，实现企业和东道国共赢的管理过程。

三、下凯富峡水电站项目部在人力资源属地化管理的现有探索与实践

下凯富峡水电站项目部基于工程施工需要，在人力资源属地化管理上进行了探索与实践，具体措施如下：

第一，制定了完善的管理制度，切实保障当地员工合法权益。项目部在聘用大量当地员工的同时，因地制宜地制定了完善的人力资源管理制度。首先，项目部对当地员工建档立卡，并及时更新，做到了基本信息的完备；其次，人力资源专员专门制定《赞比亚当地员工管理手册》，对当地员工各工种、各岗位职责和义务进行明确规范，同时制定完善的奖惩制度，包括荣誉的设立、失职的处罚等，增强当地员工的荣辱感；最后，为进一步深化人力资源属地化管理，切实维护当地员工的合法权益，项目部专门高薪聘请当地能力突出、经验丰富的人力资源经理、法律顾问和安全官，利用他们在语言及文化上的优势，参与到对当地员工招聘、考核、档案管理、劳资纠纷、合同变更、安全文明施工等方面的管理中，并就工作中出现的问题，接受当地员工的咨询，有效解决当地员工的问题，推动项目的顺利进行。

第二，实施"导师带徒"制度，发挥"传、帮、带"作用。导师带徒是中国工匠精神的有效延续。在非洲从事项目管理的中方员工大多有着扎实的业务基础和丰富的海外项目管理经验，项目部在此基础上遴选出一批既有业务能力，又有语言基础的中方员工担任导师队伍，而作为重要管理人才后备队伍的赞比亚大学毕业生员工则以徒弟的身份，根据专业匹配度，与导师们一一配对，形成师徒关系，发挥"传、帮、带"的作用。导师在工作过程中负责对这些当地徒弟的培养，主要是在业务上进行指导，完成相应工作目标，并引导其安全文明地工作。通过实施"导师带徒"制度，中非员工关系得到进一步融洽和深化，有效培养了师徒感情，激发了当地员工的工作热情，提升了当地员工的工作技能和管理水平。

第三，实施当地员工工长制，形成当地员工"自主管理"的模式。项目部在推动人力资源属地化管理工作过程中，创新思路实施当地工长选拔任用和奖励制度。各作业处通过民主选举和单位推荐，在队伍中推选出有能力、负责人的员工担任工长，负责其所在小组的统筹工作，同时根据其工作绩效考核，获得相应的工长津贴和晋升机会。项目部通过实施当地员工工长制，显著提高了当地员工的自我管理能力和工作积极性；另外，当地工长在促进内部团结、融洽劳资关系和保证施工等方面都发挥着不可替代的作用。因此，"自主管理"的模式受到了当地员工的普遍欢迎。

第四，建设下凯富峡技能培训学校，授人以渔，培养当地员工的一技之长。下凯富峡水电站项目部先后投入数十万美元，建设并运营一所技能培训学校，使人才培养在海外落地生根。学校旨在为当地免费培养实用型技能工人，满足下凯富峡水电站工程建设需要，也为赞比亚其他工程建设输送专业技能人才。2017年7月，培训学校招收首期学员，目前已成功举办四期培训，受益学员近300人。培训学校开设课程包括机修、土建、电焊、测量、试验等，聘请经验丰富的双语教师授课，既有理论课，又有实践课，保证培训质量。学员毕业后，将根据其学业表现和自身意愿，择优安排在下凯富峡水电站和中国电建在赞比亚承建的其他项目上工作，使他们既有学上，又有活干。2018年，培训学校进一步升级，与黄河水利职业技术学院开展校企合作，一些具体的合作项目相继落地。黄河水利职业技术学院在下凯富峡技能培训学校挂牌成立教学部，并选派优秀的双语教师到培训学校，指导和参与相关专业的培训工作，同时给予部分当地优秀员工到黄河水利职业技术学院接受学历教育的机会。通过建设培训学校，项目部为当地员工提供了学习技术的机会，培养了他们一技之长，为当地员工走上就业岗位、实现人生价值打下了良好基础，真正做到了"授人以渔"。

第五，为当地员工提供良好的生活条件，丰富当地员工的文化活动。良好的生活条件和丰富的文化活动是当地员工积极投入工作的重要保证。基于赞比亚当地员工生活条件相对简陋等客观原因，项目部为当地员工免费提供住宿、床、床垫、浴室、饮用水、通勤大巴等，修建诊所，提供免费诊疗和救治，引入商店和餐厅，为他们的日常生活提供便利。每逢法定节假日，项目部为当地员工赠送面粉、糖果、食用油等福利，使他们度过祥和愉快的节日。同时，针对当地员工在足球、绘画等方面的爱好和特长，专门修建了足球场，定期举办足球赛、跳棋赛、绘画比赛等活动，丰富了当地员工的文体生活，打造了企业的"家文化"，提高了他们对企业的归属感和自豪感。

四、下凯富峡水电站项目部人力资源属地化管理面临的问题

下凯富峡水电站项目部在现有人力资源属地化管理工作中进行了有效的探索与实践，该经验在非洲中资企业中具有可推广性。但是，在实习过程中，也发现这些措施存在着一些问题：

第一，现有的人力资源属地化管理模式理论设计与制度规范不足。目前来看，项目部在属地化管理中，举措多、方法新，取得了一定效果，但是明显存在着"理论滞后于实践"的现象。具体来讲，项目部在当地员工聘用比例以及员工培训、福利等方面进行了积极探索与实践，但是理论溯源不清，包括员工招聘、具体管理等方面并没有形成系统性的规范体系。同时，属地化战略在公司的顶层设计中处于重要地位，但是具体落实中，属地化战略应在因地制宜的基础上具备一定的理论体例，如区分国别、宗教信仰等因素。另外，属地化的制度规范还体现在该管理模式的延续性上，目前的管理模式更加侧重于项目的短期化，而长期性的理论准备与规范体例待完善。

第二，项目部缺乏属地化管理人才与团队。目前的施工单位可能都面临着同样的问题："重施工管理，轻事务管理"，这就导致了盲目追求"工期至上"理念的形成。现有的专门管理团队人员较少，规模较小，可能导致与当地员工的交流脱节现象的发生。同时，各个作业处管理者同时承担着当地员工的管理工作，而作业处管理队伍本身缺乏专业的管理技能，甚至对当地员工的情况知之甚少，很难实现管理者与被管理者的协调一致，因而容易出现施工事故。管理人才的非专业化也容易影响管理效果，项目从事人力资源管理工作的业务素质与管理才能应该进一步加强。

第三，重当地员工属地化管理，轻中方员工属地化管理。从目前来看，项目部存在着属地化界别不清的现象，认为属地化管理只针对当地员工，而忽视中方员工扎根当地的教育。这种管理模式，容易造成中方员工"水土不服"，即不适应当地自然环境，更重要的是不适应当地的人文环境，包括语言、习俗等方面。同时，部分中方员工自身素质与管理才干不能充当员工管理者的角色，容易影响中外员工人际交往关系等。

五、以该项目为依托探索推进企业人力资源属地化管理可能的路径

大项目具有资源、人才等方面的先天优势，当然因为员工多且背景复杂，也存在上述人力资源属地化管理的问题。针对以上存在的问题，本文试图从以下方面探索推进企业人力资源属地化管理可能的路径。

第一，制定系统的人力资源属地化理论规范与要求，加强管理资料的建档立卡工作。属地化管理理论设计是推进属地化管理的先决条件，理论设计离不开现实调研。公司应该在项目实施初，广泛征集中外员工的意见，对当地员工的生活习惯、文化习俗、宗教信仰等方面进行摸底调研，并将其数据化，形成系统的调研报告，在此基础上制定符合实际的员工招聘规范和管理规范，并能够稳定地实施。同时，项目中涉及员工管理的档案等具体信息，应该建档立卡，在年中以及年底对现有资料予以总结，出具详细的劳务管理案例集，加强总结与宣传工作。通过以上措施，保证人力资源属地化管理有章可循。

第二，加强属地化管理人才队伍建设。人才是企业发展的重要支撑，属地化管理同样需要专业化的人才。首先，人才队伍的建设需要项目部以及施工局的大力培养，要在项目里选择有品行、有潜力与有能力的人加以培养，并将其作为属地化管理的后备人才；其次，加强对属地化管理人才的招聘工作，这就要求企业在属地化理论认知的基础上，有选择地面向高职院校以及社会广泛招聘专业人才，并给予优厚待遇以吸引人才；最后，项目部应该重视该队伍的建设与管理工作，注重人才队伍的全过程培养。

第三，加大当地人才的培养与管理。目前，项目属地化管理中推行的"当地

纪实篇

专题篇

案例篇

体悟篇

工长制"取得了一定的成效，但是该"工长"一定程度上并不是管理梯队中的员工。因此，在增加当地员工的聘用比例的同时，应该注重招聘有经验、有能力的当地人从事一定的管理工作，做到"当地人管当地人"。同时，项目部重点引进当地优秀大学生，通过导师带徒的方式，培养其管理才能，在一定周期里任用在管理岗位中。另外，要注重在各个作业处挖掘能力突出的当地员工，通过一定的培训测试后，在管理岗位上进行锻炼。总之，要将当地管理人才培养作为企业属地化管理的制度要求之一。

第四，加强对中方员工的培训与管理。人力资源属地化不单指海外当地员工的属地化，同时也必须加强中方员工的属地化管理，其中加强培训与管理显得尤为重要。首先，企业要做到严格"入口"，注重在国内挑选政治素养高、道德高尚、业务能力强的人才从事海外工程建设工作；其次，应该发挥海外党支部的作用，加强对员工政治素质的规范与监督，维护中资企业形象和国家形象；最后，加强海外员工的语言以及技能等方面的培训，使他们在实际工作中发挥带头模范作用。

背景介绍

作者张磊，马克思主义学院 2017 级博士研究生，2018 年随赞比亚支队前往赞比亚下凯富峡水电站开展暑期海外实践，期间以下凯富峡水电站这个大型项目为依托开展研究工作，研究该项目生产要素、组织机构、管理决策等人力资源属地化实现要素的配置方案和实施路径。

可持续基础设施建设的定性评估

——以肯尼亚 C12 公路改造项目为例

⊙ 冉奥博

"一带一路"倡议的关键工作在于搭建沿线国家的互联互通网络，而基础设施正是互联互通的物质基础和载体。在这一背景下，建设可持续基础设施可以提高"一带一路"倡议的综合效益。可持续基础设施是绿色基础设施的理论发展，将特殊的生态工程发展到一般性的基础设施，将侧重于生态环境的内涵发展到经济—社会—生态多方面。可持续基础设施可以代替传统的社会责任评估，有利于评估基础设施及建造商的综合效益。"一带一路"沿线国家的人文自然条件各异，基础设施条件较差；研究和推动可持续基础设施，一方面能够丰富其内涵外延，另一方面已有研究表明传统基础设施建设会加剧撒哈拉以南非洲的收入不均衡和社会不公平，可持续基础设施建设能助推"一带一路"倡议及沿线国家的可持续发展。但目前还未建立比较完善的可持续基础设施评估框架，本文在构建新的评价框架上，定性分析肯尼亚 C12 公路。

肯尼亚是中国的全面战略合作伙伴，是"一带一路"倡议在东非和印度洋西岸的重要支撑点，但其可持续发展还面临诸多挑战。肯尼亚的经济社会结构不平衡，直接表现为国内生产总值波动大，2007 年和 2017 年由大选引发了全国性骚乱。同时，肯尼亚处于赤道与东非大裂谷交汇处，拥有众多的保护区和国家公园，生态环境与生物多样性保护的压力大。如若在基础设施建设过程中，不重视和贯彻可持续发展理念与标准，"一带一路"倡议的长远目标和综合效益就会大打折扣。

一、可持续基础设施概念与评估框架

可持续基础设施于 19 世纪 90 年代提出，是基础设施领域对 1992 年联合国环境与发展会议后，逐步形成的可持续发展概念的回应。查尔斯·科吉尔（Charles L. Choguill）从社会角度认识可持续基础设施，认为物质基础设施系统是人类聚落可持续性和满足人类基本需求的前提，传统地由公共部门提供的基础设施只能服务某些阶层，而非全体民众，进而需要新的基础设施发展范式来实现可持续发展。大部分研究是从环境角度出发，将基础设施看作自然环境与人类社会的边界，只有可持续的基础设施才能维持边界的稳定；基础设施一方面受到环境可持续性的限制，一方面需要提供人类社会最基本的社会需求。总的来说，可持续基础设施是指在设计—建设—运营的全过程均符合可持续发展理念，有利于实现可持续发展目标的基础设施，有时也被称为可持续发展的基础设施。

随着可持续基础设施概念被广泛传播，针对其模型或评估框架的研究也方兴未艾。科吉尔着眼于社会不平等，制定了可持续基础设施的 10 条原则，以城镇体系基础设施（town system infrastructure）和现场基础设施（on-site infrastructure）为切入口，通过融合两个部门来弥合社会裂痕。查尔斯·安杰（Charles Ainger）和理查德·芬纳（Richard Fenner）认为可持续基础设施标准包含：具有限制的环境可持续性，设立目标和测量应对环境限制、可持续地组织商业模式和项目；能够发展的社会 - 经济可持续性，设立目标和测量满足社会经济目标（服务社会需求、可持续的收支分析、计价正外部性）、尊重民众和人权；跨代际的管理模式，长远规划、考虑全生命周期；复杂系统，开放问题域、处理不确定性、考虑综合性需求、综合多种目标和各学科；为可持续的行动，学习新技能、挑战正统和鼓励变化。布里·萨特（Bry S. Sarté）提供了多种可持续基础设施的模型：支柱模型，保证水、能量、物质、生态和社区的可持续；从空间层次出发的规模 - 密度模型和横断面模型；从人类活动与生态系统服务出发的建成－生态模型。美国建筑师协会环境委员会（AIA/COTE）也制定了详细的 10 条准则来促进可持续发展，包括理念创新、区域／社区设计、土地利用和立地生态、生物气候学设计、光与空气、水循环、能量流与未来能源、物质与建设、长寿与高质量建设、集体智慧与有效反馈。美国土木工程师协会（ASCE）认为可持续基础设施的原则是"好"项目和"做好"项目，包括从规划到回收的生命周期评价、精明使用资源、弹性规划、遵守原则。但现有大部分模型存在以下问题：①多从主动行为角度出发，主要规范建筑设计行为的可持续性和考察层面，达成愿景还比较模糊；②虽然安杰和芬纳、AIA/COTE、建成－生态模型等考虑了可持续目标的实现，但并不全面；③科吉尔、ASCE 等提出的模型属于导则性质，操作性比较弱，不利于实际项目评估。

　　建立新的评估框架需要借鉴可持续发展的应用相关前沿研究。可持续基础设施是指为可持续发展服务的基础设施，具有极强的目的性导向；因此，本文建立新的评估框架需要结合新的可持续发展研究，特别是可持续发展目标。2015 年联合国通过了 17 个"可持续发展目标"（sustainable development goals，SDGs，见表 1）来指导和评价各个国家的可持续发展情况。这一指标明显优于前述模型的原因在于：系统性，这一系列指标能够组成覆盖可持续发展的网络，充分考虑了经济、社会、生态、制度背景等因素；普遍性，系列指标是经过学界、政策界等社会各界长期研究讨论的结果，并被联合国全体成员国表决通过。

表 1　可持续发展目标（SDGs）

简称	完整表述
无贫困	在全世界消除一切形式的贫困
零饥饿	消除饥饿，实现粮食安全，改善营养状况和促进可持续农业
良好健康与福祉	确保健康的生活方式，促进各年龄段人群的福祉
优质教育	确保包容和公平的优质教育，让全民终身享有学习机会
性别平等	实现性别平等，增强所有妇女和女童的权能
清洁饮水和卫生设施	为所有人提供水和环境卫生并对其进行可持续管理
经济适用的清洁能源	确保人人获得负担得起的、可靠和可持续的现代能源

续表

简称	完整表述
体面工作和经济增长	促进持久、包容和可持续的经济增长，促进充分的生产性就业和人人获得体面工作
产业、创新和基础设施	建造具备抵御灾害能力的基础设施，促进具有包容性的可持续工业化，推动创新
减少不平等	减少国家内部和国家之间的不平等
可持续城市与社区	建设包容、安全、有抵御灾害能力和可持续的城市和人类住区
负责任消费与生产	采用可持续的消费和生产模式
气候行动	采取紧急行动应对气候变化及其影响
和平、正义与强大机构	创建和平、包容的社会以促进可持续发展，让所有人都能诉诸司法，在各级建立有效、负责和包容的机构
促进目标实施的伙伴关系	加强执行手段，重振可持续发展全球伙伴关系

这一框架引入对可持续基础设施的评价具有可行性、创新性。框架已在国家层面得到一些应用，针对基础设施也应有一定适用性；学者也号召决策者吸收可持续发展目标进入决策过程。同时，马腾·哈杰尔（Maarten Hajer）等人认为传统实现可持续发展目标的道路是由政府和政府间组织推动的自上而下的模式，未来更需要吸引企业、城市、民众等共同推动；在此框架下评价可持续基础设施属于自下而上推动，能够丰富传统模式。马克·斯塔福·史密斯（Mark Stafford Smith）等人认为实现可持续发展目标需要跨财政金融、能源、交通等多部门，跨地方政府、政府部门、私人部门等多行动者，跨高、中、低收入国家，被认为需要整合性的平台来实现可持续发展目标；而基础设施正是跨部门、跨行动者的整合性平台，本文案例还属于跨国家。由此可以看出，可持续基础设施评价也是对可持续发展目标的一种发展。

评价可持续基础设施还需要综合考虑以增加或删去部分评价标准。各个可持续发展目标之间存在复杂相关性，《变革我们的世界：2030 年可持续发展议程》明确指出一切形式的贫困是世界最大的挑战。联合国可持续发展目标工作小组、埃 - 马格拉比（M. H. El-Maghrabi）等人、帕拉杰·普拉丹（Prajal Pradhanl）

等人的研究也指出贫困也是其他可持续发展困境的综合表现。当各种措施都能与消除贫困联系时，不宜直接评估。同时，具体项目的特殊性也决定了部分可持续发展目标的不可评估，如深居内陆的项目（如本案例）难以促进海洋生物保护，无人区的项目难以促进可持续城市化。另外，对于基础设施项目还需要考虑促进可持续发展措施的运行模式是否可持续，单方面付出性的措施虽然也能促进可持续发展，但终究不能长久。综上可知，案例分析需要调整评价框架，不对无贫困、水下生物方面作评价，增加对促进目标实现的措施手段的评价。

二、案例分析——肯尼亚 C12 公路改造项目

我们选取肯尼亚 C12 公路改造项目（后简称 C12）作为案例，源于其重要性、复杂性及对其的有效应对具有代表性。C12 位于肯尼亚西南部纳罗克郡（Narok County），是从纳罗克镇到马赛马拉公园塞凯拉尼门（Sekenani Gate）的长为82 公里的公路，是前往举世闻名的马赛马拉国家公园的黄金通道。C12 是肯尼亚的国家级项目（图 1），由中国武夷（肯尼亚）分公司承建；主要施工内容为0~23 公里翻修路面，23~45 公里新建底基层、基层和沥青路面，45~82 公里新建基层和沥青路面。项目所面临的社会、经济、生态矛盾较复杂：当地为以马赛族为主的多民族地区；区域经济相对落后，经济以牧业、旅游业为主；地处干旱半干旱区域，旱季雨季分明，坐拥马赛马拉国家公园，生态环境脆弱且保护压力大。C12 采取系列措施对可持续发展已产生了一定的促进作用。

图 1　C12 道路概况

纪实篇

专题篇

案例篇

体悟篇

在清洁饮水和卫生设施方面，C12 极大改善了当地用水条件、水环境，推动了环境卫生进步。C12 帮助当地村民修建大型水塘（每个约 8000 立方米）以储存雨季带来的降水，在公路末端还小规模建设了供水管网，为居民带来了安全且无负担的饮用水。马赛马拉地区降水集中在雨季，水塘储水能够应对旱季的缺水问题。以往当地居民的饮水来源主要是地下水、排水沟积水，甚至简单过滤的生活废水。当地地下水盐含量较高，不利于长期饮用；排水沟积水和生活废水水质差、受污染的可能性大，且季节变动大、水量不稳定。同时，C12 还将为部分居民提供由明矾、竹炭等组成的简易净水装置，用以改善饮用水水质。特别是在 2017 年，地区遭遇旱灾，水塘保证了居民的基本生活用水。在 C12 建造期间，小部分水塘由项目部和居民共同管理，项目完成后完全移交给居民；大部分水塘已经由居民管理，增强地方社区管理水环境的能力（图 2）。同时，C12 还在部分地区将废弃的沥青桶制作成简易厕所，一定程度上改善了当地露天排便的问题。

图 2　正在水塘饮水的牛群和羊群

在体面工作和经济增长方面，C12 提供了大量、多元的工作岗位，创造了大量就业和带动当地经济发展，极大促进了金融机构在当地的发展。以往以马赛族为主的当地居民没有从事非农工作的意识，C12 直接促进了当地人形成生产型就业的概念。C12 直接雇用当地员工 283 人，当地分包商雇用当地员工约 80 人，且包含了小工、机械驾驶员、计量员、工头、司机、保姆、园丁、厨师等多种工作岗位，帮助本地人获得体面工作。C12 还为部分本地工作人员提供住宿，为非纳罗克郡的工人提供了法律保护，保障其安全稳定的工作环境；为员工提供了一些职业培训，减少未受培训的青年人比例。C12 建成后能够吸引更多的游客，促进旅游业发展，并从表演、手工艺品等方面促进马赛特色文化产业发展。更加开放的经济社会环境能够进一步促进当地餐饮、住宿、手工业等小型创业。C12 还为当地雇用人员带来了银行和保险服务。以往大部分马赛族员工没有社会保险、医疗保险和银行账户，C12 为所有员工办理了社保、医保，还邀请银行到营地帮助员工办理银行账户。

在产业、创新和基础设施方面，C12 极大改善了所在区域的基础设施，并且推动了产业、创新发展。C12 本身就是为肯尼亚提供一条人人可负担得起的优质公路，能使通行时间由 2~2.5 小时减少到 1 小时，在道路设计环节就考虑到暴雨等灾害情况；除此之外，C12 还在建设料场、水塘时修筑村道，帮助当地居民更便利地到达主干道。公路修建有利于小型工业企业发展，目前沿线已有私人投资建设服装厂、屠宰厂。C12 还花费 150 万肯先令帮助当地建设基站，实现了从纳罗克到马赛马拉的全线信号覆盖。

在减少不平等方面，C12 会整体改善肯尼亚国内区域发展不平等，各民族经济地位不平等的现象，还通过修筑水塘改善了当地社区的收入不平等的状况。C12 所在的纳罗克郡是肯尼亚相对落后的地区，在 47 个郡中其人均 GDP 排名为 33，主要原因是境内旅游和农牧业资源没有得到有效利用。C12 可以使得外部的人流、物流、资金流、信息流更加充分地进入纳罗克郡，特别是马赛马拉公园，能够更加有效地利用郡内资源。由于纳罗克郡是马赛族的主要聚居地之一，马赛族长期处于肯尼亚经济舞台的边缘地位；因此，C12 带动地区和马赛族社区的发展能够有效平衡不同民族的经济地位。另外，当地旱季的缺水问题加深了马赛族内部的贫富差距，以往较富裕的居民自行出资修建了水塘，贫困群体则无力应对缺水问题而陷入恶性循环。C12 帮助贫困群体免费修筑水塘，使得这些居民

纪实篇

专题篇

案例篇

体悟篇

具备一定的应对旱灾和缺水问题的能力，弥合了马赛族内部的不平等。

在可持续城市与社区方面，C12 促进了沿线城镇，特别是纳罗克镇的发展。C12 经过纳罗克镇、埃瓦索恩吉罗（Ewaso Ngiro）、恩科拉勒（Nkoilale）、恩郭斯瓦尼（Ngoswani）、塞凯拉尼（Sekenani）等村镇。随着人流增加，这些村镇的规模都会有所扩大，沿线也出现了以往没有的人类聚居区。纳罗克镇是连接内罗毕和马赛马拉公园的重要节点，目前制约纳罗克镇发展的因素就是通往马赛马拉公园的时间过长。公路交通改善可以使得纳罗克成为重要的人流、物流的集散地，有助于纳罗克镇酒店业、餐饮业、商业等第三产业的发展。C12 有效地连接起城区、郊区、农村和自然，能够帮助当地形成积极的经济、社会和环境联系。C12 以往是土路，机动车通行会造成扬尘污染；而扬尘污染主要在人类聚居区的公路沿线，导致污染的影响扩大；C12 建成后沥青路面会有效减少扬尘污染。

在地区消费与生产方面，C12 有助于地区的生产消费可持续发展，也积极推动项目本身的生产、消费可持续发展。C12 道路交通条件的改善可以使当地的牛羊也可以更加便利地运输到其他地区，减少供应环节的损失；当地马赛族通常会有过剩的牛奶，但缺乏保存手段，人流增加可以更有效地利用牛奶。建设所需的石头、土、沙等地材和当地能够供应的工业材料都选择本地采购。C12 还回收利用剩余的建筑材料和机油，提高再利用率，避免环境影响。同时，还定期编撰环保报告、艾滋病报告，将相关的可持续信息融入报告中；总结行之有效的可持续发展，以形成模式进行推广。

在气候行动方面，C12 大规模修建大型水塘以应对区域气候变化和极端天气。马赛马拉地区主要面临的问题是降水季节性分布不均；近年来，随着气候变化加剧，降水年际变化加大，如 2017 年地区遭遇旱灾，2018 年降雨偏多。C12 帮助居民修建的水塘可以调蓄季节降水，有效解决旱季缺水问题。以往马赛族在旱季需要每天放牧以寻找水源，而现在只需要在自家或者附近水塘饮水即可。另外，大规模修建水塘将改善区域小气候。C12 预计修建 160 个大型水塘，达到每 500 米一个水塘的密度，目前已修建 77 个；这一工程将通过增加蒸发面积以增加区域的湿度，进而改善极端干旱气候和生物多样性。

在陆地生物方面，C12 通过修筑水塘、设计绿色通道等手段可持续利用陆地生态系统。C12 通过增加水域面积，保护和改善草原生态和生物多样性，一定程度上防治土地荒漠化。生态改善扩大了野生动物种群的生存空间，因为野生动物逐水草而居的特性，以往在沿线很少看到的角马群、斑马群、长颈鹿群（图 3）经常出现，偶尔还有象群出现。道路两边还树立了大量"禁止偷猎""禁止买卖野生动物"的标牌。C12 还在野生动物经常出没的路段设计多个颠簸坎以降低车速避免野生动物意外死亡，或设计涵洞便于野生动物通过；对于车祸中意外死亡的野生动物采取填埋措施。

图 3　公路两旁的长颈鹿群

在促进目标实施的伙伴关系方面，C12 促进了中国与肯尼亚的伙伴关系，特别是与当地社区的关系，同时还促进了产学研的伙伴关系。C12 本身是在"一带一路"倡议背景下进行的，有助于中肯双方的相互认知和长远合作。特别是 C12 与当地马赛族酋长赛亚雷尔（Sayialel）保持良好关系，进而推动了与郡守、当地议员、行政人员之间的良好关系。在项目设计过程中，建设方（中方）还为设计方（肯方）提供很多有益建议，一定程度上实现了技术转移。另外，C12 从 2017 年开始积极建设清华大学博士生社会实践基地，接受了来自水利、环境、社科、经管等多学科的博士生，促进了多学科的产学研合作。

在可持续措施方面，C12 促进可持续发展的措施不是传统的单方面支出，而是长效的互惠方案。C12 利用挖掘水塘剩余的部分合格材料作为道路建设所需的石料、土料，或者在修建水塘的农户土地中另选料场取料。每建设一个水塘及其配套设施需要 100 万 ~200 万肯先令，而每开设一个料场需要 100 万 ~150 万肯先令。在促进可持续发展的同时，也能够减少建设的材料支出。同时，部分水塘还解决了工程用水问题，节约了 C12 的买水支出。这都在一定程度上减少因支持可持续基础设施所带来的资金压力，使得促进措施能够长效实施。

除此之外，C12 还在一定程度上影响了其他目标的实现。在零饥饿方面，C12 修建的水塘将有助于灌溉农业发展，在 20 公里处已有 1 万平方米左右的农场准备开发。C12 营地建设了菜园，传授当地居民使用羊粪等有机肥，建设大棚进行防风，规律灌溉等农业技术。在良好健康与福祉方面，C12 积极进行防艾滋病宣传，免费发放安全套；允许肯尼亚员工合理合法开展宗教活动，重视他们的心理健康建设。在优质教育方面，C12 公路和公益建设的村道帮助当地儿童，特别是马赛族儿童，能够更加便捷地入学，提高了当地的毛入学率；C12 也为前来应聘的没有职业技能的当地青年人提供职业教育。在性别平等方面，C12 实行女工优先和女性同工同酬的政策，同时项目施工队伍也雇佣了当地女性做饭，帮助女性解决就业。在经济适用的清洁能源方面，C12 营地使用太阳能热水取代电热水。但在和平、正义与强大机构方面，C12 产生了一定的负面作用。肯尼亚公共部门，特别是司法体系极其腐败且极少作为；各级官员对公路建设的全过程"吃、拿、卡要"严重，乃至迫使项目停工；C12 反而成为当地政府手中"待宰的羔羊"。

总体而言，C12 案例对清洁饮水和卫生设施，体面工作和经济增长，产业、创新和基础设施，减少不平等，可持续城市与社区，地区消费与生产，气候行动，陆地生物，促进目标实施的伙伴关系，可持续措施等十个方面有较大促进作用；在零饥饿，良好健康与福祉，优质教育，性别平等，经济适用的清洁能源等五个方面有较小或间接影响；在和平、正义与强大机构有一定的、不可避免的负面作用。

三、反思与讨论

虽然 C12 案例总体上促进了当地的可持续发展，但针对其可持续基础设施实施的策略仍值得反思与讨论。

（一）是均衡发展还是以点带面？

关于可持续基础设施的项目模式存在着是均衡发展还是以点带面的争论。均衡发展是指基础设施建设在可持续发展中的各个指标中都起到促进作用，以点带面是指突出完善某一个或者某一部分指标。从 C12 案例经验来看，虽然应当鼓励对可持续发展的所有目标都有所贡献；但受制于工期、资金等多种因素，实际项目中采取以点带面的方式或能收效更多。

C12 案例推进可持续发展的主要举措是修筑公路和水塘，通过重塑物质环境改变当地的流动性和生态环境。体面工作和经济增长，产业、创新和基础设施，减少不平等，可持续城市与社区，零饥饿，优质教育等方面都直接有赖于道路建设。道路能够使纳罗克地区更加开放，使该地区能够融入更广阔的市场中，进而形成全国统一市场乃至全球市场。清洁饮水和卫生设施，气候行动，陆地生物，可持续措施，良好健康与福祉等方面都与修筑水塘有直接关系。规模化的水塘修建改善当地的水环境和气候应对能力，而在以旅游业、农牧业为主的经济结构中，生态环境是经济运行的基础和关键要素。具体到纳罗克地区，水源又是生态环境可持续的短板。案例抓住"开放""水源"两个地区可持续发展的牛鼻子，通过工程项目的方式改善现状，进而以点带面实现可持续发展。相对于比照着可持续发展目标的均衡发展，通过解决主要矛盾、以点带面的形式是一种更加自然地实施可持续基础设施的方式。

（二）长于工程治理，弱于社会治理

C12 案例促进可持续基础设施的手段主要依赖于工程技术。虽然可持续发展目标包含社会属性，但案例的主要举措——提供一条人人可用的道路，帮助当地居民修筑基础水利设施——都属于工程技术手段。总体而言，项目所希望达到的可持续发展目标都是通过工程技术改变物质世界，进而使得社会行为发生变化，是一种增量发展；而缺乏使用社会治理的手段和经验促进可持续目标的实现，忽视了存量发展。

　　缺乏社会治理手段将影响工程治理的效果，制约因素是社会嵌入度不足。C12 案例虽然有现代农业种植，现代卫生设施，太阳能热水器等示范项目；但是宣传力度偏小，对于当地的影响力偏小，以至于影响到可持续目标的实现。社会治理手段缺乏的本质原因是社会嵌入度与社会经济结构的改变程度不协调，直接表现为：与当地社区、居民的沟通较少，特别是文化交流较少；与当地机构，特别是大学等业务不直接相关的机构，合作较少；较少参与当地的日常生活。只有通过与当地社会交流并形成一定的社会网络后，才具备社会治理的土壤。在提高社会嵌入度的基础上，才能通过与农业、能源、卫生、房建部门的合作，推广技术更先进的措施；通过与大学、文化部门、餐饮业的合作，推动中国文化节、中餐体验日等文化活动；通过与当地社区、部落、教会的合作，搭建共建、共治、共享的社会治理平台，加深当地对"一带一路"倡议和可持续基础设施的认识。

四、小结

　　随着"一带一路"倡议的推进，中国承担着沿线国家越来越多的基建项目。以肯尼亚为代表的沿线国家在可持续发展方面还任重而道远，因此在保质保量完成基建项目的同时，还应当注重基础设施为当地可持续发展所作出的贡献。本文借用并微调联合国可持续发展目标体系，使其适用于可持续基础设施的评价，并据此定性分析了肯尼亚 C12 公路改造项目。本文发现通过以点带面的形式较好推动了可持续发展，但 C12 案例长于工程治理、疏于社会治理。未来还将推进在该框架下的定量研究，对研究对象的利益相关方进行问卷调查。

　　在实践层面，可持续基础设施的推进也应当与"一带一路"倡议相结合。未来针对"一带一路"倡议相关项目，可以利用可持续基础设施的评价标准，对于达到评价标准的项目予以优先支持，对于产生可持续发展效益较大的项目予以补贴等奖励，对于效果较好的可持续基础设施的运行模式进行总结并因地制宜地推广。但本文揭示的基建项目对当地和平、公正、贪腐问题的负面效应，也是基础设施建设中常见的问题；需要加强工程合作透明度，完善监督与法制建设，特别需要顶层设计规范和支持相关议题。

在"一带一路"倡议背景下，推进可持续基础设施建设不仅仅是一种物质条件的改变，更是当地环境结合中国经验、中国智慧及其背后的社会文化因素的过程。"一带一路"倡议要构建政治、经济、文化联通的区域合作平台，离不开基础设施所提供的互联互通的物质条件；要打造休戚与共的人类命运共同体，离不开全球可持续发展。通过绿色基础设施的推进，可以把中国长期积累的生态文明建设、可持续发展的经验和教训带给当地，特别需要通过社会治理、多元合作、文化交流的方式，将物质文明建设和精神文明建设结合，扩大"一带一路"倡议的成果。

背景介绍

作者冉奥博，社会科学学院 2017 级博士研究生，2018 年随中国武夷肯尼亚支队前往肯尼亚开展暑期海外实践，期间自主完成"可持续基础设施建设的定性评估——以肯尼亚 C12 公路改造项目为例"的研究课题，在联合国可持续发展目标基础上，发展出新的评价框架，对肯尼亚 C12 公路改造项目进行定性评估。

纪实篇

专题篇

案例篇

体悟篇

厚植中非友谊，共筑美好未来

——"万村通"项目的现状与问题

⊙ 贾昌旺　冯　硕　岂凡超　陈　诗

　　在 2015 年 12 月举行的中非合作论坛约翰内斯堡峰会上，中国国家主席习近平在开幕式致辞中提出，"为非洲 1 万个村落实施收看卫星电视项目"。在随后中国同非洲诸国共同签署的《中非合作论坛—约翰内斯堡行动计划（2016—2018 年）》中，中方承诺"将同非洲国家开展村级（社区）小型减贫示范项目，合作实施村级（社区）综合发展项目，为非洲 1 万个村落实施收看卫星电视项目"。同年，已在非洲广播电视行业深耕多年的四达时代集团（以下简称"四达时代"）承接了"万村通"卫星数字电视项目，开始着手为非洲万个偏远地区的村落建设数字电视网络，努力为非洲农村民众打开一扇了解世界的窗口。

　　众所周知，非洲的基础设施建设仍较为落后，整体发展不均衡，其电视业起步较晚，信息化、数字化水平仍有较大的提升空间。就电视机普及率而言，截至 2016 年，在撒哈拉以南的非洲地区，拥有电视机的家庭比例仅有 30%；就数字化进程而言，截至 2015 年年底，非洲仅有 6 个国家按照国际电信联盟（ITU）规定时限完成了模拟转数字的进程；就内容创作而言，大多数非洲国家的节目制作能力有限，其电视频道或直接转播境外电视频道，或主要播出国外的电视节目；就数字电视订阅费用而言，除四达时代外，其他少数几家公司均收费高昂，初装费高达 200 美元，收视费便宜的每月 40 多美元，贵的每月上百美元，这使得数字电视在非洲普通民众那里成为奢侈品。

在南南合作框架下，中国毅然承担起大国责任，向非洲各国提供不附加任何政治条件的各类社会发展和人道主义援助，帮助非洲减少贫困、改善民生，这赢得了非洲各国的高度赞赏。"万村通"项目即是中国对非进行人道主义援助的典范案例之一。本文以实地走访、主要人物访谈、文献搜集整理等研究方法，集中研究了"万村通"项目在肯尼亚、赞比亚两国的实施与进展情况，探讨了"万村通"作为"一带一路"援助项目在有着不同社会现状的各国落地实施中所面临的一般问题与特殊挑战。最后，本文还分析了四达时代在"万村通"的项目落实中的成功经验，并对目前项目实施中存在的困难与挑战进行深层分析并提出了合理建议。

一、"万村通"项目现状

（一）"万村通"项目的实施

"万村通"项目由中国政府设立的"南南合作援助基金"出资支持，受中国政府商务部直接管辖，由四达时代负责实施。按照计划，"万村通"项目将为撒哈拉以南 25 个非洲国家、共 10112 个村落安装、接通卫星电视信号，并建立可持续发展运营体系。各国施工村落数目由四达时代根据各国人口结构、收视需求、娱乐方式等因素拟定方案，上报商务部审批通过。

"万村通"项目优先选择城镇周边 150 户以上的通电且没有信号障碍的村落。但 25 个国家，1 万余村落，因语言体系不同、管理体制不一、经济水平差异，因此村落的选取是一项极其复杂的任务。为此，四达时代在充分调动被选取国家的积极性后，与本地政府展开磋商，派遣调查组对各村落进行详细的考察与调研，制定了符合实际的村落选取方案。

在选定村落后，"万村通"项目的主要任务即有三个：硬件建设、节目传输、后期运营维护。在硬件建设方面，"万村通"项目为每个村落公共区域免费安装并调试 2 套太阳能投影电视系统、1 套太阳能数字电视系统，为 20 户家庭安装卫星接收系统；在节目传输方面，项目设置不少于 20 套的公共免费节目包和不少于 30 套的家庭收费节目包，这些节目包括非洲国家当地电视节目及中国影视节目等；在后期运营维护方面，在项目建设期内，四达时代为项目村落培训当地技术人员 2.2 万余人，使他们掌握卫星电视的业务知识、安装和售后服务技能，这不仅为"万村通"项目的后续运营提供人力保障，也为当地提供了大量就业机会。

项目于 2017 年 8 月于尼日利亚首都阿布贾正式启动，截至 2018 年年底，各国施工任务已基本完成，大部分国家已顺利完成各国政府的项目验收。

（二）为中非搭建连心桥

"万村通"项目得到了受援国家的普遍欢迎和大力支持。从总统到村民，"万村通"均收获了如潮好评。

赞比亚总统埃德加·伦古对此不吝赞美："'万村通'项目为赞比亚民众带来信息、教育和娱乐服务，丰富了当地生活，对赞比亚信息社会发展具有里程碑意义，也是赞中友谊的重要标志之一。"在乌干达第一夫人、教育体育部长珍妮特·穆塞韦尼看来，"万村通"给广大乌干达农村家庭搭建了一个观察、了解世界的平台。"'万村通'不仅为更多乌干达家庭提供了解世界的机会，而且通过给学校提供数字电视设备，让孩子们更好地学习成长。"在刚果（金）"万村通"项目启动仪式上，刚果（金）政府发言人兼新闻部长朗贝尔·门德也向中方表达了诚挚的感谢，他称赞该项目不仅有助于促进刚果（金）农村发展、缩小数字鸿沟、帮助刚果（金）解决就业问题，还能丰富刚果（金）普通民众的生活，让其享受全球化发展的成果。作为刚果（金）公民教育的重要延伸，该项目将帮助刚果（金）民众实现思想领域的突破。与某些国家落后刻板的合作模式不同，中国对刚果（金）的合作让刚果（金）人民切实受益，体现了互利共赢、共同发展的理念。

因为当地基础建设落后、村民经济能力有限，因此非洲不少村落的信息都相对闭塞，大多数村民都看不了电视，甚至很多村民从未见过电视机。而当为村里免费安装数字电视的消息传来，当地村民常常都兴奋得奔走相告。四达时代副总裁郭子琪说，当他们来到刚果（布）的一个城郊村里的时候，村长兴奋得拉着技术人员一同奔走在村子里，不断地向村民们介绍他们。而在选择安装设备的公共区域时，村长强烈建议他们将设备安装在村里的小学，并替孩子们表达感谢，表示他们一定会珍惜这些设备。在"万村通"中非共和国启动仪式上，当地民众观者云集，有站在皮卡车、摩托车上的，有将小孩高高托起的，也有站在墙头屋顶的，当得知中国政府将会为他们免费安装数字电视时，现场一片欢腾。类似的故事在非洲大地上的诸多村落中不断上演着。负责"万村通"项目的四达时代员工们，就这样一路收获着感动、笑脸和友谊。

"万村通"不仅为非洲农村打开了一扇窗，也为中非之间建起了一座连心桥。四达时代副总裁郭子琪表示，"万村通"项目是实现中非基础设施和文化贸易互联互通的长期工程，将使广播电视网络建设在非洲落地，进一步提升中非信息网络互联互通水平。中国主流媒体报道、中国影视剧节目等内容将通过"万村通"项目走进非洲农村家庭，让非洲民众有更多途径了解当代中国，加强中非之间的感情交流。

二、"万村通"项目实施中遇到的问题与挑战

虽然"万村通"项目受到了所在国官方的大力支持与本地民众的热烈欢迎，但是在项目实施中仍然遇到了许许多多的棘手问题。本部分以肯尼亚、赞比亚、两个国家的实施情况为样本，系统阐释与分析了"万村通"项目在非洲落地时所遇到的阻力、困难与其背后的深层原因。在这其中，肯尼亚是项目开展最为顺利的国家，其遇到的诸多问题均为项目在非洲各国落地时所遇到的共性问题；而项目在赞比亚却遇到了前期未能预见的党派博弈问题和中央政府与地方政府博弈问题。在这些共性与特殊性的背后，可以管窥我国"一带一路"倡议、中资企业"走出去"的过程中所面临的诸多阻力。

（一）"万村通"项目在肯尼亚遇到的问题与挑战

1. 项目介绍

肯尼亚"万村通"项目覆盖了全国全部 47 个郡的 800 个村，每个村落会在公共场所免费配备 1 套太阳能数字电视系统（包含太阳能电池板、太阳能电池、卫星电视接收器和 32 寸数字电视），2 套太阳能投影电视系统（每套包含太阳能电池板、太阳能电池、卫星电视接收器、扩音器和投影电视），同时会为 20 户家庭免费安装卫星电视接收系统（每套包含卫星电视接收器、机顶盒、电缆等），共计 16 000 个家庭和 2400 个公共机构将享受到免费的卫星电视服务，项目总金额约为 842.7 万美元。

2. 项目进度和安排

肯尼亚"万村通"项目于 2018 年 6 月 7 日在肯雅塔国际会议中心正式启动，2018 年 11 月 800 个村落的数字电视系统全部安装完成，2019 年 1 月项目已经通过中国政府验收，预计 8 月将会通过肯尼亚当地政府验收，9 月将会举行竣工仪式。

3. 项目开展过程中的问题和挑战

（1）交通基础设施较差带来的设备运输问题

肯尼亚大部分地区的交通基础设施十分落后，根据肯尼亚公路局数据，肯尼亚共计 160 886 公里的公路中，仅有 11 187 公里为专门铺设的道路，而 149 699 公里（93%）的道路为未铺设的土路。在长达 6 个月的雨季来临时，频发的大雨等恶劣天气往往使得道路泥泞不堪。这导致了在设备运输过程中，质量较大较不灵活的卡车经常陷入泥泞中（图 1），需要额外的人力成本去解决这一问题，而且也大大增加了运输的时间。公司也

图 1　泥泞的道路

租用了一批更加灵活的越野车来运输设备，但是其租赁费用较高，而且载货量也较低，最终导致运输成本大大增加。

此外，首都内罗毕到东北、西北其他地区的距离非常远（从首都内罗毕到东北部的曼德拉距离超过 1000 公里），这也使得运输成本高企，运输时间增加。

（2）安全问题

首先是人员安全问题，"万村通"项目涉及肯尼亚境内牧民聚集地，如 Baringo, West Pokot, Mandera, Wajir, Isiolo, Samburu, Lamu 和 Marsabit。这些地区的牧民会时不时交战，而且有大量的土匪出没，危害生命安全的恶性事件频发，严重威胁前往这些地区安装设备的技术人员的人身安全。四达时代肯尼亚公司为了保障设备安装人员的安全，与肯尼亚政府进行协商，请政府派出持枪安保人员在设备运输、安装过程中提供安全保障（图 2）。

图 2　接收器安装过程中持枪保安进行保护

其次是设备安全问题，除了上述土匪拦路抢劫等危害人身安全的情况会发生之外，还偶尔会出现村民偷盗设备的问题。为了进一步提高设备的安全，公司采取了额外的设备保护措施（如将待安装设备放入加锁的铁笼中）来保障设备的安全。这些措施获得了不错的效果，但是也增加了额外的成本。

此外，公司也为设备和安装人员购买了相应的财产、人身保险，进一步提高安全性。

（3）频繁更换缺电村落

根据世界银行数据，肯尼亚全国电网覆盖率为 56%，剩余 44% 无电网覆盖的地区中，除了很少部分的家庭会购买使用太阳能发电系统外，绝大多数家庭无电可用。无电网覆盖、无电视机的家庭是不满足设备安装要求的，然而在肯尼亚政府部门提供的电视系统安装村落/家庭名单中却会出现不满足设备安装要求的情况，这是因为在前期调研过程中，这些村落的负责人没有如实报告所在村落的实际情况。因此会出现设备安装人员千里迢迢抵达目标村落，却发现无法安装，只能无功而返的情况。公司需要经常与政府部门进行反馈和沟通，如果发现原来的目标村落不满足安装要求时，则需请政府部门寻找满足安装条件的村落进行替换。确定替换的村落后，公司还需要对其进行设备安装的调研和考察，这导致了额外的时间成本，影响了项目进度。

（4）语言不通

肯尼亚的官方语言是斯瓦西里语，根据官方数据，肯尼亚的识字率为 78%。剩余不识字的人中大部分生活在偏远的农村地区，其中有相当一部分是"万村通"项目的目标村落。不识字的人群中，大部分不会斯瓦西里语或英语而只懂当地方言（肯尼亚人方言有 17 种，包括基库尤语、坎巴语等）。这导致设备安装人员无法与这些村民正常交流，往往需要村长或者其他受教育程度较高的村民充当翻译，进而带来较高的沟通成本，也影响了项目进度。

（5）安装过程困难

偏远地区的很多村民住在茅草或泥土房屋中，设备安装人员在安装卫星电视接收器的过程中遇到很多具体的安装困难。其中最主要的困难是房屋质量稳定性较差，安装人员无法在屋顶安装接收器。为了使安装顺利进行，安装人员使用了很多创新的办法，比如设计了固定卫星电视接收器的钢管，再挖坑用水泥加固（图 3）。但是这也增加了安装成本，增加了安装时间，影响了项目进度。

图 3　使用钢管固定卫星电视接收器

（6）较难教授村民使用所安装的系统

由于大部分村民受教育程度低，尤其是一些年长的村民，他们对如何使用安装好的电视、太阳能系统一无所知。因此设备安装人员需要详细地教给村民如何使用，并留下专门的使用说明。

（二）"万村通"项目在赞比亚遇到的问题与挑战

1. 项目介绍

赞比亚"万村通"项目覆盖了全国全部 10 个省的 500 个村，覆盖 1500 个公共区域，惠及 1 万户本地居民。中国政府将为每个村庄提供两台投影机电视、一台 32 英寸的数字电视、20 台 DTH 解码器和卫星天线。投影机电视和数字电视将配备太阳能系统和 DTH 接入单元。投影机电视可在墙上投影超过 120 英寸的画面屏幕，采用 DLP 技术和 LED 光源，亮度高，功耗低。项目具体执行方为四达时代子公司顶星通信有限责任公司。四达时代提供的电视支持卫星电视无解码器信号输入，智能操作系统支持系统自动维护和升级。与 CRT 电视机相比，该数字电视机省电 50%，并配备高清 LED 屏幕类、杜比音频系统、宽电压输入、HDMI 和 USB 接口。投影机电视和数字电视将摆放在村庄的公共区域，如学校或村庄诊所，让所有的村民，尤其是孩子，都能享受到的数字电视节目。为了解决非洲农村地区的电力短缺问题，投影电视和数字电视将配备太阳能发电系统，可以支持人们在日落后无电观看 6 小时电视。该项目于 2018 年 6 月 25 日在赞比亚东部省 Vubwi 村启动，赞比亚总统埃德加·伦古亲自出席了活动并为"万村通"项目揭牌，并于 2019 年 6 月 13 日竣工。

2. 项目开展过程中的问题和挑战

虽然该项目受到了赞比亚中央政府的大力支持，但在"万村通"项目实施的过程中，除了上述在肯尼亚遇到的同类困难外，还遇到了相当多的预料之外的阻力。

（1）党派博弈问题

首先，赞比亚党派之间的博弈影响了"万村通"项目的进展。

赞比亚是多党代议制民主国家，国家元首为总统。赞比亚于1964年获得独立，之后根据1964年宪法成为共和国。赞比亚在1973年宪法出台后成为一党专政的国家。但是，由于紧张局势和反对统一民族独立党的政党垄断，赞比亚在1991年重新实行多党政治。赞比亚总统是国家元首、武装部队总司令和行政首长。宪法赋予总统直接权力，通过他的下属机构行使他的权力。副总统总统和内阁组成了行政部门。总统从民选官员中选举副总统和内阁成员。埃德加·伦古总统是赞比亚现任国家元首。虽然埃德加·伦古总统非常支持"万村通"项目，但是反对派的声音依然非常强烈。

从表1中可以看出，2015年的大选中，反对派国家发展党获得了780 168张选票，占总票数46.67%。由此可见，虽然埃德加·伦古所在的爱国阵线是赞比亚第一大党，但是他们的地位并不稳固。在赞比亚"万村通"项目的谈判中，中国政府是与埃德加·伦古政府进行的谈判，而国家发展党奉行"对手支持的，我们就要反对"原则，数次表达了反对"万村通"项目的主张。而在反对党持续的宣传和反对中，"万村通"项目在落地的过程中确实遭到了支持国家发展党人民的反对。"万村通"项目在支持其他党派的地区的推进过程中，不断遭到当地官员的拖延与阻碍，"万村通"项目俨然成为党派博弈的政治工具。

表1 2015年赞比亚总统大选得票状况

候选人	党派	得票数	百分比/%
埃德加·伦古	爱国阵线	807 925	48.33
哈凯恩德·希奇莱马	国家发展党	780 168	46.67
艾迪斯·纳瓦奎	民主与发展论坛	15 321	0.92
其他党派领导人	其他党派	68 248	4.08
总计		1 671 662	100

（2）中央政府与地方政府博弈问题

其次，中央政府与地方政府之间的博弈也减缓了"万村通"项目的进展。赞比亚是一个民主共和国，有两个层级的政府，即中央政府和地方政府。赞比亚当局于 2002 年 11 月批准了一项全国分权政策，该政策包括建立基层政府。《宪法》规定地方政府由普选基础上选出的委员会组成。在赞比亚，地方政府被称为政务委员会（council），目前有 103 个地方政务委员会——4 个较大城市（city）政务委员会、15 个较小城市（municipal）政务委员会和 84 个区域 (district) 政务委员会。选择"万村通"具体村庄的决策是中央政府决定的。国家政府的主要目的是缩小信息落差及贫富进一步两极分化的趋势。因此，国家政府主要选择了偏远地区的农村家庭。而在具体执行的过程中，一些地方政府希望更换"万村通"项目的地方，并以拒绝接受"万村通"项目为条件对中方进行威胁。赞比亚"万村通"项目的负责人表示，地方政府如此做法主要是为了获得更多的选票。一些地方政府的官员希望借助"万村通"项目获得当地选民的支持，实现其个人的政治目的。因此，在"万村通"项目具体落实过程中，顶星公司与赞比亚地方政府以及赞比亚中央政府进行了艰苦而漫长的沟通、谈判，这就大大减缓了"万村通"项目的推进。为了尽快推进"万村通"项目，一些项目也被迫更改了地点。因此，一些特别需要"万村通"项目的地区并未得到援助，反而一些相对富裕的地区获得了援助。这也使得"万村通"项目的效果打了折扣。

三、结语

自习近平主席于 2013 年提出"一带一路"合作倡议以来，中国企业纷纷响应"走出去"的号召，秉持合作共赢的信念，努力打造政治互信、经济融合、文化包容的利益共同体、命运共同体、责任共同体，在东南亚、中亚、非洲等地均取得了令世界瞩目的合作成绩。

但言易行难。也应该看到，这些成绩的背后，是无数人日日夜夜辛勤工作、不断克服困难的成果。中资企业在"走出去"开展项目建设的过程中，可能会面临预想之内与预料之外的诸多问题，如与当地政府和民众沟通的问题、企业合规经营问题、文化差异问题、恶劣的自然环境问题、基础建设落后问题、政治风险问题、安全问题、语言不通问题、所在国社会矛盾问题等挑战。而为了推进项目的顺利实施，相关负责人应当在保证人员安全的前提下，与当地政府和民众充分沟通，了解彼此诉求，理解文化差异，企业、项目应注重合规运作，注意防范法律风险，让中国企业"走出去"的步伐迈得更加坚实有力。

背景介绍

    作者贾昌旺，法学院 2017 级硕士研究生，2019 年带四达时代非洲支队前往南非开展暑期海外实践，期间开展了对南非的劳动解雇保护制度的研究，并研究了涉及若干离岸法域的信托制度的相关问题，此外，组织支队还对"万村通"项目在非洲各国的执行情况展开调研。

    作者冯硕，公共管理学院 2018 级博士研究生，2019 年随四达时代非洲支队前往赞比亚开展暑期海外实践，期间主要负责四达时代赞比亚分公司可持续经营性分析、"万村通"项目调研，并跟随四达时代赞比亚分公司工作人员进行入户市场调研。

    作者岂凡超，计算机系 2017 级博士研究生，2019 年随四达时代非洲支队前往肯尼亚开展暑期海外社会实践，期间对"万村通"项目在肯尼亚的开展情况进行了调研，同时还考察了肯尼亚手机游戏和新零售市场的发展情况。

    作者陈诗，环境学院 2017 级博士研究生，2019 年随四达时代肯尼亚支队前往肯尼亚开展暑期海外实践，期间主要负责太阳能业务市场流程优化的调研，同时也调查了"万村通"项目在肯尼亚的开展情况。

"一带一路"海外 EPC 项目风险管理分析及对策建议

——以越南和发榕桔钢铁项目为例

⊙ 朱淑媛　孟宇辰　张　智　刘培新

我国"走出去"倡议是党中央、国务院根据经济全球化新形势和国民经济发展的内在需要作出的重大决策。随着"走出去"倡议的实施，越来越多的国有企业、民营企业开展海外业务。2013 年"一带一路"倡议的提出，更是为中国企业走出国门创造了新机遇。我国的海外投资流量已从 2002 年全球排名第 26 名上升到 2016 年全球排名第 2 名，规模仅次于美国。

越南和发榕桔钢铁项目是中冶南方工程技术有限公司（简称"中冶南方"）在海外实施的首个大型钢铁基地项目，建设内容涵盖全厂总体规划及系列总承包项目等。中冶南方隶属于中国中冶集团，深入参与"一带一路"，拓展海外业务，具备海外工程项目的经验。越南地处东南亚，与中国相邻，且参与"一带一路"倡议。越来越多的中国企业在越南开展海外项目。可以说，越南和发榕桔钢铁项目是我国企业承包的典型的"一带一路"基建项目。下面以该项目为例，补充中冶南方在印度等国家的项目建设经验，可以总结出我国海外工程项目面临的主要外部风险。

一、海外 EPC 项目基本情况

（一）海外 EPC 项目风险来源

海外 EPC（engineer-procurement-construction，设计—采购—施工）项目相比其他类型的工程项目能够在一定程度上实现收益最大化，但也具有高风险且风险来源多样化的特征。提前区分辨别海外 EPC 项目的风险来源，可以为后续的风险应对提供借鉴，可有效地预测并减少风险的发生，降低风险的危害。

1. 外部风险

（1）政治经济风险

政治风险一般是指由于项目所在国政治环境变化或其与其他国家政治关系发生改变而给投资企业的经济利益带来的威胁。政治风险一般具有强制性、可控性低、敏感性强等特点，一旦风险应对不当，会直接导致项目被迫暂停或终止。在企业所面临的各类海外风险中，政治经济风险是需要考虑和面临的最重要风险。政治经济风险一般有制度管理风险、政治政策风险、经济环境风险和安全稳定风险等外在表现。制度管理风险主要涉及政府权力法制执行与监督、政策落实透明度与稳定程度、官僚主义与腐败管控和利益集团裙带关系处理。此外，由于项目所在国本身政治制度的缺陷，当出现政局不稳定甚至政权更迭时，导致其对企业投资项目的改变，选择性执行甚至拒绝执行前任政府所签署的协议合约也是重要制度管理风险之一。政治政策风险一般存在于项目东道国外交宣传、产业规划、发展导向、税收优惠、外商投资、金融财政和环境保护等政策的有利性、连续性和执行力，一般分为普适性和针对性两种。两者虽然都会对企业项目产生风险，但前者可以通过企业自身调整，通过积极与当地政府部门接触沟通适应政策变化，而后者因为政策改变本身可能涉及外交争端、贸易保护、汇率税收等政治或经济利益的原因很难由企业单独承担或应对，常需要国家层面的斡旋才能解决。经济环境风险一般是指由东道国自身原因导致经济出现剧烈震动和下滑、货币汇率变化、通货膨胀加剧或者全球及局部金融危机爆发而致使项目运作、市场营销等外部经济环境恶化而产生的风险。经济环境风险通常因资金问题影响项目的推进，直接威胁到企业的投资和成本。安全稳定风险主要是指因战争、内乱、恐怖活动、骚动冲突等暴力活动而产生的风险，它常常具有突发性、煽动性、难控性和高破坏性等特点，很可能危及项目设备及人员人身安全。

（2）社会文化风险

海外项目由于地处的国家不同，因此在社会环境、文化习俗、宗教信仰、治安状况、基础设施、基建水平等社会活动的方方面面差异巨大。与政治经济风险相比，社会文化风险常常因为受到历史文化和宗教习俗的惯性影响，而具有长期性和持久性且远大于项目建设的周期。海外项目派驻东道国的员工在同当地员工沟通协作时，由于以上方面的差异容易产生误解甚至冲突，从而使工作内容和问题处理出现偏差，阻碍了项目进程和质量的把控。

（3）自然环境风险

自然环境风险包含项目所在地自然灾害、气候环境和东道国生态环境保护要求与执行力度。自然灾害因其突发性和灾难性，属不可控性自然环境风险；气候环境和地理条件尽管不能人为改变，但可通过前期探查进行针对性的回避和设计对策，可归结为半可控性自然环境风险；而东道国的生态环境保护要求和执行力度，其风险具有一定程度的主观性和可应对性，主要受到人为主观因素影响，属于可控性自然环境风险。

海外项目所在地特别是"一带一路"沿线国家经纬度差异显著，跨越不同大洲和大洋，不同国家不同项目地的选址不同，其地理地质条件、气候环境、自然灾害种类和发生频次差异巨大。如果前期在选址过程中对地质勘探、抗自然灾害设计、设备防侵蚀抗干扰质量、突发灾害预警与预案准备、灾害发生自救与处理等方面准备不足和应对能力不够，都将会对项目施工进度、设备和整体建设安全造成无法挽回的损失。而随着人类对生态环境保护的日益重视，"先污染后治理"的发展理念已经被逐渐摒弃，各国政府和人民对于生态环境保护的要求和重视程度日渐加强。受发展水平、文化习俗的影响，不同国家对自然环境、生态保护的要求预期和管控标准差异较大且在不断变化，需要承包企业在设计和设备采购等环节进行有针对性调整。

（4）技术标准风险

技术标准的差异是海外项目常见的风险之一。由于工业工程特别是钢铁冶金行业尚未在世界范围内形成一个统一的技术标准，因此在海外工程承包项目的准备阶段就需要考量各种技术标准、单位之间的换算，尽量采用一致或接近的技术标准和规制。但在实施建设过程中，原材料与设备的选用和采购除了承包商合作的供应商外，常常需要根据业主要求进行全球采购。限于不同国家、不同标准和不同工艺水平的原材料、设备在技术参数、安装对接和施工调试需要大量的、有针对性的协调和磨合，如不能很好地协调各个技术标准下施工方式和设备的运作，则会限制甚至降低了企业的技术优势，很可能出现"一加一小于二"的现象，影响整体成果的产出和最终效能，对项目验收和企业信誉力造成不利影响。

虽然包括钢铁冶金行业在内的很多国内行业在技术水平上处于领先地位并取得了一定程度的认可，相当比例的海外项目建设施工与设备的技术标准都采用中国标准，但是多数海外项目底层基础设施、环保、安全、消防、工业卫生的内容必须按照东道国标准执行验收。在招标设计过程中限于时间进度和成本，常会对不同环节的标准采用产生偏差和遗漏。业主在选择技术监理时也通常选择第三国第三方工程企业，在对不同技术标准的理解执行上也存在不同，经常需要业主、总包方、施工方、监理方等多方反复协调、修改和妥协，给项目建设带来相应的风险。

2. 内部风险

（1）战略规划与顶层设计风险

不同于日常运作和具体项目管理，一个公司的战略发展规划和顶层设计需要从全局的角度考量企业的未来发展，帮助企业明确今后的核心利益及目标方向。与国内项目不同，企业海外项目在发展的战略规划和顶层设计过程中需要将国家对外发展战略导向、国际市场宏观需求及自身国际竞争力的优势和劣势做更多考量，以便解决当下存在的阻碍企业海外项目战略目标的主要矛盾和困难，让企业能够在海外市场站稳脚跟。特别是对钢铁冶金等传统工业来说，还需要对涉及国家的整体发展情况、基础设施建设及工业发展需求、政治法律及宗教文化友好程度进行全方位的细致考量。战略部署和顶层设计的风险具有全局性和根本性，一旦企业海外发展战略出现形势误判和重大失误，将直接危及企业的生死存亡。

（2）财务风险

由于海外 EPC 项目涉及金额大，项目的财务风险直接关系到企业海外项目的收益情况，良好的财务资金管理是企业稳定运转的基础。一方面，对于总包方来说，业主在项目资金不同结算时间点的守信程度、业主本身的财务状况及外界金融环境稳定程度都会对总包企业的负债率、资金流等财务现状造成一定的风险；另一方面，海外项目因为总承包方及施工企业同项目东道国在财会及税法制度的不同，经常会引起筹资、成本把控、设备货物清关等风险。此外，海外项目本身财会内容繁杂，财务管理难度较大，且财务管理部门通常留驻国内，在沟通时效性差、现场情况把控补助及财务风险难以及时控制。

（3）采购、招投标与合同风险

项目采购、招投标和合同签订是项目施工建设与进度顺利进行的前提和保障。物资原材料与设备的采购既要满足项目标准要求和进度要求，还要满足施工过程中的技术条件和成本控制。在采购过程中涉及供应商选择、物流运输、船期安排、运输货损、保险信用证、滞港仓储、海关及责任划分，属地化采购又涉及合同签订、成本税费、折价汇率、质量标准、供应量及价格波动等事项所包含的风险都对企业的采购管理制度提出更高的要求。

开展招投标工作的目的在于明确项目业主与承包商之间的合作关系，通过招投标的形式进行双方选择来达到业主与承包商的互利共赢。但由于工程项目建设涉及金额较大牵扯利益广泛，常常出现政治力量、商业巨头或项目工作人员借助权力、信息的便利性对项目招投标与采购活动进行影响和干扰，损害了项目运作的公平公正和双方利益。此外，招投标本身涉及很多法律、商务、技术标准等专业领域，对相关人才的专业知识和经验要求较高，但我国相关专业人才的缺口较大，从根本上导致了招投标工作各环节问题考虑和评价方式的不周全，严重影响了企业海外项目进程和利益。

EPC 项目合同涉及整个建设的设计、采购、施工等庞大而复杂的流程。在合同谈判和签署过程中，一旦对项目合同各类款项、技术方案、工程标准、采购流程与物流、保函条件、翻译描述、分包方式、施工进程、法律纠纷、违约责任划分、验收标准、支付结算方式与节点等各个环节的条款内容范围有所纰漏或描述模糊，都会给合同执行、项目工期和企业利益带来很多的不确定性。合同签订隐含的风险一旦产生，需要后续花费大量的时间精力、人力物力去重新协商协调，对企业效益和形象都会产生很多不必要的额外成本与不良影响。

（4）项目管理运作风险

工程项目管理运作风险一般在项目设计准备、施工建设期间及运营维护阶段都有较为明显的体现，它包括项目管理团队对业主和企业内部人员在设计图纸策划、操作施工规范、规章制度遵守、沟通谈判合作、生活后勤保障等人员工作方方面面的把控，管理团队本身是否具有相当的管理、协调和组织能力，以及总包企业内部的管理和控制体系能否有效应对项目实施过程中各方面复杂的问题和风险。例如，通过实践调查发现，国内公司在海外项目设计中遗漏的信息成为对项目后期施工建设进度影响最大的风险。在项目施工建设开始以后，设计中遗漏的设施和结构，需要在保证整体质量和不影响其他结构设备的情况下现场重新调整设计，缺失的设备需要紧急采购和运输并需要同业主和其他施工承包方重新谈判协调，这都会对工期和成本费用造成难以估计的损失。

任何工程项目的安全质量一定是设计建设的重中之重。海外投资项目建设特别是钢铁冶金行业对落实国家"一带一路""走出去""产能输出"等至关重要，其建设质量安全对于企业品牌形象和国际影响力起着决定性作用。设计施工质量、人员操作水准、安全措施、设备调试、技术标准融合、安全培训制度与事故险情处理的措施和落实都会产生相应的项目管理运作风险。

（5）人力资源管理风险

以人力资源管理为代表的风险在先期较难被及时识别，需要从不同角度分析、评估人力资源管理全过程可能存在的风险来源。项目人力资源管理一般分为人力资源初期规划及岗位编制、招聘引进及配置管理、项目培训及团队建设、薪酬绩效与规章奖惩等环节。在海外项目的人力资源管理中，每一个环节都可能因为无法充分掌握东道国的劳动法规、用工要求、人力资源市场等信息而产生用人和管理上的困难。特别是在属地化用工管理的过程中，由于受到东道国国民的教育水平、劳动力质量、工作地点、风俗习惯、宗教文化以及海外用工环境特殊、语言不同交流困难、问题矛盾容易放大、用工企业属地化管理体系和经验不足等影响因素的制约，会给海外项目的人力资源管理带来极大的风险。

此外，企业内部对项目所在地国家特征、民族文化的研究，完善人力资源管理体系和制度建设、加强海外管理和专业技能培训、健全薪金绩效和员工激励制度、增强企业文化和员工凝聚力的应对建设也成为制约影响人力资源管理风险管控的重要指标。

（二）海外 EPC 项目风险管理体系

在战略层面深入思考、在策略层面积极应对是企业建立风险管理体系，保障风险管理总体目标实现的重要过程和方法。由此，企业才能掌握风险管理的关键原则，形成适应企业风险管理情况的有效方法论和管理体系。海外 EPC 项目的风险管理体系应当在充分了解把握 EPC 项目整个生命周期的基础上，针对项目全周期的各个环节，遵照项目应对原则和依据，完善合理的风险对策，从而构建起完整的风险管理框架和体系（图 1）。

1. EPC 工程承包项目生命周期

根据经典 EPC 国际工程项目承包模式的主要内容可以将项目整个生命周期划分为 4 个阶段（表 1）：①根据业主项目信息和意向要求，以完成技术评价、财务审核、项目谈判及合同签订等为主要环节的项目评估阶段；②根据合同要求和总承包流程，以项目部组建、融资分包、前期调研及组织沟通为主要环节的准备实施阶段；③根据项目准备情况和进度安排，以设计优化、材料采购、设备展开、施工运输和土建安装等为主要环节的建设施工阶段；④根据项目已完成情况和验收要求，以试车联调、参数优化、考核验收、责任期维护和结算尾款等为主要环节的验收维护阶段。项目阶段都层层递进，需要总包商具有很强的整体把控和协调能力，任何一个环节的风险如不能及时发现并采取应对措施，都会对下一环节甚至整个项目的周期进程造成不良影响。

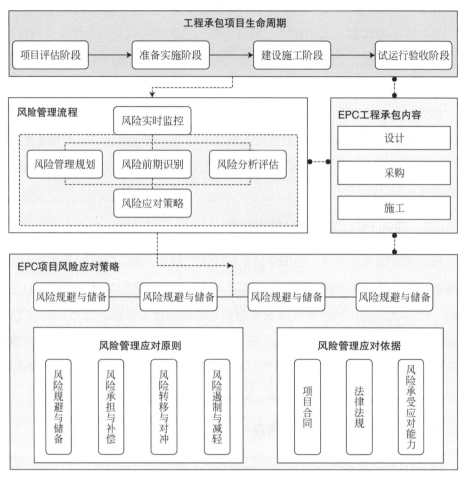

图 1　海外 EPC 项目风险管理体系框架

表 1　EPC 工程项目承包模式主要内容

项目评估阶段	准备实施阶段	建设施工阶段	验收维护阶段
技术评价	项目部组建	设计优化	试车联调
财务审核	融资分包	材料采购	参数优化
项目谈判	前期调研	设备展开	考核验收
合同签订	组织沟通	施工运输	责任期维护
		土建安装	结算尾款

2. 风险管理流程

（1）风险管理规划

EPC 项目需要在建设生命周期的初期，根据项目要求和内容对整个周期的风险管理过程作出部署和决策，完成风险管理规划，制定风险管理指导政策文件和管理办法，明确管理职责。

（2）风险前期识别

风险识别是风险管理的基础。它需要循环往复，是贯穿项目始终的过程。它需要在收集资料和调查研究的前提下，对潜在的未发生和已存在的风险进行客观系统的归类和识别。常用的方法有德尔菲法（专家调查法）、情景分析法、SWOT 法、核对表法等。

（3）风险分析评估

在进行风险识别后，以识别结果为基础，结合项目实际情况全面考虑，分析评估风险发生的概率，定量或定性的衡量风险危害程度，比较风险发生后不同应对方法对项目执行和成本收益的影响程度，以便确定下一步应对措施。

（4）风险应对策略

根据风险管理规划要求，在对 EPC 风险进行识别和分析评估后，通过权衡风险实际情况和项目风险应对预案对所遇风险的适应性，以保障项目目标和建设进度，控制风险过大和成本收益损失，最大限度减少风险不良影响为目标，对风险采取有效应对策略的过程。

（5）风险实时监控

项目风险的监控需要及时掌握风险识别和分析评估的结果，追踪风险事件的发生和风险应对措施是否行之有效，把握风险管理过程出现的问题并及时调整应对方案。风险监控作为及时掌握跟踪风险的重要手段，应融入贯穿到项目生命周期的每一个环节之中。

3. 风险管理应对原则

（1）预先性原则

风险的发生一定会伴随相应的损失，因此，应对风险的最好办法就是提前预防。特别是对于已经识别评估并经历过的风险，需要及时总结风险产生和应对不足的原因，避免类似的风险再次发生。

（2）动态性原则

在不同国家不同项目中遇到的风险大多不同，即使同一项目的同种风险也会随着时间进度的发展而不断变化，因而风险的应对也应该具有相应的动态性，以便不断适应风险的改变。

（3）及时性原则

部分风险在爆发前会有相应的预兆，这就需要企业建立一个有效的风险监控机制能够及时地识别评估风险，以便做后续的应对。对于已经发生的风险越及时采取措施，越能将风险的影响降到最低。

（4）有效性原则

对于风险需要采取行而有效的措施来应对，从本质上了解风险产生的原因，而不是仅仅在表面上解决风险。否则，风险的根本隐患并没有排除，反而还可能引发新的风险。

4. 风险管理应对依据

（1）项目合同

EPC 总承包项目合同作为项目实施的重要依据，涵盖了项目建设的方方面面，因此所有的应对依据都应以项目合同为基础。

（2）法律法规

海外项目建设除了要遵守国内法律法规，还需要严格遵守项目所在地的法律法规，一切活动包括风险的应对都需要在法律法规的允许范围内开展。

（3）风险承受和应对能力

在风险管理过程中，企业对于风险的承受能力是风险管理建设根本出发点，企业对风险的应对能力是风险管理活动的主要依据。

5. EPC 项目风险应对策略

（1）风险规避与储备

停止、取消在项目设计实施过程中可能产生风险的设计环节、技术设备、施工方案等内容，是防止风险发生的最本质办法；合理地规避可能发生风险的环节，可以为后续工程施工节约大量成本和时间。但实际项目实施不可能取消所有项目环节，只要项目实施一定会有风险相伴。因此，需要对已识别或可能发生的风险进行储备，尽可能多地采取预防措施，做好预备方案。

（2）风险承担与补偿

对于未能辨识预防已经发生的风险，在确认风险发生原因和责任主体后，应采取接受风险并承担风险后果的态度与应对方式。适当合理地承担风险后果，是企业责任与信誉的良好体现。此外，通过主动承担一定风险，对风险可能造成的后果主动采取积极应对的补偿措施，可以在一定程度上弥补风险带来的不良影响。

（3）风险转移与对冲

风险可以通过利用合同、保险、第三方介入、分包等方式转移或分摊给第三方。此外，利用多种管理手段和技术，可以将风险之间的相互作用对冲实现风险影响的抵消。

（4）风险遏制与减轻

在风险发生初期甚至还未发生时，就要积极主动地从源头上消除风险发生的可能。通过提前采取有效行动减低风险发生概率和可能造成的不良影响，是一种针对风险发生概率和结果而不是风险事件本身而采取应对措施和行动的方法。

二、海外工程项目风险评估及预警机制

目前关于风险评估的文献可谓是浩如烟海，国内外众多学者都投入了大量的精力对其进行研究。目前的研究主流还是专家打分的方法。该方法便于操作，弊端是个人对于风险态度的不同会影响最终打分的结果。得克萨斯大学 Walewski 等人使用 IPRA 结构用于专家打分，打分内容有 14 大类 92 小类，涉及商业计划、

金融、税收、政治、文化、法律、项目预期、供应、设计、建设、人力、技术等。较为详细的打分表格可能对专家的要求也过高，在实际项目应用中不够现实。

根据访谈结果和文献调研，本研究聚焦于项目本身，选取对于工程项目最重要的两个变量：工期和成本，作为风险评估的主要依据。在项目推进过程中，较高层次的管理者还需要考虑企业战略、声誉、客户满意度等问题。

本研究根据工期和成本提出如下的风险评估公式对风险 j 的损失进行估计：

$$L_j = P_j(D_j \times C + C_j)$$

式中，L_j 表示风险 j 带来的损失；P_j 表示风险 j 发生的概率；D_j 表示风险 j 一旦发生拖延的工期；C 表示项目现场每天的固定成本；C_j 表示风险 j 带来的成本损失。

对项目整体风险进行估计时，可累计各风险损失值，即

$$L = \sum_j L_j$$

当总体风险损失值超出一定阈值，再由公司高层根据公司战略、客户满意度、声誉等，采用专家打分法进行决策。

企业在完善预警机制时可以建立随时间变化的风险损失条形图。当风险损失值高于一定的阈值，则进行人为干预。假设项目所在国突然政局不够稳定，那么政治风险发生的概率就会上升，进而风险损失值增大。需要注意的是，计算风险损失的各个参数不是一成不变的，需要根据历史数据和项目现场实际情况进行实时更新，才能保证监控的准确性。

三、海外工程项目外部风险及应对策略

本节将根据访谈结果，对主要外部风险进行分析，评估其对工期和成本造成的影响，并根据国内外相关案例进行横向比对，提出应对策略。

（一）文化风险

1. 风险分析

拥有海外业务的公司必须对文化风险提高重视。文化的影响是多维的，涉及市场机会、项目选择、招投标、合同签订、施工等。本研究的文化风险分析聚焦

于可能对海外业务运转产生影响的跨文化商务、社交和个人维度。

文化的定义是广泛的，在学术界其定义多达 3000 个，小到用词、手势，大到价值观、信仰，乃至家庭、集体的概念。

文化风险相对其他风险来讲，在前期准备工作充分的前提下，是非常可控的。Hofstede 等人通过长期调研，提出六维度国家文化模型，本研究将以中国在波兰投资的项目为例对其进行解释。

（1）权力的距离

权力的距离指在一个国家或者组织中，弱势成员对权力分配不平等的期待和接纳程度。在低权力距离国家，下级对上级的依赖较小，上下级之间倾向于用协商的方法解决问题，下级更容易同上级商讨问题并反驳意见。在高权力国家中，下级对上级具有较强的依赖性。在工程中业主会扮演上级的影响，在高权力集中的国家，更容易出现由于业主要求苛刻而导致的工期成本风险和腐败风险。

（2）个人主义与集体主义

个人主义与集体主义指个人的价值观、准则和信念，强调个人与集体之间的关系。在个人主义社会中，人与人关系松散，人仅照顾自己；在集体主义社会，群体通过对个人的终身保护以换取人们对于该群体的绝对忠诚。中国人普遍存在集体主义思维，表现在更加看重项目团队的利益，能够主动牺牲个人时间，为了保证工期常常加班加点；而波兰员工通常个人主义更加明显，十分厌恶加班，因此同时雇佣中国人和波兰人的项目会出现周末只有中国人加班的现象。

（3）阳刚气质与阴柔气质

决策果敢坚毅、重视物质质量的社会被称为阳刚气质社会；决策谦虚温柔、关注生活质量的社会，被称为阴柔气质社会。该维度的影响主要体现在处理公共关系上。阳刚气质使得项目各方在处理冲突时采用的手段更加激进。例如，在波兰克扣员工的工程款，将直接导致游行示威，从而造成严重后果。

（4）不确定性规避

不确定性规避指某种文化中的成员面对不确定或者未知情况感受到的威胁程度。在波兰投资时，由于某些政治因素影响，中国业主相比较波兰业主，更容

纪实篇

专题篇

案例篇

体悟篇

易提出加快工程建设的要求，而较少考虑是否可以加快的可行性。工程速度加快会造成成本浪费和工程质量不可靠等不确定因素。中国属于不确定性规避程度较低的国家，对这种不确定性感知较低，而波兰属于不确定性规避程度较高的国家，对这种不确定性感知较高，所以波兰业主会较少提出该类要求。

（5）长期导向与短期导向

长期导向意味着以培育和鼓励追求未来回报为目的；短期导向则更加注重当下。中国属于长期导向型国家，在投资时会抱有"宁愿价格低一些，哪怕赔点钱，也要拿下这个项目，从而抢占波兰市场"的想法。

（6）放纵与克制

放纵是指自由地表达个人欲望与情感；克制则是对上述情况的抑制。

2. 应对策略

我们在访谈时谈论到越南的风土人情，被访谈者倾向于聚焦在中越关系上，并且态度多为负面。在访谈中，仅有一个被访谈者给出正面的评价"越南人坚韧"。同样，越南业主在对比中国公司和西马克印度分公司时，也表示印度人表现得更有耐心。这可能是文化风险应对失效的一个体现。

若想对文化风险进行有效应对，首先要对项目所在国的民族特性进行一个充分的调研。调研的内容应当全面，要结合案头调研和实地调研。案头调研可参照六维度国家文化模型进行。该模型被广泛应用于各国的民族特性研究中，因此相对来讲资料丰富。实地调研可以选择具有双重文化背景的人，从而使得调研省时省力，且相对准确。对民族特性有了充分调研后，可以更加容易规避由于文化风险引发的社会风险、工期风险、沟通风险等。

沟通风险是文化风险中常见的风险。由于文化背景不同，对同一个信息的理解往往也会产生差异，甚至得出截然不同的结论。沟通涉及方方面面，文字、语言、手势，甚至是语音、语调。因此在应对沟通风险时，企业需要对员工进行跨文化沟通和社交礼仪的培训，提高员工的文化素养。中国人一直以勤劳能干闻名于世，但是在商务合作中，也需要注重社交礼仪。这往往能获得事半功倍的效果。

应对文化风险还应当注意打造企业品牌。企业在全球范围内优化配置资源，获得市场机遇并合理规避风险的过程中能够运用的最有效、最独特的资源就是品牌。2014 年，国资委就印发了《关于加强中央企业品牌建设的指导意见》，进一步加强顶层设计、战略部署和考核评价，积极推动中央企业加大品牌建设工作力度，提高品牌建设能力。在访谈中我们也了解到，由于中国"三鹿奶粉"等负面报道，越南人对中国品牌并不完全信任。提高商品质量才是企业能够继续做大做强的立身之本，树立国际口碑，可以更好地抵御风险。

企业还应当注意建设项目所在国的社交网络。社交网络这一概念在寻找市场机会中的影响至关重要。在世界范围内，招投标的方法步骤基本相同，都是首先寻找竞标者，然后按照事先给定的标准进行评估。然而，各国给竞标者的准备时间不同。比如北美的公共项目，会公开招标并且给予每个竞标者公平的机会，但是在大部分国家，潜在项目的机会都是通过社交网络进行传播的，优先得到项目消息的竞标者会具有更多的准备时间。各国的社交网络存在不同的模式。社交网络还有助于识别项目的利益相关方、项目所在国在世界上的经济地位、专业领域的历史等问题。

（二）经济风险

1. 风险分析

经济风险既包含汇率风险，也包含由于经济环境变动导致的原材料价格上涨等风险。

在全球经济不稳定的情况下，在浮动汇率国家，海外项目的汇率风险应该引起足够的重视。如果缺失汇率风险管理，项目将直接暴露在汇率风险中，会导致合同额缩水，进而引发一系列问题。关于汇率风险的危害无须赘言，且该风险发生的概率较高，危害较大。

原材料上涨的风险与汇率风险类似，受到外部经济环境的影响，但是相对汇率风险而言，其发生的概率比较低，具有更强的可预测性。在访谈中我们也得知，带来较大危害的原材料上涨事件可能十年难遇。

2. 应对策略

经济风险的应对策略和管理方法较多，然而在选择时受到成本、税务、会计惯例、监管等因素的影响。本节将常用经济风险的应对策略和管理方法总结如下。

（1）净额支付（payment netting）

这是一种在跨国工程项目中常见的方法，通过联系不同国家的公司进行双边或者多边支付，从而减少换汇带来的成本。这种方法需要有一个强有力的资金管理中心，因此更适用于跨国公司的不同子公司，多用于应对汇率风险。

（2）预付（prepayment）

付款一般会持续整个工期，但是如果付款方预见到汇率会升高，可以通过预付款的方式规避这一损失，进而将汇率风险转移给收款方。但是这可能限制了付款方的现金流，且在规避风险的同时，也规避了汇率下降带来的收益。

（3）保险（insurance）

保险是各类风险应对的最基本方法。但是根据经验，使用保险可能会带来较高的成本，使用金融衍生品对冲可能是更优的选择。

（4）期货合约（futures contracts）

期货合约是指买方同意在一段指定时间之后按特定价格接收某种资产，卖方同意在一段指定时间之后按特定价格交付某种资产的协议。双方同意将来交易时使用的价格称为期货价格。双方将来必须进行交易的指定日期称为结算日或交割日。双方同意交换的资产称为"标的"。如果投资者通过买入期货合约（即同意在将来日期买入）在市场上取得一个头寸，则称多头头寸或在期货上做多。相反，如果投资者取得的头寸是卖出期货合约（即承担将来卖出的合约责任），则称空头头寸或在期货上做空。标的既可以是货币也可以是原材料，使用这种风险规避方法，既可以保留价格往利好方向变动的红利，也可以规避损失。

（5）远期合约（forward contracts）

远期合约是指交易双方约定在未来的某一确定时间，以确定的价格买卖一定数量的某种金融资产的合约。合约规定交易的标的物、有效期和交割时的执行价格等内容，是一种保值工具，也是必须履行的协议。远期合约主要有远期利率协议、远期外汇合约、远期股票合约。合约价格可以预先确定或在交割时确定。远期合约和期货合同类似，由于是场外交易，价格普遍低于期货合同，也因此存在一定的风险。

（1）~（5）是我国公司发展海外业务常见的经济风险规避方法。

（6）供应链风险分担（supply chain risk sharing）

在访谈中我们了解到，对于原材料价格变动的应对策略是供应链不同部分共同分担风险。如果施工单位遇到原材料上涨等问题，承包商会协调业主等给予物料或者资金补贴，整个供应链共同承担应对风险，确保进度的如期完成。

（三）物流风险

1. 风险分析

在一般的施工总承包模式下，物流工作需要实现从起运到盘点入库等过程，涉及的项目较多，对实际管理水平的要求也比较高。在货物运输之前，首先需要确定好物流承运人及货运代理，之后通知对应工厂准备货物，在起运之前需要完善好报关报检手续资料。港口验货时，应对不合格或缺失的设备材料进行及时替换和补充，对所运输的货物进行安全包装及质量检验。施工单位及货运代理双方应就设备所涉及的运输工具、费用等进行协商，并对货物购买货运险。随后，进行装船启运，并及时发起运输通知。其次，获取海运提单，办理产地证明、制单、清关等手续。再次，到达工程所在国港口时进行货物清关卸载，并按照前期规划方案进行内陆运输，同时施工现场仓库管理相关人员对于货物进行现场清点及质量检验。最后，如涉及质量问题及物流问题时，应按照签订合同进行合理索赔，无问题则履行合同并进行物流归档。

上述环节存在的风险较多，如果运输衔接不当会造成运期延误，造成这种现象的原因主要有：其一，交货没有按照双方协商的时间完成集港，导致货物被甩，从而需要承担高额的堆存费用；其二，则是由于天气及其他原因造成船舶在运输过程中，停留时间过长，或无法靠泊装货，导致在内陆运输工具无法及时释放（例如车船直取情况），这也会产生高额的压车（船）费用；其三，则是在报关时，

纪实篇

专题篇

案例篇

体悟篇

由于实际运输货物与申报项目不符或其中夹带其他物品导致船舶无法顺利通关，使得货物不能及时发运，影响到工程现场施工。由于项目所在地供应链不够完整，临时补货造成的工期损失也非常大。

2. 应对策略

在访谈中，中方工作人员对于物流风险感触颇深，印度公司的员工则认为这是常见的情况，不认为这是风险。本研究通过对跨国公司物流案例的分析，总结了以下应对策略。

（1）实行专业分包

一般在使用国际物流的过程中，由于实际国情的不同，往往会采用专业分包的方式，以节省实际费用，避免人员及资源的浪费。因此，在选择物流分包商之前，必须对其资格进行严格审验，以确保其当前的工作能力符合实际物流项目预期。一般而言，涉及以下几个方面：其一，公司具有承担此类或相似项目的经验及相关团队；其二，公司所出具的价格及服务内容具有一定的性价比；其三，公司在业内的信誉较高。在此基础上选择合理的分包商，可以确保实际运输更加高效，节省实际运输成本，为合理分担风险发挥有效作用。摩托罗拉公司按照"5+2"模式确定物流商，即 5 家货运代理企业和 2 家快递服务商，物流业务量分配遵循"80/20"原则，即服务好的物流公司承担 80% 的业务，稍次的公司拿到 20% 的业务，保证某些重要线路上有两家物流商同时服务，保持一定弹性，避免风险。

（2）强化物流监督

监督是确保工程质量的重要举措，对于物流工程也不例外。因此，我们可以选择对相关管理规定熟悉并对此类项目具有较为丰富经验的负责任人员对物流单位进行监管。不论是在进口还是出口过程中，其都负责设备的催交、指导港口工作人员进行合理装卸。同时在启运之前和每次转运过程中，其都要及时检查货物的质量、数量，为避免损失及减少入关风险打下基础。

（3）加强文件管理

在国际物流中往往会涉及信息流、资金流等类资源的快速流动，只有当项目所参与的各方保持信息一致性，才能避免出现因沟通不畅造成的实际损失，也能够在问题出现之后及时的解决及调控。其中，文件的管理是物流管理重要组成部分。由于采购合同、物流合同、报关文件及清关单证等类单据，是进行国际物流不可缺失的重要组成部分和信息依据，因此，必须制定合理方案进行文件管理。目前中冶南方公司已有物流管理平台，可以发挥监督管理的作用。

（4）建立全球供应链

西马克印度分公司的供应商遍布全球，在越南也有长期合作的供应商，一旦出现临时缺货等情况，可以通过全球供应链进行补货，缩短了采购和物流时间。海尔现代物流曾被授予"中国物流示范基地"美誉，创造性地提出了"一流三网"管理模式，即"一流"是以订单信息流为中心，"三网"分别是全球供应链资源网络、全球配送资源网络和计算机信息网络。"三网"同步流动，为订单信息流的增值提供了支持。由于强大的全球供应链网络和全球配送网络，海尔能够快速满足用户需求。

（四）不可控风险

1. 政治法律风险

在海外项目中，地缘政治影响较为常见，且不易预测，往往会造成较大损失。如果是主权国家，一旦企业利益与所在国利益发生冲突，企业存在被取消优惠政策、调整税收，甚至被取缔经营权的风险。企业可以找好当地的合作伙伴，关注当地的政治和法律的变化，了解政府动态，多联络、多沟通，并与中国政府和驻外机构保持密切联系，争取在经营环境有变化时掌握主动权。

2. 资源和基础设施风险

海外项目需要对当地的水源、电力、道路和港口等基础设施了解准确。有时国外项目业主为了获得资金支持提供虚假的资料，或者过时的资源储量数据，误导国内投资者，从而造成损失。在和发榕桔钢铁项目中出现的土建建设不足导致工期延缓的情况，也属于该类风险。企业在面对资源和基础设施较差的项目，只能提高自己的风险应对能力，设计更多的弹性空间。

3. 验收标准风险

由于各国标准不同，海外项目的验收标准风险广泛存在。在和发榕桔钢铁项目中，由于越南业主、中国企业和西马克印度分公司的存在，实际存在三种标准：欧洲标准、中国标准和业主尚不明晰的标准。此时的应对策略是提前编制相关验收文件，并参照总包合同和行业标准拟定判定标准。目前中冶南方公司已经拥有各国标准库，可以利用起来。

四、结论与展望

本研究总结了海外工程项目常见的外部风险，详细介绍了文化风险、经济风险和物流风险等可控风险的相关案例和应对措施，简要介绍了政治法律风险、资源和基础设施风险、验收标准风险等不可控风险的应对策略。此外，在调研过程中我们也得到一些风险管理外的启发。

（1）提升企业软实力

软实力概念较大，非物质要素构建的实力都是软实力。中国企业员工通常比较务实，忽视对品牌和实力的宣传。被访谈者也谈到印度人更善于包装，这是中国企业需要学习的地方。另外，中国企业也应该提升产品宣传模式。西马克公司可以将设计图纸通过 3D 模型精细地展示出来，由于设计精细，获得了越南业主更多的信任，而中国企业的图纸相对不够精细，有些地方仍按照国内惯例执行，这也是越南业主有时对中国企业不够信任的原因。

（2）进行精细化管理

钢铁行业管理相对粗放，如果逐渐采用精细化管理，可以有效提升企业管理能力，对各项工作加以全盘规划和执行。精细化管理可以将工作的各个细节进行有效分解，在此基础上可以强化考核制度，使得工作精益求精。可以说，明确严格的考核制度是精细化管理的关键步骤，可以有效保证员工各司其职、责任到人。

（3）借助数字化、信息化技术，打造各类资源库

由于图纸不够精细，会出现设计遗漏的情况，因此可以通过建立设计库，将设计常见问题进行整理，也可以将面对各类情况的应对方法放置在库里，形成信息平台，供其他的项目参考。在访谈中我们也了解到，中冶南方公司已经拥有质量案例资源库等，可以进一步分类维护，使其运转起来。

由于研究时间和海外工程项目案例数量的限制，本研究提出的风险评估模型后续还要通过实际数据的验证，从而提高此类研究的可信度。

背景介绍

作者朱淑媛，工业工程系 2017 级博士研究生，2019 年随中冶集团越南支队前往越南和发榕桔钢铁厂开展暑期海外实践，期间参与调研和发榕桔钢铁项目，该项目由越南民营企业和发集团投资，中冶南方作为项目总承包商，承揽项目工程的设计、采购和施工环节，是我国企业"走出去"战略中，实现自主核心工艺与装备技术输出的典范。

作者孟宇辰，地学系 2017 级博士研究生，2019 年随中冶集团越南支队前往越南开展暑期海外实践，期间对和发榕桔钢铁项目在越南的开展情况进行了调研。

作者张智，建筑学院 2017 级博士研究生，2019 年随中冶集团越南支队前往越南开展暑期海外实践，期间针对中冶南方海外项目人力资源属地化管理问题撰写报告并提出建议。

作者刘培新，经济管理学院 2018 级博士研究生，2019 年随中冶集团越南支队前往越南开展暑期海外实践，期间针对越南和发榕桔钢铁项目开展调研，并撰写题为《中国海外投资及市场概述》实践报告。

纪实篇

专题篇

案例篇

体悟篇

中资企业在非洲本地社会关系分析及对策建议

——以中国武夷肯尼亚分公司的实践为例

◉ 冯理达　李亚冬　金　燊　信　宁　李　论

　　自"一带一路"倡议提出以来，中非之间的经贸合作快速发展，一批竞争力强的优秀中国企业来到非洲大陆，推动了中非关系的深化发展。在"一带一路"框架下，中国企业在非洲实施的项目，以道路、桥梁、港口等基础设施项目为主，这些项目同当地人民关系密切、影响广泛，同时又牵扯到了多方利益，因此如何处理好项目周边关系成为中国企业参与"一带一路"建设能否走向"工笔画"，实现"民心相通"的关键。

　　中国武夷实业股份有限公司（简称"中国武夷"）是福建省最早"走出去"的企业之一，2002 年，该公司进驻肯尼亚，开始了在东非市场的布局。几十年来，中国武夷肯尼亚分公司以公路建设为主，经营范围涉及房建、电商、装修等多个领域。随着肯尼亚城市化的发展，城市面积快速扩张和人口规模急剧增长，基础设施建设为了适应城市化的需求，也开始从城中心向城郊拓展。道路施工往往会途经人口密集的地区，施工给周边群众带来了许多短时间内生活上的不便；相应地，周边居民、政府给施工也带来了不少的问题。除此之外，由于工程集中，除了中国武夷，还有其他中国企业在此进驻。所以，处理好企业所承担的项目与所在地周边的社会关系成为确保项目顺利实施的关键，也是中资企业能否完成在

"一带一路"倡议推进过程中既定角色的关键。

一、与项目周边居民的关系

肯尼亚当地的道路建设项目一般都会途经城市、郊区与乡村，项目周边居民身份复杂，包括普通工薪阶层、商人、农场主、农民、儿童等，企业的施工产生的方方面面的问题同他们的生活息息相关，因而他们也是项目在应对周边关系时面对的最主要群体。在这组关系中，最常见的问题包括环境问题、土地征用问题、安全问题等。

（一）环境问题

项目在施工过程中由于建筑材料生产、施工车辆作业等导致的环境问题主要有两种：一是噪声问题；二是粉尘问题。

对于路政工程施工而言，噪声是无法避免的。虽然在项目实施的过程中，公司会派专人对实时噪声进行检测，以确保其在合理的范围内，但随着工程的推进，由商铺、行人、施工车辆及诸多行驶车辆带来的噪声仍旧给周边居民带来了极大的困扰。因而，各个项目常常会收到来自周边居民的"抱怨信"，要求中国武夷对施工产生的噪声进行整治。

对于周边居民的抱怨，中国武夷本着希望解决问题的态度到周边住户家中走访，进行噪声检测，以确认情况是否属实，并采取相应的策略。一般情况下，主要有两种解决办法。当检测结果显示噪声确实超过了合理区间，则项目部会找到噪声源头，对噪声进行技术处理。但更多时候，对投诉者所投诉的情况调查结果是噪声处在合理范围内，遇到这种情况，项目部则多做说服解释工作，以征得当地居民的谅解。

粉尘问题同样是施工产生的负面影响之一。粉尘影响了空气质量，也引起了周边居民的大量投诉。对于这一问题，中国武夷多采用技术手段解决问题，比较典型的解决办法是使用雾炮车。比如 2017 年 10 月，中国武夷肯尼亚分公司 A104 项目部就第一次在肯尼亚引入了雾炮车来辅助现场作业，有效地抑制了粉

纪实篇

专题篇

案例篇

体悟篇

尘的产生。

有关环境问题的处理，比较典型的案例是发生在 2019 年 4 月的一起事件。据中国武夷肯尼亚分公司 A104 项目综合部主任涂雄泰介绍，2019 年 4 月，A104 项目部接到居住在 Rironi 附近的一位退休教师的抱怨信，声称 A104 项目部位于 Rironi 生产营地中的沥青塔产生了大量的粉尘和噪声，周边居民不堪其扰。起初，项目部对这一抱怨未予以足够的重视，这位投诉人在迟迟未得到回应的前提下，一怒之下将抱怨信递交到了项目的实际出资方世界银行。世界银行在收到投诉后，联系肯尼亚环保部门对项目进行了两日的停工整顿。经过这一事件，项目部及时纠正错误，两日后，项目相关负责人来到投诉人家中进行走访。经过走访发现，这位投诉人的家处于营地的上风处，因此无论是粉尘还是噪声，对于他的影响并不大，但由于他作为一名退休教师，在该地区声望很高，且其本身热衷于公共事务，因此主动承担起了代表附近居民起诉的工作。

经过项目负责人同投诉者的协商，项目部承诺将对生产营地的沥青塔进行改建。为了履行承诺，项目部耗巨资引入了干湿除尘设备，并对噪声进行控制，解决了噪声和粉尘问题。之后，项目部负责人每周都会走访投诉人家，关心其日常生活，最终不仅解决了问题，还同投诉人一家建立起了友谊。

（二）土地征用问题

据中国武夷肯尼亚分公司副总经理张妙平介绍，在道路建设施工过程中，由于施工往往需要拓宽道路，这就意味着需要使用更多的土地，而肯尼亚的土地制度决定了项目施工中对土地的使用将面临巨大困难。

根据肯尼亚宪法，肯尼亚土地被分为三种，分别是公共土地（public land）、私有土地（private land）以及集体土地（community land）。在内罗毕，大量土地属于私有土地，政府无权动用，因此政府在进行土地征用、拆迁赔偿等方面的工作时，需要长时间同土地所有者进行协商。拆迁进展缓慢，一是由于征地赔偿的流程比较复杂，所以从征地拆迁到项目继续施工的周期很长；二是近些年来不断抬高的土地价格，使土地所有者不愿意在短时间内同政府商定价格并签订合同，而是寄希望于不断拖延谈判时间，待价而沽，企图获得更高的赔偿；三是政府的失信，以往的征地赔偿款迟迟未能下发，导致周边群众对政府的不信任，不愿意出卖土地给政府。

为了避免项目受征地工作影响而耽误工期，中国武夷往往会利用以下三种方法应对征地问题：其一是"见缝插针"，即所有能开工的工作面全部同时开工，这样做可以使项目工作全面展开，减少因土地征收不下导致的长时间等待，但由于大部分工作路面不连续，无法流水化施工，施工效率因而极其低下；其二是凑工作路面，即将道路中间预留的 BRT 车道，临时改为交通便道，确保在不影响交通的情况下，在施工路段开工；其三是通过土地租赁的形式获取工作路面。这一方法又包含了两种情况：当政府未能履行其征地责任时，项目部会采取"以租代征"的方法，对于重要区域，中国武夷与居民友好协商，通过签订书面协议租赁私人土地，将此留作交通便道；当部分土地不属于政府征地范围，但需要将该土地用作便道、取土场、弃土场，或采石场时，则直接同地主接触租地。

虽然变通的做法体现了中资企业在海外开展项目时的随机应变与因地制宜，但也存在一些隐藏的问题。

首先，中国武夷在租赁土地时，对"钉子户"应对乏力，尤其是当涉及政府早先遗留下来的问题时，更是难以解决，土地租赁因而进展缓慢，例如在与某路段的一处地主访谈时，他提到他的土地在 1999 年被政府征走，但迄今政府仍拖欠其赔偿金 200 余万肯先令（约合 13 万元人民币）；此外，中国武夷肯尼亚分公司所承建的项目在征地时，政府答应他会对所征土地进行赔偿，但在地主拆除了土地上的建筑后，政府再次失信，拒绝赔付。因此在此次的征地中，该地主对政府的征地极其抵制，当项目部提出希望能够租赁他的土地时，他明确表示拒绝，并要求项目部告知政府，先把以前的欠款予以赔付，再讨论进一步征地或租地的问题。这给项目的进展带来了较大的麻烦。两位实践成员曾随 A104 项目部涂雄泰主任共同主动前去拜访这位"钉子户"，三人轮流苦口婆心地说了很多好话，但农场主仍旧不为所动，我们最后也只能讪讪离开。在谈判时，他说："我对你们公司不存在任何意见，我是对政府有意见……他们有钱去盖那些漂亮的新办公室，却没有钱支付我赔偿金……如果政府能够把钱给我，我的任何一块土地，都可以租赁给你们。"而对于中国武夷而言，帮助农场主向政府索要赔偿金，其难度可想而知。

其次，由土地产权不明晰造成的土地所有者之间的纠纷也给企业对租赁土地的使用带来了麻烦。中国武夷在租赁土地时，有时会出现土地所有人瞒报产权的情况。据涂雄泰主任介绍，2016年，A104项目部租赁一处土地当作办公营地使用，产权所有人将从母亲那里继承的一块土地租赁给了A104项目部，但是却隐瞒了其母去世前，将其中一部分土地无偿赠予附近教堂的事实。结果当项目部使用土地时，却接到了教堂方面起诉其非法占有土地的律师函，项目部不得已耗费大量时间解决此问题。另一种情况是，项目在需要临时租用一处土地做便道时，由于土地所有者去世，未能在遗嘱中将土地分配，导致其多位子女都宣称自己是该块土地的产权所有者，项目部因而只能待土地产权分配明确后，才能继续进行土地租赁工作。这一系列"剪不断理还乱"的问题对项目进度产生了较大的影响。

最后，用土地租赁的方式获取土地虽然能够推进工期，但无形之中增加了项目成本。以A104项目为例，根据项目最初同业主签署的合同，工程总造价为163.36亿肯先令，项目征地为业主全权负责，不需施工单位出资。但为了推动工程进展，获得临时的施工权，无论是"以租代征"，抑或是租赁政府征地范围以外的土地，由于所花费租金不在合同以内，因而存在巨大风险——业主可能在项目完工后不会全额承认这项开支并支付给项目部，项目因而会额外消耗巨额成本，影响项目的最终收益。最受益的往往是土地的租赁者本人，他们乐于将目前并不迫切使用的土地租赁给公司，从而获得地租补贴家用。在笔者们实习其间，经常一大早就会看到一些人三五成群地坐在项目办公室门口，主动推荐自己的地，要把土地租出去。

（三）安全问题

安全问题主要分为两个方面：交通安全和财物安全。交通安全包含同施工方车辆有关的交通事故，以及社会车辆在施工方施工路面上发生的交通事故。在肯尼亚，交通事故很可能会导致群体性事件，影响施工进度，因此以上两种情况的处理需要特别谨慎。

第一种情况，当施工方车辆卷入某场交通事故时，中国武夷肯尼亚分公司除了第一时间派人赶赴现场查看情况并保护现场、判定车辆所属、大概判定事故责任方之外，还要根据交通事故的严重程度来决定采取何种进一步的措施。如果属于轻微的交通事故，即没有人员受伤，设备轻微受损，为不影响现场工作，则双方协商赔偿，签订赔偿协议。由于肯尼亚的特殊情况，许多重大交通事故，如车辆撞死、撞伤行人，都会伴随着周边围观群众对肇事司机的包围乃至殴打，因此当遭遇重大交通事故时，为了保护司机和我方员工的安全，中国武夷会选择第一时间报警，并根据事故严重性及民众情绪决定中方员工是否先行撤离。在确保人员安全的情况下，再采取接下来的通知保险公司、将涉事车辆送往警察局检查并判定事故责任等措施。

2019 年 6 月 28 日，A104 项目曾发生一起典型事件。当日凌晨，夜班司机 Pharis 开车送另一名司机回家，在回来的路上，一名路人横穿马路，并跳过护栏，被该车撞击身亡。当司机要停车查看情况时，听到马路对面有人在喊"撞死人了"，为保障车辆及人身安全，他先将车辆开回营地，然后将车辆开到警察局报警。此时交警已接到报警并前往现场。当司机 Pharis 和另一个夜班司机 Rony 凌晨 1 点左右过去查看情况时，从半路上碰到处理该事故的警察口中得知被撞人员已经死亡。后与负责处理此案的 Kikuyu 地区警察沟通，被告知需先行支付 18 000 肯先令的费用用于出具事故报告及车检报告，在判定不是我方责任，以及车辆状况良好后，项目部方可取回车辆并将该事故移交保险公司。

第二种情况，在我施工路段发生交通事故时，中国武夷也会及时处理，排查隐患。一般情况下，在对主干道进行作业时，会提前修筑临时便道，并做好疏导交通的工作，以避免在临时便道上出现交通事故。这一方面是为了保障通行安全，另一方面是为了防止一些地方议员借口施工单位工作不到位而发难，影响施工进度。

除了交通事故之外，项目在施工过程中由于人员流动性大，社会治安条件差，因此聚集了一批偷盗团伙，偷盗案件频发。盗窃物品从施工建材到车辆，给中国武夷造成了巨大的财物损失。

为了应对这些问题，A104 项目引入了 GPS 系统和监测设备，以便及时查看车辆位置和运行、油耗状况，同时每个营地都安排了负责人，每天上下班都要清点材料使用及库存。除此之外，为了应对大规模偷盗，项目部聘请了持枪警察对项目营地以及施工现场进行巡逻，以保护设备和人员安全。

但即使如此，仍旧发生了许多失窃事件，其中一方面是当地保安责任意识不强、素质水平参差不齐导致的；另一方面是我方工人防范意识不够，给了偷盗者可乘之机。2019 年 7 月 22 日，支队成员随 A104 项目部相关负责人深夜对各个工地的夜间保安进行了查岗，结果发现几乎每个工地都有保安缺岗或未按要求佩戴工牌、电筒以及安保工具的情况，当夜共巡查了 8 个工地，应有 21 个保安，但实际仅有 11 名保安在场。同时，在查岗过程中发现，施工现场钢筋、器材等散落一地，工人收工时并未对材料进行清点、整理。位于马赛马拉的 C12 项目也曾发生过盗窃沥青的案件。在查阅监控录像时，发现摄像头角度曾被人为调高。虽怀疑有"内鬼"从中作梗，但苦于无凭无据，无法进行进一步的调查。

安全作为重中之重，是企业的基础工作。在肯尼亚，大量的基础设施工程建设引起的改道、交通拥挤和临时交通设施不规范使交通事故频发，同时许多施工现场邻近居民区，一些居民有意无意进入施工现场，生命安全无法得到充分的保障；此外，随着大量农村人口涌入城市，而缺少足够的第二、三产业岗位使城市法吸收更多的剩余劳动力，导致了大量无业游民的产生，成为城市中的不安定因素。中国武夷需要应对交通事故可能引发的民众对施工的不满情绪，保护我方员工安全，需要防止施工给周边居民带来的安全威胁，也需要防范周边无业游民对工地的偷窃或袭扰，因而安全问题构成了周边关系的重要环节。对此，企业需要以预防为主，尽力避免可能造成安全事故的因素产生。

二、同当地工会的关系

在肯尼亚，工会作为重要的政治势力，对中资企业具有较大的影响。据中国武夷肯尼亚分公司副总经理张妙平介绍，2018 年 4 月，A104 项目发生了一起非法暴力罢工事件，肯尼亚工会"木材和家具产业工人联合会"（Timber and Furniture Industries Employees Union）Kiambu 分会借口中国武夷肯尼亚分公司未按照法律规定的最低工资标准支付工人工资，煽动 100 余名当地员工举行罢工。由于该工会在诉求中对相关法律的错误引用、通过非法手段获取员工工资记录，以及未按照相关法律提前告知雇主罢工时间，项目部对工会要求予以驳斥并拒绝。工会在未能达成目的的情况下，开始组织暴力活动，通过毁坏施工现场设备、殴打和拘禁项目保安、对不参加罢工的员工进行言语威胁乃至进行人身伤害等方式来对企业施压，同时私下找到企业负责人，要求给予金钱平息事件，遭到项目部的拒绝。

工会的非法罢工极大地延缓了项目的进展。为了尽快解决问题，项目部一边积极同总公司、监理方、地方政府沟通，获得了相关方面的支持，另一边安排武装警察 24 小时待命应对突发事件，加强内部的安全管理，积极收集索赔证据，以"非法暴力攻击危害公共安全"等罪名将该工会上诉至法院，最终花费了一周时间使秩序恢复正常。不久后法院判定我方胜诉，并要求工会赔偿损失，而据了解，迄今工会仍旧对法院裁决不予理会，但自此之后，该工会再也未在该项目活动。

三、同地方政府的关系

肯尼亚作为非洲较为稳定的代议制国家，拥有一套复杂的官僚体系，中国企业在同肯尼亚官方打交道时，需要同时应对城市官僚、议会议员，以及村一级基层公务员。由于中国武夷项目众多，周边政治势力复杂，因而在处理同地方官员的关系时尤为慎重。整体而言，双方的关系显示出了既相互合作，又矛盾频发的特征。

项目部所处的社会环境复杂，许多工作都需要官方的配合才能顺利推进，牵扯到的官方主体颇多，包含了警局、村庄、国道局、水、电、劳动等相关政府部门、议会成员、司法机关等。比如 2019 年 8 月 3 日，A104 项目依照计划，对位于 Gitaru 路的跨线桥进行拆迁。当日清晨，拆迁开始，炮头车在桥上作业。随着桥梁拆卸工作的进行，桥梁架构内的钢筋也随之漏出，倾倒在废墟上，这迅速吸引了几名附近居民不顾危险，抽取钢筋到市场上卖钱。当时由于人数较少，被工作人员及时制止。为了防止大规模盗抢钢筋，经同当地警局友好协商，项目部上午雇佣了4名武装警察在现场维持秩序，因而桥梁拆卸第一天较为顺利，未出现大规模聚众哄抢钢筋的事件。

8月4日，随着拆迁工作的推进，更多的钢筋漏出，越来越多的当地居民跑到施工现场哄抢钢筋，最多时约有30人，工作人员和少量警察无法制止，项目部不得已于下午加派警力，驱逐哄抢人员，并逮捕了其中的6名，保证了施工现场的安全。

中国武夷同当地官方之间的合作关系仅仅是硬币的一面，有些地方官员有时会为了自己的私利，抓住企业希望节省时间、不想惹麻烦的心理，利用企业生产、经营方面的漏洞向企业发难，再趁机索取"好处"，这使企业和政府之间相互提防。

例如，由于路建项目施工需要运送铣刨料、土方和沥青等，每日都有许多辆运输车在施工路段上穿梭。以往偶有被国道局抓到施工车辆超重事件的发生，但2019年6月以来，A104项目被抓超重案件数量猛增，截止到7月15日，共有8辆大车因所谓的超载被抓，动辄几十万肯先令的罚款，并扣押车辆，严重影响了项目的施工进度。但事实上，中国武夷车辆运输是在本项目授权的施工路段进行的，而根据2016年7月，中国武夷同肯尼亚国道局签署的"A104项目施工合同"和相关法律，国道局有义务为项目施工提供包括特殊的或临时的为施工所必需的有效通往施工现场的路径。同时依据国道局2017年授予项目的授权信，国道局已授予中国武夷进入全部路权范围，并在该范围内行使特殊的或临时的使用相关施工地面的权利；此外，国道局由于未能解决征地拆迁问题，没能为项目施工提供必要且足够的路权范围，已经构成违约。中国武夷在国道局已经违约的情况下，无法在争议征地路段的便道上通行，只得在主路（highway）上通行，但主路属于授权于项目部的通行及施工范围，因而国道局无权在已授权中国武夷的全部路权范围内进行测重。

据了解，国道局对中国武夷运输车辆紧盯不放的原因在于，肯尼亚全国上下近期开展了"整治超载"的运动，同时国道局虽然作为业主单位，但本身资金枯竭，若要维护道路、维持机构的运营，便需要更多的资金。因而趁着"整治超载"的契机，国道局将项目的运输车辆视作"摇钱树"，不断对项目车辆进行突击检查。中国武夷一方面面临着由赎回被扣车辆带来的巨额保释金，另一方面还需要应对国道局因项目部拒绝缴纳罚款而提起的诉讼。

四、同周边中国央企的关系

按照国有资产管理权限划分，国有企业可以分为中央企业和地方企业，二者同为国民经济发展的中坚力量，在中国企业"走出去"和"一带一路"倡议中，都发挥了重要且不可替代的作用。但在开拓海外市场的过程中，地方国企和央企之间如果不能妥善处理竞争关系，最终就会损害国有企业的海外盈利能力。

无论是中央企业还是地方企业，如果有一方"饥不择食"，为追求数量，"大小通吃"，哪怕压低价格也要参与竞标，就会压缩其他企业的生存空间。一些规模较小的企业无法承受低价竞争所带来的压力，即使勉强低价竞得某个项目，也因资金缺乏、无力经营，造成中小企业间存在"没项目的等死，有项目的耗死"的困境。

中国武夷肯尼亚分公司党委书记王树文向支队成员介绍，在肯尼亚的项目中出现的许多难以解决的问题都是由当初企业低价竞标导致的，许多开支也是能省则省。目前，激烈的国企竞争成为困扰中国武夷肯尼亚分公司发展的问题根源之一。

五、经验与结论

从进入肯尼亚以来，中国武夷在项目进展的过程中遇到了诸多的难题，但同时也在其中积累了许多宝贵的经验，主要包括以下五点：

第一，中资企业在处理相关周边社会问题时，应采取本土化的处理策略，即用肯尼亚人的方式去解决问题。中国武夷的中方人员对肯尼亚社会不熟悉，且

纪实篇　专题篇　案例篇　体悟篇

不通晓肯尼亚通行的斯瓦西里语，因而在处理一些问题时难以适应肯尼亚的节奏，同时难以让肯尼亚人产生亲近感。为了使问题解决过程推动的更加顺利，A104 项目部设立了安全、社会和环境部（Security, Social & Environment Department, SSE），雇佣了一批熟悉当地社会环境的肯尼亚社会学家，来专职处理包括租地、环境、应诉、社会服务以及同地方的关系等在内的问题。这种方法取得了良好的效果：一方面解放了中方工作人员，使他们得以较为专一地处理工程项目；另一方面，推动了相关社会问题的解决。

第二，中资企业开始通过推动社会服务的参与来提升公司形象，提升在肯尼亚的影响力。中国武夷主要承担的社会责任包括艾滋病防治宣传、安全教育以及其他志愿服务。艾滋病是危害人类健康的罪魁祸首之一，肯尼亚则是全球第四大艾滋病流行国，2009 年，肯尼亚政府开启了第三期肯尼亚艾滋病防治计划（The Kenya National HIV/AIDS Strategic Plan），为了配合该计划，中国武夷积极参与了艾滋病防范的宣传工作。该项工作主要包括对项目工人、职员以及邻近地区初、高中学生的艾滋病教育及防范宣传，其中涉及宣传人员培训、计生用品发放、宣传册页印刷、广告投放等多项内容，每月相关花费 20 万肯先令不等。中国武夷除了对肯尼亚的艾滋病防范工作给予了大力支持之外，还针对交通安全问题对项目附近学校的学生进行安全培训。据世界卫生组织统计，每年有 3000~13 000 名肯尼亚人死于交通事故，现有的交通安全条例被批评者认为"执行不力"，而每年死于交通事故的人中，有 39% 的行人，占死亡人数的比例最大。为了帮助青少年儿童学习交规，避免交通事故的发生，C12 项目会不定期到当地学校开展安全教育活动，引起了学校师生的积极反响。志愿服务是企业承担社会责任的另一重要组成部分。2012 年，中国武夷再次中标 A2 公路的托比－摩亚雷路段项目，这个地区旱季水源匮乏，居民用水和牲畜饮水困难，部落之间也经常因为水源而产生暴力冲突，项目部起初为了解决工程用水，挖水塘蓄水，却意外地成为方圆几公里居民取水和牲口饮水的来源。在认识到当地缺水问题的严重性后，中国武夷决定开挖更多的水塘，惠及当地社区。中国武夷肯尼亚分公司通过这些实际行动同当地政府、周边群众建立起了友好关系，树立了公司形象，产生了良好的社会效应，为工程建设创造了和谐的工作和舆论环境。

第三，中资企业要注重同地方政府关系的处理，更要注重企业自身建设。维护同地方政府的关系是为企业赢得良好经营环境必不可少的环节，虽然肯尼亚吏治腐败，但从另一方面来看，企业本身因对肯尼亚相关环境、安全政策的不熟悉或因希望节省成本导致的对部分政策的违反或打"擦边球"的行为，给了相关政府部门索贿的机会。在无法改变肯尼亚政治生态与社会环境的情况下，企业应尽力避免授人以柄。

第四，中资企业应提高法律意识，重视法务工作。肯尼亚民风尚诉，无论是政府官员、地主，还是企业雇佣的小工，都热衷请律师解决问题，而企业则缺少熟悉非洲法律的中方法务，部分中方员工法律意识不足，在遭遇法律纠纷时，往往会出现证据材料保留不充分、相关卷宗缺失或案件发生后未及时上报总公司等情况。因此，企业首先应该更加注重法律人才的引进和培养，特别是既精通中国法律，又熟悉肯尼亚法律和司法制度的法律专员，建立企业自己的法务智库，由此可以节省一大笔聘请律师的费用；其次，企业应将法务管理标准化，做好案件处理进程的台账，一方面方便企业对案件的管理和查询，以做好开庭准备，另一方面可以通过对大量案件的记录和分析，总结出有效的经验和教训；最后，应该提升中方人员的法律意识，特别是证据留存的意识，为事后协商谈判或应诉做好准备。

第五，中资企业应加强自身宣传，注重当地媒体对企业形象的影响。肯尼亚新闻媒体众多，对中企的态度也有所不同，部分媒体倾向于报道项目的负面新闻，许多媒体出于某些目的，甚至不惜造谣制造假新闻来抹黑、攻击该项目，对公司、项目形象产生了极其恶劣的影响。因此企业应加强舆论宣传，注重建立同当地媒体的关系，及时对不实报道予以驳斥，以正视听。但与此同时，一些媒体为了获得更多的收入，有时会要求企业支付一定数额的金钱，以换取报道正面消息，这时企业也应适时对其关系予以调整，以免媒体的"胃口"越来越大，企业同媒体的关系应是平等、健康的。

总之，相比欧美国家的企业，中国企业进入非洲国家时间晚、经验不足，因而在生产经营方面，面对非洲国家特有的问题时显得准备不充分。肯尼亚曾经是英国殖民地，从 1963 年独立至今，经过近 60 年代的发展，经济、政治、法律制度一方面带有英美国家的烙印，另一方面也带有其本土化特点，既有民主、法治的特征，也有腐败、低效现象。在中非共商、共建、共享"一带一路"倡议的时代背景下，大量中资企业进驻非洲，这需要企业与学界增强知识积累，对非洲国家的"潜规则"与"明规则"有充分的准备与认识，中国外交、商务部门也应该同非洲国家一道，促进中非在建立良好的营商环境方面的合作，推动"一带一路"倡议在非洲的健康发展。

背景介绍

作者冯理达，社会科学学院国际关系学系 2018 级博士研究生，2019 年带中国武夷肯尼亚支队前往肯尼亚开展暑期海外实践，期间在位于内罗毕市郊的 A104 市政公路工程项目实践，和支队同学一道跟随项目部分管领导及职工参与了土地征用谈判、夜间安全巡岗、拆迁现场秩序维护等工作。

作者李亚冬，法学院 2018 级博士研究生，2019 年随中国武夷肯尼亚支队前往肯尼亚开展暑期海外实践，期间参与完成课题、协助公司处理法律实务、参与宣传和文化交流等事务。

作者金燚，法学院 2018 级博士研究生，2019 年随中国武夷肯尼亚支队前往肯尼亚开展暑期海外实践，期间参与了 A104 项目部所涉及的法律纠纷的调解与诉讼，并撰写海外国企刑事合规方面的法律意见书。

作者信宁，法学院 2017 级硕士研究生，2019 年随中国武夷肯尼亚支队前往肯尼亚开展暑期海外实践，期间在中国武夷肯尼亚分公司 C12 项目部实习，对项目过程中的法律问题进行研究，提供法务咨询。

作者李论，公共管理学院 2016 级硕士研究生、2019 级博士研究生，2019 年随中国武夷肯尼亚支队前往肯尼亚开展暑期海外实践，期间在中国武夷肯尼亚分公司 TDB 项目部实习，针对项目施工中的公共关系问题进行观察总结。

中资企业海外本土化路径探析

——以中航国际肯尼亚项目为例

⊙ 钟 源 刘松岩

　　肯尼亚是东非地区的政治、经济、金融中心和关键地缘战略枢纽，美、英、日等国历来将其视为对非政策的重点。中肯经贸往来源远流长，早在 15 世纪，中国明代航海家郑和就已率领船队抵达了肯尼亚的马林迪、蒙巴萨等地，开启了中肯经贸合作的大门。2017 年 5 月，中肯关系提升为全面战略合作伙伴关系，双边关系处于历史最好时期。目前，肯尼亚是"一带一路"建设关键的战略支点国家以及中非产能合作"先行先试"示范国，深入研究中肯经贸合作的现状与前景将为新时期中非合作的开展提供重要借鉴。

　　中肯经贸合作的总体态势是：双边政治互信加强，文化交流加大，经济交往加深，双边贸易大幅增长。特别是，自 2006 年中非合作论坛北京峰会召开之后，两国贸易发展迅速进入快车道，至 2015 年期间，两国每年贸易总额均创历史新高，并未受金融危机冲击及金融危机后全球经济低迷的影响。从这一串数据可以看出，中肯贸易关系取得了很大的成就与进展，且势头依然良好。

　　作为海上丝绸之路自然与历史的延伸，肯尼亚已经成为中国"一带一路"倡议在非洲的重要支点，也必将成为众多中国企业"走进非洲"的首站。因此，研究中资企业在肯尼亚发展的现状及遇到的挑战，对中资企业的海外发展极具借鉴意义和战略意义。

一、中航国际在肯发展现状

中国航空技术国际控股有限公司（简称"中航国际"）是一家面向全球的控股型企业，由中国航空工业集团有限公司控股，业务包括国际业务、先进制造业、海外公共事业、服务于贸易业务等四大板块。中航国际在 60 多个国家和地区设立了 110 多家海外机构，并拥有 6 家上市公司。公司员工超过 9 万人，客户遍及 180 多个国家和地区，公司总资产规模逾 2300 亿元。 作为中国航空工业的重要组成部分，中航国际是航空工业发展的先锋队、改革的试验田，是航空工业开拓国际市场、发展相关产业、扩大国际投资的综合平台。中航国际以航空业务为核心，重点打造航空供应链集成服务体系，业务领域涵盖供应链集成服务、航空产业"互联 +"工业大数据平台、航空技术国际合作、航空标准件 / 品集成服务、航空运营与支持及招投标服务等。

（一）在肯尼亚的业务情况

目前中航国际在肯尼亚的项目主要分为四大类型：

1. 给政府提供设备

包括与军方合作，共售出 420 余辆军车和多台飞机；给税务局、海关、机场等提供集装箱监测设备；进行机场的登机桥建设等。

2. 工程建筑项目

在内罗毕当地建设了内罗毕机场、双河购物广场、UVP 大楼等，项目较多时期共有 12 个建筑工地在施工；参与肯尼亚大坝项目建设，例如蒙巴萨水坝项目；帮助肯尼亚修路，目前共有 9 条道路正在修建中。

3. 投资类项目

在肯尼亚当地投资 4.5 亿美元，建设 GTC 全球贸易中心（共有 6 栋大楼，涉及办公、生活、娱乐等多方面），并于 2020 年年底交付使用。

4. 职业教育项目

在肯尼亚全境 47 个郡县，为 154 所大中专院校提供职业教育设备升级改造、师资培训、辅助运营等服务，涉及机械加工、焊接、电子电工、汽修、农业机械、农产品加工、酒店管理等 11 个专业。

总体来说，中航国际在肯尼亚建设和投资的都是与肯尼亚民众生活息息相关的利民项目，也创造了大量的就业机会。目前肯尼亚民众对这些项目都抱有好感。每次中航国际给地方提供机床等职业教育培训设备，前往当地卸货时周围会围上一群人，并由村长代表发言，表达欢迎和支持，认为这些中国带来的工业化设备给当地的下一代带来了希望。

从项目本身来看，中航国际的项目已经在真真切切地影响着当地的民众。以企业社会责任项目 ATC 为例，ATC 项目全称是非洲职业技能挑战赛，自 2014年起，由中航国际策划、发起并资助，肯尼亚教育部与中航国际每年联合举办。ATC 大赛以"授人以渔"为出发点，着眼于非洲各国政府普遍关注的青年人缺乏职业技能、失业率居高不下的问题，希望通过举办职业技能培训及比赛，提升当地青年人的就业技能，促进教学与产业链结合。目前 ATC 大赛已成功举办至第六届，每届大赛历时两个月，采用先培训后比赛的方式进行。截至 2019 年，已有来自肯尼亚、乌干达、加纳、赞比亚、加蓬、科特迪瓦、坦桑尼亚、埃塞俄比亚 8 国的 186 所大中专院校的 700 余名参赛者接受了 ATC 的技能培训及比赛，其中有 7 所院校获得了由中航国际提供的 40 万美元的生产订单，91 名学员获得了共计 51 500 美元的现金奖励，并且有 12 名学员获得了中航国际资助的前往中国留学的机会，另外还有 45 名学员获得了在中航国际实习及工作的机会。

（二）面临的问题与挑战

但是中航国际在肯尼亚进行项目建设投资的过程中也遇到了许多困难和挑战。这主要体现在政治环境、社会环境、中肯文化差异、舆论环境等多方面。

首先，肯尼亚的政治、社会环境在一定程度上限制了项目的发展。

其次，从文化差异的角度来看，双方的文化差异导致沟通不畅，甚至在项目的一些关键数据中存在标准和理解的偏差，这给工程建设带来了极大的挑战。

此外，从整体的舆论环境来看，仍然存在很多阻碍企业项目推进的不利因素：一是西方主导的舆论环境对中资企业建设投资项目的阻碍。一些西方利益集团会有意识地借助非政府组织（NGO）的声音来控制社会舆论从而干涉项目运行，为中国企业在肯尼亚的发展设置了舆论障碍，很多非洲人会倾向于认为中资企业在当地的投资建设是一种新殖民方式。二是企业的主动传播能力较弱，缺乏对企业形象的整体建构思维。企业缺乏公关意识、经验和人才，传播渠道受限，主要依赖主流媒体，如报纸和电视，能够传达到的受众有限，没有建立起自身的传播渠道。同时，在传播内容上更多强调对对象国的经济贡献，缺少让当地社区和居民可感知的实际利益等，且不了解当地人的信息偏好，内容缺乏趣味性、人文性和关怀性等。企业自身没有鲜明的品牌意识，在项目开展过程中，缺少形象塑造的系统性意识。三是肯尼亚当地对中国的刻板印象。由于中国在建国初期比较贫穷落后，近三四十年才通过改革开放快速崛起，因而如今有一些肯尼亚人会带着固有眼光看待并无法正确认识中国的高速发展。

面对这些问题和挑战，一方面需要更加完善的国家政策的保障和支持，另一方面更需要从企业角度探讨如何更好地应对对象国社会的种种问题。因为一个能够在当地持续蓬勃发展的企业不仅是驻在国重要的经济要素，也是其不可分割的社会要素。这就需要企业进一步探索本土化路径，并增强社会舆论的影响，树立良好的企业声誉，为其在当地的持续蓬勃发展塑造有益的整体环境。

二、因地制宜落实"一带一路"倡议

（一）"一带一路"倡议的精准化传播需求

作为一项开放包容的国际合作倡议，"一带一路"是中国为国际社会提供的合作平台和公共产品，旨在"一带一路"沿线国家和地区建构责任共同体、利益共同体和命运共同体。作为国家层面顶级战略，"一带一路"也是国家建设方略，是中国在综合国力渐增后获取更多国际话语权、建构良好大国形象的新尝试。同时"一带一路"作为一个整体性的国际合作倡议，覆盖国家众多，一方面不同国家对于"一带一路"有不同的解读和诉求，另一方面不同国家的国情不同，因而在实现"政策沟通、贸易畅通、设施联通、资金融通、民心相通"这一互联互通基本方略的具体路径选择上也有所差异，这也就呼吁制定立足于对象国实际的一国一策的精准化策略，而这也同样要求中资企业的本土化发展。

（二）肯尼亚的发展机遇与需求

从整体上看，根据肯尼亚政府《2030远景规划》，其核心目标是要到2030年将肯尼亚建成新兴工业化、中等发达和具有国际竞争力的国家。肯尼亚的远期和中期发展规划均将能源、公路、铁路、港口和通信等基础设施建设视作实现经济腾飞的基本要素，列为优先发展领域，在基础设施显著改善的基础上，重点发展旅游、农业、批发零售业、制造业、采矿业、服务外包和金融服务等产业。其中主要有四大发展目标（big four plan）包括制造业发展、粮食安全、全民医保和保障住房，这是2018年初肯尼亚政府宣布的未来五年发展计划。这一发展需求为中资企业在肯的投资提供了重要的方向依据。

肯尼亚的重点和特色产业在于服务业。依托丰富的自然景观，肯尼亚旅游业的发展具有巨大潜力，但目前旅游资源并没有得到完全开发。农业是肯尼亚国民经济的支柱产业，2017年农业占该国GDP的31.5%，其三大创汇产品为茶叶、园艺产品和咖啡。肯尼亚的制造业在东非地区相对发达，国内日用消费品基本自给，独立以后发展较快，门类比较齐全，是东非地区工业较发达的国家。

肯尼亚地理位置优越，蒙巴萨港是非洲少有的深水港。作为东非的贸易中转中心之一，港口对邻国的贸易辐射能力相当强。埃塞俄比亚、索马里、苏丹、乌干达等国家的许多商人都从肯尼亚境内采购商品。

肯尼亚具有巨大的人口红利，拥有大量的廉价劳动力。一方面肯尼亚的受教育水平不高；另一方面，学校教育侧重于理论学习，实践机会较少。青年人由于普遍缺乏职业技能、失业率高居不下。但另一方面工业化的发展前景也使得肯尼亚处在重要的人才储备阶段。

与此同时，肯尼亚的基础设施仍然比较落后。在蒙内铁路建成之前，肯尼亚只有一条铁路。肯尼亚社会贫富差距严重，10%的人口拥有全国38%以上的财富，广大民众的平均工资收入较低，基本生活支出占据了家庭支出的绝大部分。肯尼亚作为非洲发展较好的国家，首都内罗毕虽被称为"东非小巴黎"，但也同时拥有非洲最大的贫民窟。因此，基础设施建设以及改善民生项目也是肯尼亚社会发展的重要需求。

（三）结合肯尼亚诉求的中企发展

由于中资企业作为"一带一路"倡议在海外坚实的执行者和推进者，同时也是驻在国重要的经济要素以及社会要素，因而总体来看它们主要肩负着三方面的任务：一是实现企业自身可持续发展；二是积极融入当地社区建设，最大限度获得利益相关者的支持；三是促进"一带一路"倡议的落实，以及通过构建良好的企业声誉塑造受欢迎的国家形象。这三方面的任务层层递进，相互依存。企业自身发展是基础，获得舆论支持是保障，实现国家倡议的落实以及塑造国家形象是最终目标。因此，当前中资企业在海外要取得成功，就需要依托"一带一路"倡议的政策扶持，将自身发展与驻在国发展需求相结合，塑造联通有效的发展环境。

以中航国际为例，目前其在肯尼亚当地取得较好收益的职教项目本身是由中航国际在肯尼亚教育部的支持下与其联合策划完成的。中航国际通过对肯尼亚社会环境深入调研，发现职业教育是当地人所需要的，因为在肯尼亚的学校教育中欠缺实践。立足于肯尼亚工业化的发展愿景，以及青年缺乏职业技能、失业率居高不下的社会现状，中航国际决定为肯尼亚提供职业教育院校升级改造的解决方案，提升院校实训硬件水平，并为教师赋能，实现本地化可持续发展。如今，培训模式已经融入肯尼亚一些职业院校和高等院校的日常教学中。据介绍，该项目还影响了肯尼亚的教学内容，机电一体化专业由中航国际在职教二期项目中引入肯尼亚，肯尼亚课程委员会批准通过了中航国际提供的机电一体化教材，此后肯尼亚职业教育的机电一体化用的都是中国的教材。通过将产业与教育相结合，不仅助力了当地社会发展，同时也在一定程度上推动了中国工业标准的输出，在资金融通之外有力地推动了民心相通。

同时，针对肯尼亚境内由西方掌控的主流媒体舆论状况，中航国际在其社会责任项目 ATC 大赛举办期间，一改中国企业以往忽视宣传的习惯，采取以下两个措施来加大宣传：一是选择与当地公关公司建立长期合作；二是选择使用第三方讲述的方式进行宣传，与 Facebook 粉丝位居肯尼亚前十的青年偶像 Teacher Wanjiku 合作，借助其媒介平台与创意资源，拓宽 ATC 宣传的影响范围。在 Facebook、Instgrams 上发布 ATC 的相关消息，点击量经常高达上万条，影响了更多的非洲青年，这是中资企业在传统的传播活动中少有的突破。ATC 在宣传上的突破，以及立足于肯尼亚发展需求的实际意义，使其在相关群体中拥有了一定的知名度，也成为很多国际友人了解中航国际的窗口。

即便如此，中航国际在项目选择、属地化管理、企业战略传播等方面的本土化仍存在许多挑战，而这些问题同样存在于其他在肯中企。

三、海外中资企业的本土化路径

（一）项目选择

首先，项目选择需要结合肯尼亚的发展需要。这不仅包括该国的发展计划，也包括其自身的资源优势、产业基础等。企业在发挥自身主业优势的同时，还要结合当地需求选择合适的发展项目，例如肯尼亚尚具有非常大发展潜力的旅游资源、农业资源、地热资源，以及需要长期投入的基础性教育、医疗工程、市政建设等改善民生项目。肯尼亚除了"2030 发展愿景"以及未来四大发展方向之外，还支持一家国有企业提出了 Brand Kenya 的国家品牌计划，其具体品牌项目包括 Made in Kenya Initiative, County Branding, Public Service Branding, The Great Debaters Contest 等，分别关注了肯尼亚制造业、郡县发展、公共服务以及青年教育。这些关注重点在一定程度上是肯尼亚通过对自身进行定位而选择的具有竞争优势与发展潜力的内容，因此在项目选择过程中也可以多加关注。此外，肯尼亚有很多先进的理念，如限塑令，但由于没有生产出可替代的产品，因此限塑令在很大程度上给人们的生活带来了不便，所以，未来中资企业在项目选择时可以建立在当地真正的需求以及具有开发潜力之处的基础上，这样视野更加开阔，更具有预见性。

其次，项目选择需要更加多元且进行项目升级。据了解，当前在肯中资企业主要开展的还是工程承包类项目，肯尼亚当地约 2/3 的大型工程是由中资企业负责。这一方面与国家政策的倾斜有关，另一方面也意味着中资企业在肯尼亚的项目选择在一定程度上仍然处在初步阶段。例如，欧美国家对肯尼亚当地的投资已经进入了媒体、通信等未来的核心领域。因此，为了实现在肯尼亚当地的项目升级，掌握更多的话语权，中资企业面临着从承包商向投资商转型、从建设商向运营商转型的重要任务。

（二）属地化经营与管理

属地化的范畴不仅在于人员，更重要的是管理理念的属地化。

首先，理念的差异是当前中资企业海外发展的重要阻碍。在理念上实现属地化即需要在现代企业管理制度的理念的基础上了解和尊重当地人的社会文化风俗，以及与人事相关的法律和政策。这需要高层管理人员跨文化的管理意识，对当地社会人文的深入了解，以及开放包容的企业文化。但同时，以现代企业管理制度为基础的管理理念的属地化并非对驻在国的一味迁就，特别是对于当地一些不符合现代企业管理规范的风俗习惯而言。

其次，用工的属地化。这也是衡量跨国公司企业社会责任业绩的重要指标。当前在肯尼亚的中企肯方员工数量已达 90%，特别是在工程承包类项目中尤为明显。但当前当地的员工多属于一线普通员工，进入管理层的当地人几乎没有。在本土化路径之下，未来员工属地化趋势将会日益明显，且会有一部分进入管理层。员工的属地化除了能降低员工成本外，还能够帮助企业更好地适应当地社会，同时也能够通过企业文化的共享，以人际传播的方式扩大企业在当地人中的知名度与认可度。企业加强管理文化的融合，可以打造团队的核心竞争力。此外，员工的属地化不仅能带动当地就业，还可以向着培养产业工人的方向发展。

此外，属地化的保障是合法合规经营，了解当地法律与规章制度，聘请当地律师，这些是企业正常运转的保障。

（三）提升企业形象传播意识，加强企业声誉管理

首先，提升企业形象传播与塑造意识。长期以来，中资企业由于更多的是与政府对接的大型工程类项目，因此往往看重的是项目所在国政府的评价，以及项目对所在国发展的价值，而对项目给所在国人民带来的民生价值认识不足。然而海外项目的顺利建设与所在国的民众支持息息相关。项目所在国政府的更迭时有发生，赢得民众的支持才是项目顺利建设的基础。这也是"一带一路"倡导"民心相通"理念的根本原因。

其次，设计具有针对性的本土化的企业传播策略。企业可以聘请专业机构对驻在国当地舆情进行调研分析，内容包括当地民众对本企业的态度、对中资企业整体的态度，以及对同类型其他国家企业的态度等；选择当地跨国企业品牌塑造的优秀案例进行对标分析；深入了解当地的媒体环境、当地人信息接收和阅读习惯、社会文化、思维方式等本土化内容，由此来选择合适的传播渠道、建构传播平台、策划传播内容。

再次，要讲好企业故事。一是明确企业自身文化和核心理念；二是针对一些暂时无法见到成效的大型项目要联合媒体一起将故事讲明白，说明项目所具有的长期效益；三是在搭建本企业传播平台之外，要善于借助其他平台的引流作用。例如，咨询受当地欢迎、具有权威性的国际组织和当地领袖的意见，与当地企业以及企业当地员工合作等。

最后，善用事件传播。除参与当地大型重要活动之外，企业的社会责任项目可以发挥非常重要的作用。企业社会责任是企业战略的重要构成，是形成和提升企业海外声誉的重要手段。它关注的是企业和社会的可持续发展，要求协调好企业与当地政府、公众和社会组织的公共关系，有效的企业社会责任项目可以构建企业与当地社区的和谐环境，赢得当地政府、社区和民众的支持与信任。

中资企业海外的社会责任不仅要对标"一带一路"的重要概念，还要具有全球公信力以及全球治理理念的联合国 SDG 的可持续发展目标。当前中国企业的海外社会责任活动虽处于起步阶段，但有些企业的社会责任活动已颇为丰富，涉及环保、扶贫、教育、医疗、用工当地化、尊重当地文化风俗等多方面。企业社会责任项目在宣传时要遵循：一是在选择中要尽量结合本企业的项目特点与发展需求，以实现其后续的可持续发展。二是对于如 ATC 此类大型企业社会责任项目可以主动宣传，在宣传过程中避免政治性解读以及经济价值的过分强调，而更多着眼于其所具有的人文关怀、对当地社区及社会发展的实际意义等，诉诸共同的价值追求。与此同时，对于不同国家，要根据其社会需求、文化特点而各有侧重。三是重视社会责任报告的编写。当前许多中资企业的社会责任报告可读性差，多自说自话，表述生硬。在避免宏大叙事的同时，挖掘、传播具有人文关怀的小故事，增强可读性，诉诸共通情感，增强价值认同。同时，丰富展示形式，运用新媒介技术，可以通过更加人性化和亲切的形式加强传播。

企业社会责任活动有利于企业形象的塑造和声誉的构建，中国企业的故事同时也是中国新时期故事的重要构成。对于中资企业而言，提升企业传播意识，加强企业声誉管理不仅能够树立良好的品牌形象，推动企业在当地的可持续发展，同时它们作为中国"一带一路"倡议的践行者，以及公共外交的重要窗口，也有利于帮助塑造良好的国家形象。

（四）对国家配套措施的建议

我们通过调研与访谈，总结出中资企业对国家配套措施的需求，具体建议如下：

在项目选择上给予央企更多主动性，同时鼓励民企发展，给予民企更多"走出去"的优惠政策，助力民企落地海外，发挥民企的独特竞争力。

在项目投资与侧重上更加多元。目前国家"一带一路"资金更多地倾斜于铁路等工程项目上，特别是优先"高铁"，可以在资金投入和优惠政策上针对不同对象国的特点给予不同的侧重。

在明确规范"一带一路"倡议相关制度、原则的基础上，给予企业在不同国家具体落实过程中更多的主动性，根据不同对象国的特点制定精准化、一国一策的行动策略；规范"一带一路"不同基金的定位，明确其适用范畴，精确管理与使用；制定中资企业推动中资企业所负责建设公共产品的标准化，使其符合国际需求。

通过位于各驻在国的大使馆在当地中资企业、非政府组织、海外侨胞之间建立联系，为中资企业的发展提供更多社会支持。有关政府部门可与相关行业协会协同合作，增强企业海外社会责任和公共外交意识；协调高校、智库和相关专业协会的力量，加强跨国大数据的调研分析，为中国企业在"一带一路"沿线国家的商业活动、社会责任和公共外交活动提供更多的专业支持。

综上可知，作为"一带一路"倡议重要的践行者，驻在国重要的经济贡献者和社会参与者，中资企业肩负着三项重任：实现企业自身可持续发展；与当地社会建立和谐公共关系，营造有益的发展环境；促进"一带一路"倡议的落实，通过构建良好的企业声誉塑造受欢迎的国家形象。为了更好地应对企业海外发展过程中遇到的问题和挑战，实现三项重任，中资企业需要探讨本土化的发展路径，而这也符合因地制宜落实"一带一路"倡议的更高要求。但与此同时也需要注意，一家成功的跨国企业的本土化历程必然会伴随着与国际化之间的协商平衡，同时中资企业的性质也决定了这一过程也必然是以服务国家发展，塑造国家形象为基本要求的。

纪实篇　专题篇　**案例篇**　体悟篇

背景介绍

作者钟源，航天航空学院 2017 级博士研究生，2019 年带中航国际肯尼亚支队前往肯尼亚内罗毕开展暑期海外实践，期间协助中航国际在内罗毕成功举办第六届非洲职业技能挑战赛，通过 5 周的培训和最终的比赛，为来自肯尼亚、加纳、加蓬、赞比亚、乌干达、科特迪瓦、埃塞俄比亚和坦桑尼亚等 17 支队伍 68 人提供专业的数控机床职业技能培训。

　　作者刘松岩，新闻与传播学院 2018 级博士研究生，2019 年前往肯尼亚开展暑期海外实践，期间协助中航国际在内罗毕成功举办第六届"非洲职业技能大赛"（Africa Tech Challenge，ATC）活动。该活动是中国驻肯尼亚大使馆"情系肯尼亚"主题系列活动之一，着眼于非洲各国政府关注的青年人职业技能缺乏、失业率高居不下的问题，通过举办职业技能培训及比赛，提升当地青年人就业技能，促进教学与产业链结合，同时打造中国企业在海外履行企业社会责任的新模式。

从"西非三峡"项目看"一带一路"的机遇与挑战

——以中水电公司几内亚项目为例

⊙ 高劲洋　侯冠杰　Pierre Do　王　克　杨文聪　叶　璐

2013 年，习近平主席先后提出"丝绸之路经济带"和"21 世纪海上丝绸之路"共同构建的重大倡议，即"一带一路"，旨在加强与其他国家的政策沟通、设施联通、贸易畅通、资金融通、民心相通。无论是对直接参与"一带一路"项目投资和建设的企业，还是对中国本身，这项倡议都存在很多未知与风险。"一带一路"沿线的大部分国家为发展中国家，基础设施相对不完善，部分国家政局不稳，法律体系差异较大，存在民族和宗教问题，这些都是中国企业在投资建设前需要评估的方面。同时，近几年"一带一路"倡议的成果初现，在全球范围提供了很多新机遇：对全人类而言，"一带一路"帮助完善了全球治理体系以及构建了人类命运共同体；对重点投资区域非洲而言，"一带一路"推动了非洲的工业化进程，早日实现了联合国消除贫困的可持续发展目标；对中国而言，"一带一路"促进了中国与沿线国家的合作和经贸发展。

本报告以中国水利电力对外有限公司在几内亚建设的水电项目为例，从号称"西非三峡"的苏阿皮蒂工程的投资、设计、建设、运营全貌中深入挖掘，发现"一带一路"普遍的机遇与风险挑战以及其具体表现，为希望了解"一带一路"的企业与个人提供参考。

一、中水电公司几内亚项目概况

（一）公司概况及海外布局

中国水利电力对外有限公司（简称"中水电公司"，英文简称"CWE"）为中国长江三峡集团有限公司的全资子公司，前身是 1955 年成立的水利电力部援外机构。作为中国水电行业最早参与国际经济合作的国有企业，中水电公司有丰富的基础设施建设经验，在国际工程承包和能源电力领域享有盛名。目前为积极响应国家"走出去"号召，中水电公司立足海外，积极投身"一带一路"沿线国家的经济建设，改善民生、履行社会责任，足迹遍及亚、非、欧、美 80 多个国家和地区。

（二）几内亚水电项目投资建设开展情况

几内亚位于非洲西部大西洋沿岸，矿藏资源丰富，铝矾土已探明储量占全球的 30%，居世界第一位。同时，几内亚水力资源丰富，素有"西非水塔"的美誉，境内有一千余条河流，水电蕴藏量达 600 万千瓦，而目前只有 2% 左右得到开发。中水电公司与几内亚的渊源始于 20 世纪六七十年代的经济援助项目，曾代表中国为几内亚修建了金康（1966 年建成）和丁基索（1976 年建成）两座至今依然在安全运行、创造效益的水电站。其中，金康水电站的图案还成为 5000 几内亚法郎纸币的背景图。

进入 21 世纪，中水电公司以 EPC 模式承建的凯乐塔水电站于 2011 年开工，2015 年按期投入运行，将几内亚的总装机容量直接翻了一番，并大大提升了全国的电网稳定性，为几内亚的经济发展奠定了坚实的基础。该工程也被称作"几内亚的三峡工程"，与配套的输电线路一同登上了几内亚最大面值的纸币——20 000 几内亚法郎的背面。

近年来，随着国家"一带一路"倡议的提出，国家鼓励企业以"投建营"的模式实施海外项目，中水电公司积极推动自身的转型，与几内亚政府以公私合营的模式（PPP 模式）共同开发苏阿皮蒂水利枢纽项目。苏阿皮蒂项目位于孔库雷河流域，凯乐塔水电站上游约 6 公里处。项目于 2021 年竣工投产后，同下游凯乐塔水电站联合调度，基本解决几内亚电力匮乏的困境，使得几内亚成为西非地区的主要电力出口国之一。

立足于几内亚市场的长期稳定发展，中水电公司于 2017 年 10 月注册成立了几内亚分公司（后变更注册为几内亚有限责任公司），统筹地区业务的同时，进一步致力于几内亚的基础设施建设，寻求多方共赢的发展机会。

二、"一带一路"投资建设所带来的机遇

（一）给所在国带来的机遇

"一带一路"项目的投资建设，对于所在国来说无疑是带来了巨大利好。"一带一路"项目不但为所在国带来了庞大的资金支持，也为其基础设施建设提供了前所未有的推动力，涉及水电、交通、通信的方方面面。这些投资建设在极大程度上提高项目所在国的基础设施水平，促进其更好地融入世界经济全球化阵营，相关的基建也为所在国提供巨大的未来收益、机遇空间。同时，相关的产业投资建设为当地人带来更多的工作岗位，有效地解决了当地的就业问题。相应地，得益于中国企业为所在国提供的技术支持，也能从一定程度上提高所在国员工的技术水平，这无疑是所在国软实力的提升。类似的潜在益处也能体现在教育、医疗等配套设施的引入。

几内亚近年的发展就是最好的体现，中几两国合作开展了几内亚电信改扩容、全国骨干网、凯乐塔水电站、苏阿皮蒂水电站、公路建设等大型项目的建设。在这其中，凯乐塔水电站、苏阿皮蒂水电站的建设离不开中水电几内亚分公司的努力付出。2015 年提前将近半年完工的凯乐塔水电站，使得几内亚首都科纳克里及其周边共 11 个省区顺利通电。当时，凯乐塔电站发电量占到几内亚全国发电量的 60% 以上，使几内亚国家的总装机容量翻番，促使几内亚进入能源自给自足的时代，也让几内亚的大部分地区的夜晚脱离漫漫黑暗。而其后开工的苏阿

纪实篇

专题篇

案例篇

体悟篇

皮蒂水电站，目前已成为几内亚最大的水利枢纽工程，建成后将解决凯乐塔电站水库容量小、旱季无法保证足额发电的问题，且其多余电能还将输送至冈比亚、塞内加尔等周边国家，不到十年的时间内，就使得几内亚由电力输入国摇身一变成为电力输出国。

中水电公司在几内亚投建营相结合，不仅为该国带来了清洁、安全、可靠的能源，还为该国带来了长远的发展机遇。一方面，库区的配套建设不容忽视——淹没区的移民安置工程为当地居民提供了更优越的住宿与生活环境，且库区道路、桥梁等都较原有水平有了质的提升，在极大程度上促进了库区与外部地区的联通。另一方面，中水电公司在几内亚建设水电站的过程中，为当地居民提供了大量的工作岗位，相比于库区的村民原本的生活模式，这为他们带来的收入都是远高于原先水平的。更值得一提的是，中水电公司着眼于水电站的长期运维，资助一批当地人前往中国学习水利电力知识，这种授人以渔的理念无疑是为几内亚当地的长期发展奠定了基础。可见，"一带一路"之于几内亚，不单是从基建方面加快该国的现代化步伐，更从知识上提高该国人民的技能，利在千秋。

（二）给中国带来的机遇

"一带一路"是中国最先提出的合作倡议，其所表达的是中国作为一个大国，建设世界命运共同体的倡议与决心。让中国基建、中国制造走出国门，在 GDP 总量占到全球 GDP 半数以上的区域大展身手，促进这些地区的发展无疑会在世界舞台上树立一个更加负责任、有担当的大国形象，也会让中国在世界舞台上更有话语权。

"一带一路"倡议让中国企业"走出去"，无论是国企还是民营企业，都有机会在海外找到自己的一席之地。"一带一路"无疑为中国企业提供了一种发展的新渠道，可以让中国成熟先进的基建、制造技术在更加旺盛的新兴市场上尽其用，并开拓更加广阔的海外市场。

中国企业此时"走出去"，在世界的舞台上竞争，也是对自身能力的一种扩展与磨炼。就如同我们从中水电公司员工口中了解到的一样，虽然在几内亚的建设过程中需要与当地员工、法国咨询进行多方合作，过程难免有些摩擦、争议，但这也使得中方员工在多方的商讨中了解到了不同国家的观点与理念，也能为自己的经营提供丰富的借鉴，这无疑是中国企业获取世界级技术，打造世界级企业，建设全球口碑声誉的必经之路。经过"一带一路"的切实发展，我们也有理由相信，在不久的将来会有更多颇具影响力的世界级企业来自中国。

三、风险挑战与应对措施

（一）经济风险

与 20 世纪 60 年代中国援建几内亚的金康水电站和丁基索水电站不同的是，凯乐塔水电站和苏阿皮蒂水电站的建设更多的是在"一带一路"政策下的商业行为，因此对工程项目的经济收益、成本和风险方面都必须有充分的考量，以保障企业的合理权益和发展活力。

苏阿皮蒂项目是中水电公司在非洲地区实施的首个 PPP 项目，其交易结构也非常复杂，涉及凯乐塔电站（2011 年由中水电公司开始建设、2015 年投产）的并购、苏阿皮蒂项目的投资开发以及苏阿皮蒂项目的融资。苏阿皮蒂项目的投资资本金为总投资的 25%，由几内亚政府和中水电公司共同出资。几内亚政府出让凯乐塔水电站部分股权给中水电公司，所获取的资金投入到建设苏阿皮蒂项目所需的资本金中，中水电公司以控股股东身份特许经营凯乐塔水电站。同时，中水电公司以参股投资的方式补足苏阿皮蒂项目资本金。资本金以外的金额由中国进出口银行提供优惠买方信贷获得。建设期间，中水电公司以 EPC 总包商的身份负责苏阿皮蒂项目的建设设施，投产后，中水电公司既作为管理方，又作为运营承包商负责苏阿皮蒂水电站的运行与维护。整体来说，对于中水电公司而言，该项目主要靠后期凯乐塔水电站和苏阿皮蒂水电站运营期间的收益为主，但事实上中水电公司在长期电站运营方面的经验并不丰富，因此该项目整体的经济风险不容忽视。为应对这一风险，中水电公司于 2017 年 10 月注册成立了几内亚分公司（后更改注册为几内亚有限责任公司），关注地区业务的长期发展，下设市场开发板块、建设板块和电站运营板块。中水电公司在建项目除了目前正在实施的苏阿皮蒂水电站以外，还有以 EPC 模式承建的林桑—弗米—康康段输变电线路项目和凯乐塔水电站运行维护项目。中水电公司通过有效的组织结构，逐步积累在几内亚进行电站和电网的建设和运营方面的经验，同时寻求更多多方共赢的项目，在为几内亚提供基础设施的同时保障企业自身的经济利益。

作为建设期间的总承包商，成本也是企业必须考虑的一个方面。在苏阿皮蒂水电站项目中，成本的控制在这两个方面表现得比较有特色：一是在用工上尽量广泛地聘用当地雇员进行工程建设；二是在材料和设备上尽量使用当地能够提供的原材料或中国国内的设备来降低成本。几内亚本身参与过类似水电工程建设的工人很少，在当地聘用工人后还需要大量的培训才能够胜任相关工作。苏阿皮蒂项目在建设高峰期有中方员工大约 1000 人，而当地员工达到了 3000 余人，尽管属地化的比例还不够高，但是已经大大节约了用工成本。几内亚本身是一个经济基础非常薄弱的国家，主要产业是农业和矿业，而像水电站建设所必需的设备制造以及钢铁，当地几乎没有任何生产能力，绝大部分需要从中国进口。在苏阿皮蒂项目中，所用水泥为几内亚当地水泥厂生产，其余材料几乎全部由国内进口，与国内供应商签订了上百个合同，不仅拉动了国内经济的发展，还促进了中国标准和中国商品走向世界，同时也降低了项目的建设成本。

（二）政治风险

政治风险是海外中资企业需要应对的一个重要挑战。很多"一带一路"沿线国家相对落后，政治不够稳定，其政治制度、政府工作方式与国内差别很大，这些都为中资企业在海外的工作带来了困难。几内亚原为法国殖民地，1958 年独立，其政治制度受法国影响很深。几内亚实行多党制，现有 124 个合法政党，主要政党包括 1 个执政党，1 个参政党，2 个反对党。几内亚政局相对稳定，但相关法律有待完善，尽管出台了一系列吸引外资的优惠政策，但几内亚政府对于相关政策的解答和落实不尽一致，给企业经营造成了一定困扰。作为重债穷国，几内亚受到西方国际货币基金组织（IMF）等国际金融机构的严格监管，借款评审的条件太多使得评审过程很漫长。

为了应对几内亚复杂的政治环境，中水电公司主动与几内亚政府进行全方位接触沟通，反馈项目的进度。在双方建立的友好互信关系下，几内亚政府十分重视支持苏阿皮蒂项目，将项目作为展现政绩的好机会，几内亚总统在 2019 年先后 5 次带周边各国总统来到苏阿皮蒂项目部和现场参观。另外，中水电公司充分发挥自身的建设经验，主动牵头推动政府合作，如水库移民工作。

此外，国内反对派和西方国家的干预和骚扰，也是中资企业面临的一大困难。一方面，几内亚政府重视苏阿皮蒂项目，并将其作为重点政绩展示，蠢蠢欲动的反对党便利用该机会针锋相对意图破坏和阻碍项目的推进，如组织工人罢工；另一方面，西方媒体对建设工程的误导性报道，在世界范围内给"一带一路"建设增添阻力。秉承不干涉内政的原则，中水电公司不会参与反对派的协商，而是聘请当地安保公司队伍进行防范，并由几内亚政府出面解决争端，中水电公司只专注于自身的工程建设。而对西方势力，目前中水电公司能做的就是将工程保质保量完成，用对国计民生实实在在的效益来应对外界的质疑。

（三）法律风险

在中资企业"走出去"的过程中，往往会因为法律环境的变化而面临着诸多风险。一方面，在投资、建设的过程中涉及的东道国的相关法律规定往往多而繁杂，包括且不限于对投资方式、税收、劳工合同、环境保护、检验检疫等方面的法律规定。加之语言上的障碍，往往难以对该国的法律环境进行足够深入、透彻的调研。另一方面，企业及企业员工在海外的具体活动既要遵守当地的法律规定，也要在自身权益受到侵犯时寻求应得的保护。

海外工程建设的过程中，有两类法律风险比较常见。第一类是当地员工管理与待遇的相关法规与国内的差异。中水电公司对当地雇员方面相当重视：一方面重视福利待遇，对几内亚雇员提供相对当地同类工作较高的薪酬，还为他们缴纳医疗保险、社会保险等保险费用，并对员工的看病费用等进行报销；另一方面，在进行与当地员工相关的工作时，中水电公司注重与几内亚政府的密切交流及协作，例如共同协商工人的工资标准，并且共同成立管理小组，既可以对当地员工进行有效的管理，又可以加强双方沟通，共同解决工作过程中产生的矛盾冲突。

第二类则是在项目开发过程中环境保护的规定与标准。几内亚于1989年颁布了《环境开发和保护法》，对企业在经营过程中涉及的对森林、动物、大气、水体的污染事故均需拟定对应的环境保护方案，并上报相关部门。同时，项目进行的过程当中也需要尽可能地减少对环境和居民的影响。与所有水电项目一样，苏阿皮蒂项目在建设过程中对石料的开采及预处理、混凝土的拌和、库区移民等工作会有一定的环境影响。中水电公司以国内及几内亚双重环保标准进行工程建设，注重在当地市场中能够长久良性的发展，尤其强调履行保护当地环境的义务，积极参与当地社区的环保卫生建设。

（四）技术风险

中国基础设施建设拥有国际领先的水平，技术和相应的规范都是受到国际认可的。在苏阿皮蒂项目中，中水电公司并没有像很多海外项目那样采用西方规范，而是采用了中国规范，在该规范下中水电公司有充分的经验及人才积累，消除了很多风险。

但海外工程涉及多个国家的不同利益方，在合作的同时可能会由于技术、思维方式、工作立场上的差异产生风险。苏阿皮蒂项目监理单位为一家法国咨询公司Tractebel，该公司对项目的某些要求和观点在中水电公司看来可能过于严苛甚至不切实际，但同时也承认他们看某些问题的角度非常新奇。Tractebel的工程师提到，欧洲文化强调提前很长时间预估问题及提出预案，比如在工程设计方面，欧洲单位习惯考虑很多未来的细节，但对于中水电公司来说，一个海外工程由于当地人员、资源、材料、设备等的缺乏，很难像在国内建设工程一样长远预估，需要针对当地条件因地制宜。另外，中水电公司的内部管理是垂直的层级结构，使得信息都是自上而下传递，Tractebel工程师认为可以有更高效的方式，比如如果有人在建设现场发现施工问题，现场员工可能需要更多的职权和工作独立性来马上解决问题。

总体而言，中水电公司与 Tractebel 的合作从凯乐塔水电站开始延续到苏阿皮蒂项目，两者构建了相互信任的合作体系，虽然在细节的实现方式上有所差异，但中水电公司技术上过硬的素质还是让工程建设一直平稳进行。中国基建经过国内外无数工程的考验，我们对中国技术与标准应该有足够的自信。

（五）管理风险

苏阿皮蒂项目管理上的风险可以分为两个方面：一是大量使用当地员工所产生的额外的风险；二是中方员工在海外工作所产生的额外的风险。

几内亚的官方语言为法语，但实际上在偏僻地区或农村，法语的普及率并不高，很多人只会说当地的土著语，语言障碍是中方员工与几方员工交流时不可忽视的问题，这给管理带来了非常大的难度。此外几内亚具有大型水电设施施工经验的人很少，在施工前需要进行大量的培训，但由于语言障碍，很多施工技能和施工安全意识都需要在施工过程中逐步摸索和培养。相对而言，中水电公司作为总承包商，所聘用的当地雇员主要从事营地的相关服务工作，例如前台、司机等，文化程度较高，能够与中方员工通过简单的法语甚至简单的汉语直接交流，复杂的交流也可以借助翻译完成。但另一方面，施工方聘用的大量当地的建设工人文化程度相对较低，法语普及度不高，前期培训的实际效果并不好，同时人数很多，管理难度很大。施工方水电三局采用的方式是由中方的施工工人带着几方的工人进行施工，在施工的过程中逐步进行考核、上岗，把建设工作逐步交给当地员工，以保证施工质量。

相比于国内工程而言，在海外工作的中方员工也面临着额外的挑战。在海外工作，很大程度上自己的一言一行都代表着国家，代表着中国国民的文明程度和文化素质，影响着两国人民之间的关系。对在海外工作的中国员工，企业不仅要进行施工技术方面的培训，还要进行行为准则、当地宗教文化方面的培训，避免在跨文化交流的过程中由于不了解而产生宗教和种族方面的问题。近些年由于"一带一路"倡议，中国企业走出国门开展海外工程的规模逐步扩大，但很多企业并未重视文化、宗教和种族问题，很多中方的员工带着偏见来到海外，在工作和生活中不自觉地破坏了两国人民的关系，带来了很多不必要的麻烦。安全风险同样是海外工程管理必须考虑的问题，一是治安方面的安全，二是卫生医疗方面的安全。几内亚的法律法规尚不健全，同时政府的工作效率较低，很多治安问题在事后无法得到妥善解决，所以提高平时的安保水平是解决治安问题的主要途径，但这也为企业带来了额外的成本。中国员工在海外工作还要面临卫生医疗方面的风险，例如在几内亚需要额外面对的传染病有疟疾、黄热等，在凯乐塔水电站建设时期还遭遇了埃博拉疫情。这方面的风险控制一是行前进行卫生培训和疫苗接种，使海外工作的员工自己养成规律的作息和良好的卫生习惯；二是针对当地特殊的疾病建立卫生所，能够对常见情况进行快速处理，避免造成更大的损失。

四、结语

通过中水电公司在几内亚进行水电项目投资建设的例子，我们看到了"一带一路"沿线上中资企业普遍面临的风险，而中水电公司的应对措施与经验教训，也为以后的投资建设者提供了有价值的参考。经济风险方面，部分国家财政紧张，需要企业进行投资模式的创新以保证资金链的连续性，而海外施工涉及的人力及资源成本增加，需要企业进行属地化管理来解决；政治风险方面，部分国家政局不稳、政府效率低下，这种情况下企业与政府建立互信关系是最重要的，同时作为更有工程经验的一方，企业需要发挥主观能动性推进工作，请求政府的配合；法律风险方面，劳工协议与环保规范的差异对企业而言是个挑战，与政府进行密切交流及协作落实法律文书能够预防工作中的劳资纠纷，而把履行环保社会责任纳入企业经营活动的一部分是应对环保风险的手段；技术风险是相对较小的风险，中国规范已经在国际工程中得到承认，思维与工作方式上的差异，可以通过长期工程合作进行协调；管理风险方面，当地员工的素质难以保障、两国员工的沟通交流非常缺乏，需要在技术培训的同时注重人文素养的培训。

多样的风险之下蕴涵着更多的机遇。"一带一路"项目为所在国带来了资金，为基础设施建设提供了推动力，促进了当地就业。对几内亚而言，"一带一路"建设带来了国外的工业化技术管理经验，水电等能源、交通相关的基础设施项目，直接提升了人民的生活水平。"一带一路"也为中国带来了切实利好，在国内经济发展放缓的情况下，进行产业结构重组，其为进入新兴市场提供了一种发展的新渠道；同时，在海外工程中与外国企业的合作与历练为中资企业积累了有价值的经验；在"一带一路"的考卷中写下完美的答案，是中国在全球树立负责任大国形象的契机。

背景介绍

　　作者高劲洋，土木系 2017 级博士研究生，2019 年带中水电几内亚支队前往几内亚开展暑期海外实践，期间负责苏阿皮蒂水电站厂房振动特性研究。针对苏阿皮蒂项目，对其水电站厂房的振动特性进行计算分析，判断机组运行产生的激励是否会引起厂房结构的振动，并据此给出了相应的建议。

　　作者侯冠杰，土木系 2017 级博士研究生，2019 年随中水电几内亚支队前往几内亚开展暑期海外实践，期间负责考虑降水量不确定性的项目正式蓄水完成情况预测与对策分析。借助以往收集到的雨量、净流量信息，对苏阿皮蒂水库流域的雨季降水特征进行初步分析，并归纳利用近期雨量以及净流量估测下一日流量的经验公式。

　　作者 Pierre Do，水利系 2016 级博士研究生，2019 年随中水电几内亚支队前往几内亚开展暑期海外实践，期间负责几内亚苏阿皮蒂电站下闸蓄水时机选择，对 2019 年 8—10 月不同保证率下的降水量进行相应的流量模拟，结合工程进度及下闸技术要求，提出相应的下闸时间建议。

　　作者王克，水利系 2018 级博士研究生，2019 年随中水电几内亚支队前往几内亚开展暑期海外实践，期间负责苏阿皮蒂水利枢纽右坝肩开挖边坡稳定计算，对副坝初设布置图中存在的问题进行总结，现场学习混凝土坝变形监测系统，对监测设备和仪器布置有一定的了解，学习碾压混凝土配比和质量控制。

　　作者杨文聪，水利系 2017 级博士研究生，2019 年随中水电几内亚支队前往几内亚开展暑期海外实践，期间负责苏阿皮蒂水利枢纽右坝肩开挖边坡稳定计算，对苏阿皮蒂坝址 1981—2019 年每日流量进行重现，对未来的工程决策提供了丰富的数据资料。

作者叶璐，化工系 2017 级博士研究生，2019 年随中水电几内亚支队前往几内亚开展暑期海外实践，期间负责超疏水外加剂抗腐蚀混凝土在大坝迎水面的抗腐蚀研究。

体悟篇

非洲益行，体悟在路上

⊙ 刘松岩

2019 年 7 月 23 日，我来到了肯尼亚首都内罗毕，第一次踏上了非洲的土地，开始了为期 7 周的海外社会实践。此次社会实践的主要内容是参与举办由中企在海外发起并资助的企业社会责任项目"非洲职业技能大赛"（Africa Tech Challenge），并在这一过程对中企社会责任项目的海外开展状况以及企业形象塑造进行深入调研。将近两个月的深度参与对我而言，其意义不仅仅是提交一份实践报告，或是运用所学发现和解决实际问题，更重要的是，它让我有机会去接触一个不同的世界，在这个过程中打碎一些想当然的固有认知，多一些关于为什么的追寻，重建一些对于这个世界的好奇与包容。

一、彩色的贫民窟：不只需要同情

Kibera，在努比亚语中，代表着"森林"。内罗毕的 Kibera 是一块距离市中心几分钟车程的地方，四五公里的土地上蜗居了百万人口，而这里也是非洲最大的贫民窟（图 1）。

"贫民窟里没有治安""那里很脏，脚下是恶臭的垃圾和污水，头顶还有时不时从天而降的飞行马桶"（flying toilet）"在贫民窟不要把财物露出来，不要轻易给小孩东西，要小心会被缠上"。起初，这些描述和叮嘱总是回荡在我耳边，占据了我对贫民窟的最初印象——灰黄而没有生命。

图 1　远眺非洲最大的贫民窟 Kibera

　　走进 Kibera 是在一个阳光明媚的午后，那天我们在当地帮派少年的带领下，穿越了整个贫民窟。我们走过了一条条渗入了垃圾，被污水浸得黑亮的泥泞小道，经过了一间间生锈的铁皮和焦黄泥土搭建的棚屋。这里似乎确实和描述的一样，垃圾遍地，蝇虫乱飞，腐烂的垃圾焚烧时刺鼻的烟味，混合着间或飘来的炸得黑乎乎的鱼干散发的咸腥。小孩们穿着破烂的衣服，流着鼻涕，咬着脏兮兮的手指，或舔下手里不知道从哪儿翻找来的玩意。颤颤巍巍的木桥下，一头不知谁家的猪在积着恶臭的垃圾堆里哼哧地翻食着，其间穿过一条流淌着贫民窟居民偷来的饮用水管道。

　　爬上山坡，一条通往乌干达的米轨从垃圾堆里绵延而去，这条米轨至今仍在使用，工作日的五点会缓慢地经过 Kibera，如同在余晖下赴一场长达几十年的约定。在那锈迹斑驳的铁皮棚下除了住户，还有杂货店、美发店、服装店、小酒馆、影音店、手工作坊，以及简易的学校、教堂和诊所等各色服务，一应俱全。我们在摇摇欲坠、密密麻麻的灰黄色中看到了用透明的啤酒瓶搭建的许愿屋，彩色的瓶盖被串成了装饰迎风拂动。街边排列整齐的煤气罐像是从调色板里采集颜色，墙壁上的涂鸦色彩碰撞，姿态怪异。刚从翻滚的油锅中炸出的鱼干和咖喱角（Samosa）滋滋作响，黄色大象招牌的酒馆里已经有了酒瓶清脆的碰撞声。还有那些手工作坊里将动物的骸骨磨成耳环、项链等工艺品的匠人们，垃圾堆旁踢球的少年们（图2），他们看到我们的相机会故意摆出各种姿势冲我们喊着："Hey, take me a photo。"（嗨，给我拍张照）像巧克力豆一样可爱的孩子们会脚步蹒跚地走过来冲我们招手，奶声奶气地说："How are you。"（你好）我们甚至偶遇了贫民窟时尚先生大赛，狭窄的小巷内几名中年男士头戴绅士帽，灰白的西装马甲搭配着色调明艳的衬衫正坐在四周挂满了艺术画作的小屋里等待着拍摄。这一切仿佛又和贫民窟外的世界没什么区别，哪怕是污水，倒映着的也是同一片东非高原的云彩。

图 2　垃圾堆旁踢球的少年们

纪实篇

专题篇

案例篇

体悟篇

　　快要离开贫民窟时，我们在米轨处合了张影。最开始我们很自然地举起了剪刀手，正如其他所有照片一样。然而快门按下的那一刻，我们却突然觉出一丝不妥，急忙把手放下，但为时已晚。于是照片记录了这样一个场景，脚下是层层叠叠的垃圾，蝇虫和黑烟萦绕，不远处是锈迹斑驳的铁皮盖住的屋顶，身旁刚好走过一个看起来刚刚三四岁的贫民窟小孩，他咬着黑黢黢的手指，盯住了我们的镜头。而背对镜头的我们高举着剪刀手，那是经典的旅行打卡照姿势。看到他的第一眼，各种懊悔的心情突然争相涌来。

　　当我与肯尼亚的朋友聊起对这张照片的抱歉时，她非常不解地问我："No, why do you feel sorry?"（不，为什么你会感觉抱歉）那一刻我突然语塞，是因为觉得那时开心的姿态与当时的场景格格不入吗？这原因似乎比这张照片更令人难言。带着那些关于贫穷、脏乱等标签走进这里，所发现的一切不同似乎都成为意外之喜。也因为带着这些预设，在那些同情的作祟下，想当然地将这里的生活想象为痛苦，似乎如果在这里表现出开心，就成为一种忽视对方之苦的罪过。这些心情，仔细想来都有不妥。这里的生活事实上并不比外面的特殊。阴沟处处都有，星空也永恒同在。

对于贫穷、脏乱等恶劣条件的渲染，从而引发避而不及的厌恶或是过度的同情，这些并不是贫民窟真正需要的。这里并非只有生活的苟且，也有内心的欢愉与爱。垃圾堆旁的足球少年们，即使只有破旧的铁门充当球门，奔跑而过时卷起的尘土也在叫嚣着青春的飞扬，那里长大的孩子有着和世界其他地方孩子一样的梦想。这里的人见过了太多的同情，来自世界各地的非政府组织争相涌入这片绝佳的慈善之土，带着改变世界，播撒阳光与爱的信念在这里建起教堂、盖起学校，立志要发展教育，改善医疗，将贫民窟的人们解救于水深火热之中。但事实上，无论是肤色深浅不一的热心人士，抑或是被作为救助对象的当地居民，都无力或许也无心真正去改进。胸中怀揣的同情对于外来人们自身的意义也许要远大于对本地居民的，他们自以为施舍了同情，在自我感动中买回了些可以用来营造自我的故事，也许是编写了一段超出同龄人的人生经历。偶尔为贫民窟的居民带来些希望，但更多的是期待落空后的失望。

人们来了又走了，于是日复一日，年复一年，街边美发店的黑人女生的脏辫过了一季又一季风潮，街边停靠的摩托车司机们换了一波又一波，臭水沟里的垃圾腐烂了又累积，有生命逝去，也有生命诞生。足球少年们长大了，他们有些继续留在了贫民窟，孕育下一代生命，有些从此消失了，没有人能记住，真正走出了贫民窟在外面的世界以各色姿态生活着的，却是少之又少（图3）。

但与此同时，贫穷、疾病、脏乱等问题，这是贫民窟不可回避的现实。这里需要的不仅是干净的水源与食物、体面的住房，更重要的是被真诚以待，享受与外世界同样的受教育权利，给予自我赋能的机会，正如这世界上其他地方的人一样。我相信，正如森林孕育着希望，Kibera 也是，贫民窟也是。

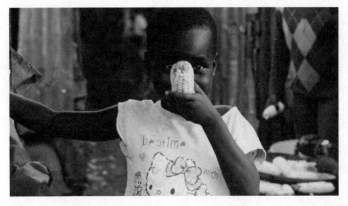

图 3　Kibera 内的下一代

二、复杂的社会环境：矛盾而和谐

肯尼亚在 1963 年获得独立，此前作为英国殖民地建立了现代化、工业化的制度和生活，传统与现代的交响碰撞涌现了不少社会矛盾。正如内罗毕城市肌理中现代化高档社区与贫民窟铁皮棚屋的交错，这里有着巨大的贫富差距，混乱的城市规划，糟糕的城市治理……

Charity 是通过第一届职业技能大赛来到中国留学的学生。说起毕业之后的打算，她告诉我："我回不到肯尼亚了，因为肯尼亚没有工作，即使回来，我也必须是个投资者。"Amina 同样曾在中国留学，出身政治家庭的她从小接受了良好的教育，她对这个国家的现状也总是充满着无奈，她说："你看过那本书吗，*It's Our Time to Eat*。这就是这个国家领导人真实的写照。"在肯尼亚，可以感觉到国际力量的各方博弈，其中国际组织的作用不可小觑。但这些所谓的非政府组织（NGO）是否真的如他们所宣扬的一样能够为肯尼亚人谋福利，Amina 总是充满了怀疑："如果他们真的想帮助我们，这个国家几十年了，不会还是现在这个样子。"国际组织的背后也往往充满了政治的博弈、经济的驱使。然而，大多数挣扎在温饱线上的当地人，并没有工夫去考虑这些背后的问题，他们只知道，当非政府组织进入，他们可以获得一些援助。

内罗毕是联合国非洲总部的所在地，人居署和环境署总部也坐落于此。凯伦在《走出非洲》里曾写道："那时内罗毕还是一个混杂的城市——有富丽堂皇的石砖新建筑，也有一大片瓦楞铁屋顶的老商铺、办公室以及带长廊的平房。马路上尘土飞扬，两旁是长长的两排桉树。高级法院、土著事务所、兽医站，所有的一切都是乱七八糟的。"有趣的是，100多年过去了，即使有着联合国这样的智库资源存在，如今的内罗毕看起来还是如此，混乱的城市规划，低效的城市运营，消磨着人们一天天的生活。

对于外国人拿出相机毫无顾忌地拍照，当地人是十分不开心的。同事曾说有一次他在当地青年服务队的陪同下进入了贫民窟，当他试图将相机伸出窗外拍下路边一位晾衣服的妇女时，那位妇女突然提起身边的扫帚就向车头打去，虽然听不懂她在说些什么，但那时她所表现出的气愤如今想起仍心有余悸。然而换位思考，由于肤色以及物质上的贫穷而被当作独特的风景被记录，这本身就带有着一些不平等的意味。即使当游客拿起相机的那一刻，或许只是想捕捉一些关于这座城市的点滴，但"帝国之眼"也在无意识的深处同时开启。

与这些矛盾的社会图景相并存的，是最为野性的自然之美，作为国家血液的一部分，自然已经融入了城市的肌理与人们的生活。内罗毕国家公园位于城市的中心，在园区深处，是安然栖居着的长颈鹿、斑马、鸵鸟、水羚、狮子、河马等各种野生动物，天际线的那一侧则是城市的中央商务区（CBD）和喧嚣的车流。穿越国家公园的蒙内铁路，高架桥下成群的斑马、鸵鸟和羚羊在桥洞间穿行（图4），一面是技术对人类的延伸，一面是回归本真的自然，矛盾而又和谐地共存于这个城市之中。

图4 高架桥下成群的鸵鸟

三、多彩文化：开放且包容

肯尼亚人喜欢两样东西：音乐和喜剧。与生俱来的音乐细胞让他们无论在哪里似乎都可以打着拍子又唱又跳（图5）。由于工作需要，我们与当地的网络红人建立了宣传合作。肯尼亚的网红不同于中国庞大的网红产业专业运作下形成的细分类型，这里的网红大多以喜剧出道。

图5　音乐天赋与文化氛围

肯尼亚人似乎缺乏长期规划。借贷是当地人的一种生活习惯，借款1000先令，每日有1先令的利息，这在他们看来竟然非常划算。而对于习惯于长期规划的中国人而言，这种借贷方式也是不可接受的。

在来到非洲之前，我就已经对"African time"（迟到，不守时）有所耳闻。在这里不能着急，他们不喜欢催促。原本以为这些在日趋国际化和标准化的工作场合已经得到了缓解，但事实发现并非如此。在与当地公司的合作中，很多次我们会疲于等待。最为崩溃的一次，原本与合作的公关公司约定中午开会，然而这一等就到了晚上。还有一次活动中，嘉宾迟到的间隙，主持人和公关公司负责人在餐厅悠哉地吃起了午饭，聊天看报，任我们在会场焦急等待。在非洲的中国工作人员告诉我们，这就是非洲，急不得。由于活动需要，我们在酒店举办了开幕式和闭幕式。这是我第一次在开幕式上体验了第一项议程是早餐时间，对此我们表示非常诧异，因为通常在中国举办活动，我们会将茶歇设置在会议休息时间。当地工作人员告诉我们："这是肯尼亚人的习惯，吃饭的时候也是和大家社交的方式。"

关于非洲一直以来我们常有一个误解，即非洲是一个国家，他们的文化是一样的，这固然是与人们认识遥远事物的主客观条件息息相关。本次大赛共邀请了肯尼亚、乌干达、坦桑尼亚、埃塞俄比亚、赞比亚、科特迪瓦、加蓬、加纳8个

纪实篇

专题篇

案例篇

体悟篇

国家的队伍参赛，在接触中我们逐渐打破了以往那种想当然的同一认知，逐渐感受到不同国家文化的差异。曾作为法国殖民地的加蓬和科特迪瓦有着法国文化的浪漫，曾作为英国殖民地的肯尼亚则相较而言更为内敛。同时，即使是在一个国家内部，不同的部落之间文化也存在差异。加纳人被称为非洲的犹太人，他们热情好客，团结友善。他们说，这是多部落的国家构成所赋予他们的文化。由于部落众多，因而不同部落之间需要协商沟通，才能使国家处于团结稳定的状态。

四、扎根海外：每一个驻外人员的共同努力

早在行前培训中，国内的工作人员就常向我们提起两个名字：赵磊磊和韩江。

赵磊磊被大家亲切地称为磊叔，在肯尼亚十二年，一直致力于在肯尼亚及其他周边国家推广职教项目。还未出关，就看到磊叔已经在海关处等着我们，当然最重要的是因为担心我们为 ATC 项目带来的耗材会被海关抽查扣留。多年的往来已经让磊叔和海关人员建立了关系，有磊叔在，就很安心。我们在内罗毕的住宿条件很好，但据磊叔说，当年他刚来到这里时是住在一所职校的宿舍。我第一次去到那里，看到那栋荒凉的院子里垃圾堆旁的破败小楼，进入阴暗潮湿的房间，实在无法想象那时的生活。然而他忆起当年一起奋斗的日子，总是说他们很快乐，因为有一群人每天在一起，为了共同的事情而努力。

韩江，今年 50 多岁了，和我父亲同样的年纪。在工作人员的言语中，我们得知韩老师是位神人，因为他不会一句英文，却可以和当地人自如交流。见到他的那天，他刚刚在沙漠里困了 5 天，只喝了冷水，吃了冷面包。这次他如往常一样前往肯尼亚地方上的职校运送机器，但车子不幸陷进了沙漠，无法启动。韩老师说，这种事情很常见，路上发生什么都有可能。韩老师每天总是笑呵呵地，有他在，仿佛周围的空气都活跃起来。只要在车间，他没有一会是闲着的，总是四处查看着，帮我们联系当地人员处理各项事务。韩老师总是会和当地人热情地打招呼，我很诧异他是怎么认识这么多人的，然而他却告诉我："不认识，打下招呼，下次不就熟悉了吗？"他常常把我从办公室叫出来，说："走，我带你去看看这里的木匠房。""走，我带你去看看机械加工室。"有时看到我面对外国人的尴尬

和局促，他会鼓励我："你好奇什么就问问他们，没事，聊多了大家都是朋友。"

看到他们，我常常想，一家企业如何能够在异国落地扎根，对于个人而言，驻外到底意味着什么。办事处的大司总 20 多年前来到肯尼亚，本来只是为了处理一期项目，但没想到这一待就是 20 多年，连家都一起搬到了这里。如今退休后，由于他这 20 多年间所积累的无人可及的经验和关系，而被返聘作为高级顾问继续留在肯尼亚。

金也淘，在 2019 年埃塞俄比亚航空事故中不幸罹难。在这之前，他是中航国际职业教育项目的负责人。周围的人说，他是所有人的好朋友。失事的那天，他正飞往肯尼亚赴约，准备与教育部常秘处理职教项目事宜。此后，肯中贸易协会与中航国际共同设立了金也淘奖学金，用于资助更多的非洲学生学习职业技能。

在聊天中我们还了解到，事实上，能够在肯尼亚工作的驻外人员已经算是非常幸运的。有一些往往因为复杂的政治、经济和社会环境而尚未落地项目的国家，甚至只有一名员工驻扎当地与各方周旋。项目迟迟无法推进的焦虑，面对当地客观环境的无力，以及独自一人的孤独，都是压在心中重重的石头。一家企业在一个陌生的土地落地生根何其艰难，而这依赖于每一个驻外人员共同的努力。

五、"一带一路"：未来大有可期

"一带一路"到底是什么，对于当地人而言似乎并不重要。作为一个区域性的倡议，在统一规划之下，更重要的是如何精准化地因地制宜。当前中国在肯尼亚的"一带一路"项目多为工程类项目，但事实上，这里还有很多丰富的资源尚未开发。旅游业、种植业、制造业、教育、医疗等方面都具有巨大的发展潜力。我们给予的支持，建造的工程是否真正地符合当地需求，这仍然是一个值得思考的问题。回顾本次我所参加的非洲职业技能大赛（ATC），它能够连续六年成功举办，其重要原因是抓住了非洲当前青年就业困难的痛点，着眼于教育这一持续性、基础性的产业，符合非洲当地工业化的社会发展需求。

然而更难的是做到"民心相通"。由于语言的原因，很多中国人在海外似乎

纪实篇

专题篇

案例篇

体悟篇

不怎么与当地人交流，原本只是处于内敛，但在外国人看来似乎却是一种拒绝交流的表现，久而久之，隔阂就会发生。曾听当地人讲过一个故事，曾经有中餐馆规定，晚上六点之后不允许外国人进入，这一规定看起来实在是让人难以理解。中资企业在海外，不仅仅是开展业务，其中很重要的内容是如何进行员工的属地化管理以及如何融入当地生态。中国这些年发展起来了，但似乎并没有得到应有的尊重，这固然是一个需要文化积累的过程，但同时也需要所有海外华人的共同努力。

在本次实践项目过程中，我们与一位肯尼亚当地网络意见领袖进行了合作。第一次见面时，她在社交媒体上发布了一张合影。通读其下的评论令我们感到非常担忧，绝大部分涉及中国的评论主要是两方面的内容：一是对中国人面貌与身材的调侃；二是对中国对非洲援助的调侃。虽然我们不能仅凭一些评论判断当地人对中国的态度观点，但这确实又在一定程度上反映了一些当地人对中国的典型态度。为何中国在非洲已经投资多年，我们认为自身技术过硬、条件优惠、效率更高，却还存在这么多的刻板印象甚至是误解？"民心相通"的过程为何如此艰难？

作为英国前殖民地，英国人为肯尼亚搭建了现代社会的基本框架，沿袭英制的法律、教育等制度具有塑造意识的潜移默化的力量，天然地拉近了肯尼亚与欧美国家的距离。作为中国，虽然我们有"一带一路"这样包容共建的倡议，有"人类命运共同体"这样体现中国哲学的世界主张，但如何将我们的善意更好地传达，开展更加深入的合作与交流，真正地实现"民心相通"还需要更多的努力。

在采访的过程中，我们发现了一个普遍的问题，即很多中资企业对形象塑造与宣传的意识非常薄弱。相较于华为等私企，无论是建造了蒙内铁路的中国路桥还是扎根多年拿下众多重要项目的中航国际似乎都有些忽视宣传工作。当前肯尼亚有大约 2/3 的大型项目由中资企业负责，但是它们在民众中的知名度却似乎并不尽如人意。邻国日本曾给内罗毕修了一条公路，路没修完，却先立起了友谊之碑。而中资企业，内敛含蓄的中国文化教导它们要埋头苦干。它们将高质高效作为最核心的竞争优势，诚然如此，但是一家企业能够在社会中建构的良好声誉，也是企业资产的重要构成。如今，中国企业也越来越注意到宣传的重要性，如目前中国实施的大型项目，会有意识地要求出现企业及中国标识，中航国际的 ATC 大赛项目，也旨在传播中企在海外的社会责任，并为其职业教育品牌进行推广。但形象塑造并不仅仅是树几块碑，刻几个字，这是一项长期系统的工程，从树立员工对企业的认知与认同，到影响社会各界对其的观点和态度，这是一个持续的系统规划过程。

六、关怀社会　体悟人生

前往肯尼亚最初是为了参与一个企业社会责任公益项目，然而经过这一个半月，我想我从中得到的远比我所能给予的更多。这世界亿万个角落，每个地方都孕育了自己的独特，探访独特的历程虽并不总是如想象般美好，但或矛盾或惊喜的现实却给人以内省和反思。这世界永远阴沟与星空并存，残酷与美好共生，这就是苍凉而温暖的现实。带着对这个世界的好奇与包容，珍视它所呈现的多元，探寻多元背后的秘密，学会尊重与热爱，学着共处与共生，然后相互温暖与扶持，在阴沟中培植生命，让广袤的星辰泄下更多皎洁的光芒，这是这次肯尼亚之行教给我最重要的一课。

背景介绍

作者刘松岩，新闻与传播学院 2018 级博士研究生，2019 年前往肯尼亚开展暑期海外实践，期间协助中航国际在内罗毕成功举办第六届"非洲职业技能大赛"（Africa Tech Challenge，ATC）活动。该活动是中国驻肯尼亚大使馆"情系肯尼亚"主题系列活动之一，着眼于非洲各国政府关注的青年人职业技能缺乏、失业率高居不下的问题，通过举办职业技能培训及比赛，提升当地青年人就业技能，促进教学与产业链结合，同时打造中国企业在海外履行企业社会责任的新模式。

纪实篇

专题篇

案例篇

体悟篇

一缕海风轻拂面，几许微光献沧澜

——记马来西亚碧桂园森林城市暑期实践

⊙ 魏 丽

伴随着马航颠簸又平稳地载着忐忑又兴奋的我们一路向南，酝酿已久的马来西亚碧桂园森林城市实践之旅正式开启。不同于想象中的热带海岛、赤道地区的烈日暴晒与高温炙烤，我的记忆中反而充满了温柔馨香的海风、干净洗练的蓝天、悠扬绵长的鸟鸣与酣畅淋漓的惊雷暴雨。在清新美丽的自然环境包裹下，我不由自主地卸下了惯有的烦恼和压力，以一种轻松而开放的心态投入实践、感知文化。工作日踏实而有序的项目研究经历和工作之余偶尔闲适的文化参访行程，让我在"润物细无声"中感受到个人文化素养的提升、不同国家社情民风的差异和国际交往时代脉搏的跳动。在经历了一个多月的沉淀之后，我希望用文字记录这一段似梦却真的森林城市实践之旅。

一、个人成长篇：探索企业发展之道，提升个人文化素养

当接机的汽车一路驰骋、穿梭在遍布热带椰林的马路上，心情也随着汽车的奔腾起伏变得雀跃起来。越接近森林城市，越可见环境的清新雅致。初次进入森林城市，仿佛进入了一个既现代时尚又亲近自然的世外桃源。入住宽敞明亮、景观优美的星海湾，临窗远眺就可以看到随风摆动的绿色藤蔓、绵延流畅的海岸线

和一桥之隔的新加坡。每个清晨和傍晚，我们都乘坐着轻巧的电车往来于宿舍和办公室、餐厅之间，目之所及既有齐齐整整的高楼在畔，又有朝阳或落霞与椰林交相辉映，要么开启明媚充实的一天，要么拂去工作之后的疲倦。穿行在森林城市业已成型的商业街一带，可以品尝到原汁原味的特色中餐，逛逛品类丰盛的特产小店，每逢周末或假日总看到以售卖烟、酒、巧克力等产品为主的免税店内游人如织，也能偶遇一家老小喜气洋洋来验房的业主家庭，偶尔可见着装端正的保卫们在有板有眼地进行队列训练。虽然语言不通，但每次只要眼神交会总会收到本土的保安员热情而铿锵的问好加敬礼。森林城市的每一天都在井井有条、彬彬有礼中开启和落幕，让人不经意间沉醉其中。

森林城市的吸引力不仅体现在给来访者良好的景观和秩序体验上，更体现在森林城市内部团队的融洽与互助的氛围中。我参与的实践项目主题是"基于森林城市现状的城市品牌形象构建和推广研究"。在项目导师的悉心指导下，我通过查找阅读相关资料、搜索分析媒体报道、实地考察之后，商讨确定了实践的具体项目。最终围绕在品牌形象构建框架内重点关注森林城市项目品牌与企业品牌的互构关系，森林城市对本地旅游业的贡献和未来前景以及森林城市与"一带一路"的对接关系这个主题，形成了完整的项目报告并完成既定目标。

除了朝九晚六的面对电脑进行必要的研究工作，我的工作日常还穿插着接待大学生实践团的参访、参与公司品牌活动的举办、开展专题性人物访谈、实地参访进驻商户与线上问卷调查等活动。每一项工作都要求周全细致的策划与执行，也伴随着必不可少的沟通与协作，也是在这个过程中我才亲身感受到森林城市员工亲和而高效的工作风格。五个人的小型办公空间使得办公变得私密又闲适，部门的同事们除了工作交流之外也有了更多生活化的话题，氛围轻松又融洽，全然没有压迫感。

一个多月浸润在多语言的环境中，主动融入新的文化意境和生活习惯，对我来说是既新奇又珍贵的体验。在森林城市的员工构成中既有国内外派的中国籍员工，也有精通中英文的马来西亚、新加坡华人，还有一大批本土的马来西亚人，这样一种构成完美浓缩在我们部门五个人的小团队中。我们的小办公室里既有穿着民族服饰、裹着头巾的马来西亚姐姐，也有活力四射、精通双语的本地华人妹妹，再加上潇洒帅气的华裔新加坡籍的导师哥哥，每天夹杂在或软萌或嬉皮的中英文口音中，仿佛一开口就是一个小世界。从小接受着哑巴式英语教育的我，偶尔在面对小姐姐热情地提问时，也只能一脸懵懂地请求重复或机械地予以回答，场面不无尴尬。再加上相对拘谨、内敛的个性，让我迈不开主动交流的步伐，回头看依然错过了一些深度交流的契机；对于自己原本感兴趣、想了解的话题出于文化忌讳怕触及禁区，也怕出现激烈的观点冲撞，不敢提及或浅尝辄止。可见，跨文化交流从来不是一件容易的事，即便逾越了语言障碍的鸿沟，也难逃语言背后更深层次的文化因素的制约，甚至在交往中不可避免地面临文化冲突。

值得一提的还有实践采取的项目导师帮带制度，很好地保障了实践的成效。我遇到的是一位工作经验丰富、个性又极其谦和的导师。曾就职于新加坡政府水利部门的他思维敏捷，既能像实施工程一样精确而理性的分析，也具有从事品牌工作所需的卓越创造力。实践之初他就向我们展示了经典品牌推广的案例，指导我们对媒体报道展开分析，启发我们通过比较和借鉴吸取有益经验。虽然本身工作繁忙，但在实践过程中他始终对我们的所有提问保持耐心，对我们的生活保持关心，甚至有时候没有直接交流，也能在他娴熟地往来交接中，耳濡目染地感受到作为一个成熟的品牌战略从业者应有的素质和风采。通过交流，我们也了解到实践团队中的所有导师都是部门经理、主管或业务能手，他们不仅愿意倾囊相授，手把手地教授工作技能，也能以平等的姿态倾听队员们的想法。除此之外，他们务实的作风、高效的追求和睿智的人生态度，也从学术之外给我们树立了一个人生导师的标杆。

纵观整个项目实践的过程，这不仅是一次难得的海外中资企业实习经历，也是一次非比寻常的科研训练。最为直观的是在项目引领下，我主动学习了企业品牌形象构建相关理论，补充了知识体系，跳脱了以往的学术研究中容易陷入的闭门造车的困境。这次项目实践在导师的带领下，我清晰地遵循了以市场为导向的研究思路，试图从学生、消费者、企业员工的多重身份视角去产出建议。当然，从融入环境开始的一切跨文化交流，也在无形之中提升了我的文化素养，让我以更开放的心胸、更自信的姿态和更健全的素质迎接不同文化碰撞中的挑战。我所理解的全球胜任力，就是当世界在我眼前时，我不躲避；当世界在我视野中时，我主动靠近。在森林城市的一切知遇都是恩情，一切苦涩都带来成长，值得我好好珍藏和回味。

二、社会文化篇：行走在新－马大陆，体会自然与人文交汇之美

（一）马来西亚的文化多元与新加坡的都市繁华

工作之余，我们穿行在马来西亚各个城市的街头巷尾，真真切切体验了飘荡着榴莲、椰子和香料味道的热带风情。我们既见过璀璨夜灯照耀下的双子塔前人潮涌动，也体验过国家清真寺里紫色长袍包裹下的庄严肃穆；我们品尝过地道的旧街场白咖啡配着冰沙的清爽味道，也感受过本地肉骨茶带给舌尖滚烫而香浓的刺激；我们看过马六甲河畔的粉色房子在夕阳映衬下散发着越发柔和的光芒，也走过潮热的热带海滨丛林看调皮的小猴子上蹿下跳；我们在升旗山上满心欢喜地乘着小火车登上山顶俯瞰辽阔的城市与海洋，也饶有兴趣地看着打扮得花枝招展的人力车响着轰鸣的音乐在我们面前川流不息；我们感受过来自民宿老板周到体贴的招待，也感受过华人文化街上畅快舞蹈的人群的热情与活力……

在马来西亚的日子里，也经常有感于这个国家所呈现出的多元文化交融的图景：高档商场里奢侈品牌一应俱全，不远处的平价商场里同样人流涌动；前一秒还感叹城市内破旧不堪的道路和嘈杂混乱的交通，后一秒又听到威严的清真寺里响起诵经的声音，虔诚的信徒们匍匐跪拜，脸上写满精神的富足；原本以为英语才是官方语言，结果发现只会中文也不会有太大的沟通障碍，到处都是多语种写的菜单、店名，多的是会中文的店家。多元文化的交融展示在这个国家的方方面面。

与森林城市一桥之隔的新加坡，呈现出与马来西亚截然不同的景观。在踏上新加坡的国境线起，新加坡的都市繁华、摩登时尚与优美的自然景观一并跃入眼帘。沿着鱼尾狮公园一路，步行所到之处都是干净整洁的景象，蓝天、碧海与高楼完美融合。乘着双层大巴看着绿色掩映下的"花园城市"焕发出勃勃生机，从

古朴的美术馆的窗棂中观赏新加坡阅兵式，既能体会室内艺术带给人心灵的沉静，又能被窗外热烈而隆重的气氛所感染。虽然城市漫步总体悠闲又惬意，但也免不了遭遇一些困境，比如在空旷的新加坡国立大学走到又热又饿，而偏偏网络卡顿、四野无车的窘迫；在过关返程的时候遇到海关官员的质询，而险些被别有用心的马来西亚司机小哥恶意骗钱的经历，都为我们的文化之旅增添了几分不一样的色彩。

（二）马来西亚华人群体的文化身份认同

华人群体在马来西亚生活历史悠久，人数较多，但身份认同问题突出。据马来西亚统计局数据显示，现在华人占马来西亚人口21%。马来西亚华人有600多万，是马来西亚第二大族群，人口数量仅次于马来族。由于种种历史原因，马来西亚的华人群体在身份认同上遗留下来很多问题。从现实情况来看，华人群体在马来西亚的经济领域具有举足轻重的影响，但政治地位却不高，政治和经济地位的不对等也造成他们融入本国生活和身份认同上面的一些问题。所谓身份认同问题，除了表面上的国籍身份认同，还有更深层次的文化身份认同问题。

在"一带一路"倡议纵深推进的今天，东邻南海、西接马六甲海峡的马来西亚正成为海上丝绸之路的核心节点。中建、中冶进入马来西亚市场承包基建工程，中铁、中车参与跨世纪项目新马高铁的投标，中国企业赞助华文学校，厦大进驻开办分校……伴随着中资"走出去"的步伐，当地华人商会组织以牵线搭桥、合作代理、文化共济的方式给予热忱的支持。这个和睦邻邦的600多万土生华族，与中华故土保持文化和情感上的密切联系，在帮助马来西亚企业家进军中国市场方面具有得天独厚的优势，无疑是中马之间强化经济文化联络的关键力量，也是中国在东南亚文化影响力的最佳传播使者。借助"祖国"的崛起之势，"一带一路"倡议的推行会对马来西亚华人的身份认同造成怎样的影响，也是个很有意义的问题。

通过阅读背景资料可知，马来西亚华人自封建社会晚期出走到南洋海岛，经过数十年甚至数百年之后，这里的华人已经彻底融入本地了，甚至有的人在马来西亚有了一个非常庞大的家族，调查结果也印证了这一事实。虽然因人而异，马来西亚华人对中国的看法参差不齐，甚至有些对中国并不太了解。当然，随着诸如《中国好声音》《爸爸去哪儿》等电视节目的热播，以及"一带一路"倡议下各国互联互通的交往，他们对中国有了更多、更深的了解。

三、家国情怀篇：国际交流中感知时代脉动，增强民族自豪

（一）"一带一路"背景下中资企业海外发展的机遇

对于有实力且有魄力投资海外项目的中资企业而言，"一带一路"就像一阵助推发展的东风，能够提供强有力的政策支持，帮助它们搭建合作平台。以森林城市这样一个规划周期长达 25~30 年，投资总额高达上千亿美元的大型项目为例，如果没有两国政府通过"一带一路"搭建桥梁，提供政策性背书，企业就会面临比较大的风险；如果两国政府在"一带一路"的框架下去推动合作的话，有关企业不仅会获得发展机遇，也会增强企业的发展信心。从实践来看，在"一带一路"的"五通"目标引领下，森林城市计划部署的教育、医疗、旅游、金融、电商等产业也获得了正当其时的发展契机，与"一带一路"沿线国家重点合作的产业不谋而合。

"一带一路"倡议之所以能够顺利推行，根本原因在于中国与沿线国家之间的产能互补性，在全球产业转型升级的大背景下，"一带一路"可以带动有能力开展大型基建、城建业务的企业出海投资，开拓海外市场，提升中国企业在国际市场上的知名度。此外，在"一带一路"浪潮引领下的部分企业海外投资试点，也引领了更多的企业加入到抱团出海的行列中，形成更系统的产业链，让真正的"中国创造"和"中国品牌"走向世界。当然，中资企业在开展海外项目时必不可少的一环是履行社会责任，通过捐资助学、社区服务、环保公益等各种形式，企业可以提升自己的无形资产，以更负责任的面貌出现在世界市场上，整体提升中资企业的信誉度。

纪实篇

专题篇

案例篇

体悟篇

（二）"一带一路"助力国家发展、地区繁荣与世界联动

在 2018 年一次"一带一路"工作座谈会上，习近平总书记指出，经过夯基垒台、立柱架梁的 5 年，共建"一带一路"正在向落地生根、持久发展的阶段迈进。他公布的"成绩单"浓缩成了"夯基垒台、立柱架梁"8 个字：5 年来，共建"一带一路"大幅提升了我国贸易投资自由化便利化水平，推动我国开放空间从沿海、沿江向内陆、沿边延伸，形成陆海内外联动、东西双向互济的开放新格局；我们同"一带一路"相关国家的货物贸易额累计超过 5 万亿美元，对外直接投资超过 600 亿美元，为当地创造 20 多万个就业岗位，我国对外投资成为拉动全球对外直接投资增长的重要引擎。五年的成效预示出"一带一路"的巨大潜力与广阔前景。正如习近平总书记所指出的，共建"一带一路"正在成为我国参与全球开放合作、改善全球经济治理体系、促进全球共同发展繁荣、推动构建人类命运共同体的中国方案。正是在这样的发展宏图下，我们要有开放的视野，充分意识到中国不仅是亚洲的中国，也是世界的中国；马六甲是东南亚的马六甲，也是世界的马六甲。

2019 年已经是"一带一路"倡议提出的第六年，放眼中国与世界，从曾经立意高远的发展蓝图到如今遍地开花的建设硕果，我们亲自见证了"一带一路"建设从一幅"大写意"到了一幅"工笔画"。即便马来西亚部分人民对于"一带一路"的内涵认识还不够深刻，但"一带一路"的脉搏已经在他们的心头跳动。在各国人民的心中，"一带一路"不仅成为新时代的中国标签之一，也成了大家心口相依的共同话题。共建"一带一路"之所以得到广泛支持，反映了各国特别是广大发展中国家对促和平、谋发展的愿望。六年来，我们用一次次合作发展践行着"一带一路"共商、共建、共享、共赢的深远涵义。共建"一带一路"不仅是促进国家间的经济合作，还是促进地区繁荣、民心相通和世界联动的强大助推器。

四、结语

温热的海风仿佛还在耳畔，浓烈的思念已经涌上心头。这次难得的海岛实践之旅，不仅赐予了我充实、美满的暑假生活，也让我有机会在"一带一路"沿线

国家努力提升文化素养，用心感知时代脉动。经过这一场海风的洗礼，期待在未来的日子里，我能更大胆地继续走在忠于初心、忠于自我的漫漫人生征途上。

仅以此几许微光，献给时代的沧澜！

背景介绍

作者魏丽，马克思主义学院 2018 级博士研究生，2019 年前往马来西亚开展暑期海外实践，期间通过了解森林城市和马来西亚当地政府和社会公众关注问题，对比其他海外类似项目的进展情况和品牌建设及推广情况，形成有效的森林城市品牌构建体系和推广策略。

纪实篇

专题篇

案例篇

体悟篇

"一带一路"，让世界融为一体

⊙ 朱淑媛

得知获得去越南的机会，我的内心非常激动。越南与中国有着千丝万缕的联系，在地域空间上，越南与我国海陆相连，我国经越南进入东南亚及南亚，可建立直达欧洲的贸易路线；在政治上，两国都是共产党执政的社会主义国家，均以马克思主义理论作为指导思想；在经济上，中国目前处于工业化发展的中后期，而越南劳动力成本低、投资环境日渐完善、基础设施发展潜力大，与中国合作前景广阔。在一次访谈记录中，富士康的总经理曾经说，由于越南低廉的人力成本，与广西接壤的越南地区成为他们投资建厂的最新选择。这番话使我对这个富有活力的国家满怀好奇，也想探寻"一带一路"项目在越南启动及发展的状况和当地居民对"一带一路"倡议的看法。

一、中国品牌"走出去"的背后是技术和诚意

2019年4月，我担任第二届"一带一路"论坛的志愿者，负责一场分论坛"廉洁之路"的会务工作。听着会场上各国代表各抒己见，最终达成"坚持公开透明，谋求互利共赢"的共识。那时我以为我国的企业带着资金与技术，在谈判桌上也是这样谈笑风生，签订下一个又一个项目合同。

来到当地与工程师访谈后，我才发现与想象中的全然不同（图1）。由于越

图1　与印度和越南公司工程师访谈（右二为朱淑媛）

南和发集团在越南钢铁行业具有举足轻重的地位，完成这一项目对中国企业拓展越南乃至整个"一带一路"沿线国家的钢铁行业市场、赢得良好声誉和打造品牌形象都十分重要。中冶集团总部非常重视此次竞标，前期已经取得接触，然而越南和发集团由于缺乏对中国冶金技术的了解，始终犹豫不决。中冶南方竞标团队多次赶赴越南，介绍国内冶金技术发展，并邀请和发集团管理层来到日照钢铁厂（由中冶南方设计）参观，最终凭借过硬的专业能力和诚意打动了和发集团，成为该项目的总承包商。现场工程师谈到竞标时，平静地说："当时是雨季，我们项目团队没有车，这里也没有公路，每天来项目现场要穿着雨靴，走一个小时的路，走完鞋里都是泥。"和发榕桔钢铁项目只是中冶南方海外承包的项目之一。该项目的工程师也具有竞标马来西亚、印度尼西亚和缅甸的"一带一路"项目的经验，他说："西方欧洲国家的钢铁技术发展比咱们早，已经打出了品牌。实际上现在我们国家的钢铁技术已经追赶上他们，甚至在某些领域超过他们。可是这些公司不了解，在竞标初期有疑虑都是正常的，我们只能拿出更多的诚意，展示我们的技术能力和态度。"也许正是因为中国企业这种踏实诚恳的态度和先进的技术，我国企业"走出去"才能稳步推进。不只是钢铁行业，自"一带一路"倡议发布后，中国企业在海外的投资、承建项目如雨后春笋一般涌现。我国的海外投资流量从2002年全球排名第26名上升到2016年全球排名第2名。这离不开国家战略的大力支持，更离不开这些工程师们筚路蓝缕，以启山林的辛苦努力。

中国企业没有止步于此。越南现场的工程师早晨八点准时出发上班，下午五点下班，每周只休息周日下午，甚至常常加班到深夜，平均半年才能回家一次。正是他们宵衣旰食的付出，在紧张的工期内保证了第一个转炉的顺利投产。在跨国合作中，虽然遇到基建、文化、汇率等风险，但是我国的工程师克服了一个又一个问题，按照最高标准保质保量完成项目。这也得到了越南和发集团的认可，他们已经将后续的维保项目交给了中冶南方的团队，并已经开始洽谈钢铁厂二期的项目。中国的工程师们成功地打造了属于自己的中国钢铁品牌形象，获取了越南业主的信任，而这些坚毅钻研和奉献精神，在他们看来都只是职责所在。

通过这次实践，我认识到我国的企业不仅要克服重重困难"走出去"，"走出去"仅仅是第一步，更要给出当地政府、当地民众满意的工程，打造中国企业品牌形象，这样才能高质量地参与到"一带一路"的建设，才能深度参与沿线各国的经济发展与区域经济合作。

二、"一带一路"：为全球化"修路"

博鳌亚洲论坛 2019 年年会上一位参会相关人士表示："'一带一路'倡议将为世界经济增长和各国共同发展带来更多机遇，并最终促进贸易自由化和经济全球化。"越南和发榕桔钢铁项目可以说是经济全球化的一个集中体现，中冶南方作为总承包商，西马克印度分公司作为分包商，项目现场的人分别来自中国、越南、德国、印度、意大利、韩国、泰国等。在项目中，与中冶南方打交道最多的是和发集团的越南人和西马克印度分公司的印度人，我们采访了四名来自这两个企业的工程师，以探究彼此眼中的"外国人"。

在访谈中，我们认识到中国企业在"走出去"的过程中，还要把先进经验"引进来"。在钢铁冶炼技术上，我国已经居于世界前列。但是相比较西马克公司，他们在海外投资走得更早、更远，具备更加先进的经验和完备的风险应对体系。访谈中谈到物流风险时，中方工作人员感触颇深，由于船舶、天气等异常情况导致货物不能及时发运或者损伤，会严重影响到工程现场施工，从而带来很大的损失。西马克印度分公司的员工则认为这是常见的现象，不认为这是风险。原因是西马克印度分公司的供应商遍布全球，在越南也有长期合作的供应商，一旦出现临时缺货等情况，可以通过全球供应链进行补货，缩短了采购和物流时间；而我国企业在国内施工，已经适应了发达完善的供应链和物流网络，一旦到了供应链不够完备的地区，从国内采购无法规避当地物流运输风险。在跨文化沟通中，越南业主在对比中国公司和西马克印度分公司时，也表示印度人表现得更有耐心，这可能是文化风险应对失效的一个体现，中国员工更加实干，强调用实际成果说话，不注重结果呈现方法，印度人则更加善于通过多种表现形式展现自己的工作成果，更容易让业主接受。在应对合同风险中，西马克公司在合同签订时要求预付款，收到预付款作为工期的开始，随后根据货物到货和安装的情况，在每个环节都有相应细致详尽的付款节点和规定，逐步追加款项，最后余下的款项在安装调试结束后的验收阶段收取。这与国内一般仅有预付款和结算的合同差别很大。我国的工程师在项目施工过程中，也发现西方公司由于起步比较早，具有更加精细的管理经验，他们也在大量地学习以及引入，规避海外项目中可能存在的风险，来提高自身的全球胜任力。

其实不只是中国企业在汲取更加先进的技术和经验，越南企业也在学习中国和印度的技术。越南技术基础较差，他们的工程师面对不理解的技术问题，会不断琢磨，追根究底，直到弄懂为止。有时，中国公司的工程师也会感慨于越南人在这个项目中的进步。

三、共建"一带一路"倡议源于中国，机会和成果属于世界

最后一天，我从远山上看着占地面积 3.41 平方公里的钢铁厂，许多越南工人进厂上班，之后这里会兴建铁路、学校、医院、商场，这个临海偏僻的村庄将因为钢铁厂的建成逐步发展成为经济繁荣活跃的城市（图 2）。正如习近平总书记所说，"共建'一带一路'倡议源于中国，机会和成果属于世界。"这是"一带一路"对沿线各国的意义。

纪实篇

专题篇

案例篇

体悟篇

图 2　越南和发榕桔钢铁厂全貌

　　一直以来，关于"一带一路"的质疑与歪曲也很多。实际上"一带一路"项目注重经济效益，开拓新的市场，为中国经济发展注入新活力；我们与沿线各国"和平合作、开放包容、互学互鉴、互利共赢"，不干涉别国内政，更不划分势力范围。随着"一带一路"项目更多成果的涌现，世界上的公路在延伸、港口在增加、航线在拓宽……越来越多的质疑不攻自破。

　　在调研过程中，我近距离感受到"一带一路"倡议所取得的成就，了解到我国企业"走出去"所遇到的机遇与挑战，也被为"一带一路"项目奉献青春的中国工程师的故事所感动，更在这个过程中，逐步坚定个人的道路选择，将个人发展与祖国需要相连，实现个人价值，服务国家战略。

　　当前，保护主义、民粹主义、单边主义等一些思潮正在泛起，开放型世界经济和多边贸易体系受到巨大冲击。在此背景下，"一带一路"建设，更加具有多方面的世界意义和时代价值，体现了我国作为一个负责任大国的国际担当。身为博士生，更应该"站在世界地图前"思考当下，规划未来。在这次"走出去"的过程中，我结合专业知识进行调研，独立搭建海外工程项目风险评估及预警机制，并详细介绍了文化风险、经济风险和物流风险等可控风险的相关案例和应对措施，简要介绍政治法律风险、资源和基础设施风险、验收标准风险等不可控风险的应对策略，同时也在软实力建设、精细化管理、信息化三个角度提供了宏观建议。能够应用专业知识，响应国家倡议，服务国家战略，我感到非常自豪。与此同时，这次实践也暴露了我在跨文化沟通与交流上的不足，与印度工程师和越南工程师在沟通时由于语言和方法问题，交流浅尝辄止。这提醒我们要继续提高跨文化交流与沟通的能力与技巧，主动成为中国形象与文化的传播者，自信、主动地发出当代中国青年的声音。

正如德国前驻华大使施明贤在《柏林政治杂志》发文所言，中国的"一带一路"倡议意味着这个世界第二大经济体将开启一种以包容、机会均等、尊重文化和政治制度多样性为基础的崭新合作模式。我更加期待将个人发展与祖国需要结合，积极响应国家倡议，做好中国品牌及形象的建设者和传播者。

背景介绍

作者朱淑媛，工业工程系 2017 级博士研究生，2019 年随中冶集团越南支队前往越南和发榕桔钢铁厂开展暑期海外实践，期间参与调研和发榕桔钢铁项目，该项目由越南民营企业和发集团投资，中冶南方作为项目总承包商，承揽项目工程的设计、采购和施工环节，是我国企业"走出去"战略中，实现自主核心工艺与装备技术输出的典范。

在几内亚遇见深耕西非水塔的"异乡人"

⊙ 叶 璐

一、初遇几内亚

几内亚西濒大西洋，首都科纳克里也坐落于大西洋畔，一下飞机即是扑面而来的闷热与潮湿。行走在首都的大街上，汽车多是十多年前的款式，据我们了解它们大多来自其他国家旧车出口，因此几内亚有"废车王国"的称号（图1）。首都交通拥堵严重，行人亦在车流中随意穿行，甚至贩卖物品；且超载现象随处可见，动辄一辆面包车上挤着十几甚至二十个人，有些乘客甚至坐于车顶。首都科纳克里的垃圾处理系统、排水系统都比较欠缺，马路边堆放的垃圾只能依靠每周六的垃圾焚烧才可集中处理，而一场暴雨过后，城市内涝随处可见（图2）。路边常常可见烂尾、只建完外部框架结构即有人居住的楼房，且框架采用木质结构，据当地中国员工介绍，一座五六层的楼，当地人往往搭建两三年仍旧不能完工（图3）。

离开首都科纳克里，当城市楼宇渐渐远去，出现在视线中的多是广袤的平原和起伏的山脉，山上偶有零星房屋，但也多是一层的木屋或者砖房，甚至是无法遮阴避雨的茅草屋。几内亚土地农业资源仅开发不足20%，我们所行之处也多是青草随意生长的荒地，偶有几只牛羊随意游荡，远远达不到成群的畜牧规格，据介绍，这里的住民仍然采用接近于刀耕火种的粗放模式来生活（图4）。不同于我们平日里不离网络的生活，首都外的地区几乎都是无网络服务地区，甚至大部分的村庄都没有通上电，老人孩子们见到我们往来的汽车，会新鲜地冲上前来招手。

图1　首都科纳克里随处可见的废旧汽车

图2　城市道路边随意堆放等待焚烧的垃圾

纪实篇

专题篇

案例篇

体悟篇

图3 首都路边久难完工的木制建筑框架

图4 几内亚的乡间小屋、空旷原野与路边随意行走的牛羊

二、西非水塔上的中国力量

几内亚被联合国列为最不发达国家，根据世界银行数据，其 2017 年的国民生产总值为 277.7 亿美元，体量仅仅相当于我国银川市。几内亚的自有产业比较匮乏，大量的物资都不能实现自给自足。试想在这样一个建一座房屋都尚且艰难的地方，要实现水电站这么大规模的基础设施建设，使之获得真正长远的发展，无论是人力、物力，还是技术水平、安全可靠性方面恐怕都需要倚靠外部力量的输入。

不妨从我们实践的公司——中国水利电力对外有限公司（以下简称"CWE"）几内亚分公司来看，这家公司多次在几内亚进行项目援建。第一个援建项目可以追溯到 20 世纪六七十年代，CWE 代表中国政府援建几内亚，修建了金康和丁基索两座水电站，这两座水电站至今仍安全运行。2011 年，CWE 以 EPC 模式承建凯乐塔水电站，该水电站是几内亚最重要的民生工程之一，被称为"几内亚的三峡工程"（图 5）。自其 2015 年建成投产后，几内亚的电力装机量直接翻了一番，电网稳定性也大幅增加，同时带动了第三产业的发展。也正是凯乐塔水电站，使得几内亚首都科纳克里和邻近几省用上了稳定而绿色的电力资源，也点亮了部分乡村的漫漫长夜。也正因如此，凯乐塔水电站的图案被印在了最高面额的几内亚法郎纸币上。

图 5　建设完毕的凯乐塔水电站

我们近距离接触的苏阿皮蒂项目则是 CWE 在非洲地区实施的首个 PPP 项目，其交易结构涉及凯乐塔电站的并购、苏阿皮蒂投资开发以及苏阿皮蒂项目的融资。应该说，苏阿皮蒂项目是典型的"投贷结合，建营一体化"项目。苏阿皮蒂项目已于 2021 年年初完工，彻底解决凯乐塔电站水库容量小、旱季无法保证足额发电的问题，甚至还能将电力资源惠及冈比亚、塞内加尔等周边国家，不到十年的时间，就使得几内亚由电力输入国摇身一变为电力输出国。行走于苏阿皮蒂水利枢纽施工现场（图 6），除了在孔库雷河上屹立起的大坝，周边还有规模配套的砂石生产系统、混凝土拌和系统、石料场开挖现场。五年时间内，建造起一座坝轴线总长为 1164 米，高度为 120 米的混凝土大坝，无疑是一项十分浩大的工程。而工程所遵循的也多是中国的标准，由中方团队进行设计考察，所用的绝大部分设备，小到一个螺丝钉，都是由中国海运而来。

图 6　建设中的庞大工程——苏阿皮蒂水利枢纽

三、"授人以渔"的互惠共赢

CWE 在几内亚建设水电站的过程中,为当地居民提供了大量的工作岗位。相比于库区村民原本的生活模式,这为他们带来的收入都是远高于原先水平的,甚至接近于首都的收入水平。更值得一提的是,CWE 着眼于水电站的长期运维,致力于为这个国家培养具有足够资质的人才,因此还资助一批当地人前往中国学习水利电力知识,这种"授人以渔"的理念无疑是为几内亚当地的长期发展奠定了基础。"一带一路"之于几内亚,不单是从基建方面加快该国的现代化步伐,更从技能上提高该国人民的水平,利在千秋。

除此之外,"一带一路"给几内亚不仅带来了不可小觑的电力,还牵发了更多的配套效应。在水电站建成蓄水之后势必会淹没原本库区的一些土地,CWE 配套的移民安置项目还为当地居民提供了更优越的住宿与生活环境,甚至还为其集中配备了学校、集市等设施。与此同时,作为负责任的施工方,CWE 还为当地配套建设了库区公路、桥梁。原本 100 米宽的河可能尚且需要依靠摆渡船这样原始的方式,原本的库区省道、国道道路坑洼不平,行车犹如跋山涉水,现今的道路、桥梁建设都使其水平有了质的提升,极大程度上促进了移民库区与外部地区的联通(图 7)。

这还仅是 CWE 一家中国企业公司响应"一带一路"号召为这个国家带来的好处,在这个国家还有许多个来自中国的企业,将中国制造在这片土地上尽情挥洒。就拿我们行车途中所见来说,在几个刚刚通电的乡村,房屋上常常能看到四达时代的标识,也意味着来自中国的四达时代将有线电视带进了几内亚的乡村。我们也有理由相信,有了这群中国基建铁军的不懈付出,加之中几双方的长远合作,几内亚正式迈入现代化指日可待。

纪实篇

专题篇

案例篇

体悟篇

图 7 移民村原本的生活方式（上）与中方为其建设的现代化桥梁和房屋（下）

四、深耕海外 便把异乡作故乡

中资企业"走出去"，依靠的是一个个来自中国、具有丰富经验的个体。他们远离故土，深耕海外，才能够架起中国力量的旗帜，用心中一片赤诚打造中国制造。

我们所见到的营地现场生活，可以用单调、艰苦、充满挑战来形容。营地建成于 2017 年年底，其环境已是经年改进积累所得，而第一批开拓者所经历的从无到有的困难是我们完全无法感同身受的。在此之前的援建员工都需要居住于交通不便、生活配套设施稀缺的活动板房之中，现今还有少部分移民、生产一线的员工居住在那里，其艰辛程度可想而知。营地周围是荒无人烟的大平原，大坝建设也并无停工休息，也就造成了全年无休的连轴转工作模式——一年如一日的工地现场、办公室、食堂、宿舍几点一线的生活模式，网络也仅能满足最基础的通信，即便是国内的传统节日，万里之外的苏阿皮蒂营地，驻外员工可能也只是草草吃一顿接近国内节日寓意的餐食，又投入到忙碌的工作中去。

项目移民工作涉及 4 个省，5 个县，112 个村庄，2117 户，共计 13 701 人的搬迁、补偿、安置工作，需考虑的政治、经济、宗教等问题盘根错节。驻外员工更是在户籍制度都不完善的情况下，挨家挨户地走访，不厌其烦地对其人口结构、现有房屋大小、土地规模、农作物、树木等所有私有财产进行完整、细致的统计和记录，才得以为接下来的移民规划工作提供可靠的数据支撑。140 公里的道路，由于泥泞、颠簸甚至趟过溪流小河，我们需要驱车足足一日才真正走完，且早已身心俱疲，而深耕海外的"异乡人"们扎根此处，把这条路走了一年又一年，对每一个村庄，甚至是每一条小道了如指掌，其间辛苦只有亲身经历过的人才知道。

海外工作还会遇到健康方面的威胁，CWE 在几年前就在抗击埃博拉的过程中积累了不少的经验。而驻外人员一日数次往返于营地与工地之间，热带闷热潮湿的环境下，身上的工作服湿了又干，若再遇上突如其来的降雨，更是将自己患疟疾的风险一再提升。但在我们眼中谈之色变、雨季发病率极高的疟疾，在驻几工作人员眼中，竟已是如感冒一般稀松平常。

短短六周，我们所能窥见的只是海外员工所需要克服的困难的冰山一角，也让我们更加感怀于这些中方员工对于工程项目的一腔赤诚、勇气与毅力。他们身怀中国技术，也肩负中国责任，他们辛勤付出、心无旁骛，才使得中国的"一带一路"建设披荆斩棘、攻无不克。也正是他们，为中国提出的世界命运共同体的思想创造了一个又一个可能。

五、深耕海外，是机遇也是挑战

近距离接触 CWE，深入员工生活，采访不同部门的同事，也更让我们感受到中资企业走出来，深耕海外面临的机遇与挑战。在机遇方面，中国企业走出来，在世界的舞台上大展身手，无疑是提高中资企业的国际地位、世界运营能力的一次重大机遇。目前在"一带一路"中进行基础设施建设的大多数为一些中国的老牌国有企业，他们在中国过去几十年发展的浪潮中更迭，积累形成了成熟的技术与经验，除了继续做大国内市场，相关产业刚刚产生萌芽的"一带一路"沿线地区无疑能为它们提供更广阔的发展平台，让它们在下一个浪潮中走得更远。以CWE为例，其深耕海外多年，在为当地带来发展的同时，也从当地建设的实地条件中不断强化自己的基础设施建设技术水平，让自己的经验和标准更加完善。同时，CWE在当地的建设受到了来自当地国家和政府的大力赞誉，也无疑是从国家层面上深化了两国的长远合作。

但深耕海外也必然会遇到各种各样的矛盾与冲突。中国企业在海外进行大型建设，所雇佣的员工必然包括大量的当地居民。中国制造的快速模式，在这个本习惯慢节奏的地区往往无法使个别员工接受。生产现场的一线当地员工往往安全意识较为淡薄，缺乏足够的大局观，加之语言沟通上的困难，无疑对安全管理提出了更大的挑战。

此外，中资企业在海外建设，也需要面对来自其他国家或地区的咨询、监督等工作。CWE的建设过程中就需要面对来自法国咨询公司对于技术、进度、安全的把关，而在这个合作的过程中也难免会遇到中西方文化差异带来的矛盾冲突。当然，这也是中资企业吸取不同国家长处的最好机会，通过和不同国家机构之间的不断磨合，也是对自身建设、经营能力的一次提升。

最后，中资企业"走出去"，也会面临原材料方面的问题。在本国工业基础薄弱的大背景下，原材料的采购基本上无法依靠本国力量，再考虑到运输成本和货量的问题，一般都会选择从中国国内海运，但这往往需要四个月之久。在工期紧、任务繁重的建设期，就需要对建设的材料、物资有一个清晰的规划和考虑，还需要准备适量的备用品，以面对各种突发情况的挑战。

六、深耕海外，未来是我们的舞台

全球化的浪潮奔涌而来，世界无疑为我们提供了一个更大的发展平台。此次几内亚之行，更是让我们对未来胜任全球跃跃欲试。作为新时代的青年，具备全球视野，提升自己的全球胜任力，深耕海外亦是一个不错的职业选择，CWE的诸多中方员工就为我们提供了职业规划的借鉴，也让我对如何提升全球胜任力有了一定的了解和思考。

首先，行践海外，无疑是一个检验自己储备的过程。在一个截然不同的国家工作、学习，首先要我们具有完善的行前知识整理与储备，包括当地的历史、环境、政治、文化、风俗等，才能让自己在面对一个全新的环境时更加有条不紊。就比如我们行前对于几内亚的环境等情况进行了充分的调研与交流，在此基础上作出的物资、信息准备也十分充足且有用。

其次，语言也是十分重要的，语言使我们能够与当地人有更为深入的交流与认识。好在此番几内亚之行实践队中有一位以法语为母语的同学，才让我们在几次接触到当地住民的过程中聆听不同的声音，同时对话语背后的文化内涵有所了解。

此番行至几内亚，也让我更重视沟通中的自信与尊重。面对交流，我不再因为语言的障碍而畏畏缩缩，而是善于表达自己的想法。但表达观点的同时，也必须充分认识到，两个地区截然不同的体制、文化之间的碰撞和冲突。就好像 CWE 在移民建设的过程中，受到来自当地居民或多或少的不理解，而正是得益于移民工作人员一次又一次的不厌其烦地走访、沟通，才能使上万人的居住问题得以落实。理解与尊重基础上的沟通，可以促进我们与不同文化地区之间的切实有效合作。

未来深耕海外，还需要我们时刻心怀责任，守得住寂寞。工作必然会有艰难困苦需要克服，但日复一日的坚定付出必然会结成硕果。远离故土，将他乡当作故乡，唯有坚定的理想信念能支持我们挥洒青春热血。再者，中国现在在世界舞台上，树立的无疑是一个负责任的大国形象，而这样的责任，也需要每一个具备全球胜任力的我们去肩负。对于一些欠发展的国家和地区，更需要我们心怀一种"授人以渔"的理念，不但谋其现在，也应谋其将来。

短短的实践旅程早已结束，行前"一带一路"于我而言也仅仅是一个从2013年起提出的倡议，虽知其建设世界命运共同体的目标，却从未领略这张蓝图之下的绚烂未来。但这次几内亚之行，却让我看到了"一带一路"的鲜活与立体，看到它在世界上一个角落点燃的星星之火。我也有理由相信，在"一带一路"的

纪实篇

专题篇

案例篇

体悟篇

倡议下，世界命运共同体的构筑正在由中国力量慢慢拼接为现实。也正得益于一群挥洒青春的中国工匠，用自己的坚守为一个远方的国家带来了现代化的希望，他们艰苦奋斗的精神是我们作为新一代青年的学习方向。未来的世界是我们的舞台，施展自我的场所无比之广阔，所需要的是我们打开自己的视野，敢为人先不怕吃苦，看到原本不可能触及的角落，用自己的能力去分析、去交流、去沟通、去理解，最后去奉献，谱写属于自己的篇章！

背景介绍

作者叶璐，化工系 2017 级博士研究生，2019 年随中水电几内亚支队前往几内亚开展暑期海外实践，期间负责超疏水外加剂抗腐蚀混凝土在大坝迎水面的抗腐蚀研究。

实践感知全球胜任力

蔡广一

　　OECD（经合组织）和全球教育中心已经确定了全球胜任力的四个关键方面：第一，通过考察当地、全球和文化标志的问题来研究超越其周围环境的世界；第二，认识、理解和欣赏他人的观点和世界观；第三，通过跨文化进行开放、适当和有效的互动，有效地与不同的受众进行思想交流；第四，为地方和全球的集体福祉和可持续发展采取行动。此次我在法国发动机制造商博杜安（Baudouin）国际动力公司（以下简称博杜安公司）为期六周的实践经历让我有机会深入感知全球胜任力。

一、从标志性问题入手

　　在博杜安公司进行有关法国劳工薪酬组成部分研究时，可以发现在法国劳工法律规制这一整套法律体系内，各种规则对本国劳动者的保护力度相当高。一般而言，在发达国家与发展中国家之间，这种保护水平的差异最为明显，就差异形成的原因、利润分配协议和利润分享等员工福利问题我采访了公司的工会主席。当我问他这些问题时，他告诉我，这些问题在法国当地政府的网站上都有法律条文公示和明确的解释，如在发达国家，国民的薪酬水平和福利待遇都比较高的原因在于法治化比较成熟，有关劳动者权益保护的法律比较完善具体，同时劳动者

专题篇

案例篇

体悟篇

295

对于自身合法权益的维护也比较强烈。我也试着用电脑搜索相关问题，当地网站上对于法律问题的解释十分详细。比如搜索"利润分配协议"，从政府官方网站的法条渊源到民间法律组织协会的非正式解释都一清二楚，当地网民可以对于自己薪资组成中的"利润分配协议"有全面的了解。从这可以看出，法国的普法教育程度高，公民的权利意识强，有法治思维，社会整体有法治理念。这对中国的法治社会建设有借鉴意义，从决策层来说，需要重视普法教育，在中国市场经济不断发展的条件下，人们的思想观念多元、多变，各种利益分歧、矛盾冲突相互交织，只有社会主义法治才能有效调整整合各方利益、化解各种冲突，为社会和谐、稳定奠定坚实基础。当前中国正处于改革的关键时期，在整个改革的过程中，都要高度重视运用法治思维和法治方式，发挥法治的引领和推进作用。我们要提高运用法治思维和法治方式深化改革、推动发展、维护稳定的能力，在社会上形成办事找法、遇事找法的良好法治环境。

针对投资决策属地化问题，我对于法国当地的投资运营政策进行了调查。随着潍柴集团在海外的投资逐渐扩张，运营规模逐步扩大，需要深入、系统地调研海外的法律、法规以及相关政策，从而合法运营，规避风险，进而追求利润的最大化。

法国政府重点支持以下投资：（1）大公司在经济欠发达地区或工业恢复期地区的投资和提供就业机会；（2）针对员工的职业培训计划；（3）为特定人群创造的就业机会；（4）中小型企业在全法国范围内投资和创造就业；（5）环境保护投资。

支持措施根据投资项目类型（生产性投资、研发、创新、培训等）、所在地理位置（是否为优先发展区）、开展项目的企业类型（大型企业、中型企业或中小型企业）有所区别。除支持大公司在特定地区投资和创造就业机会（除"最低减让标准"扶持，由欧盟规定）之外，法国政府部门还在全法国所有公司扶持某些类型的项目，如研发和创新项目、员工培训和雇佣计划，以及面向环保倡议的投资。这些扶持可由国家政府、地方政府（法国的大区、省、市镇）和政府机构以补贴、可偿还预付款、免税及税收抵扣等各种形式提供。公司可以从不同来源获得扶持，总额不能超过规定上限。针对企业投资、创造就业政府有多项补助，可以向三年以上的投资支出（建筑、土地和设备），或投资所创造就业成本（前三年人员工资和社会保险金）提供扶持。获得扶持的投资项目必须在同一区域保留五年（大型企业）或三年（中小企业）以上。除某些敏感领域（例如钢铁制造和合成纤维）之外，政府可以为法国某些地区的大企业投资项目提供扶持。项目的地点是评估扶持程度的决定性因素。在这些区域发展区以外，分配给大型企业从事投资项目的政府扶持封顶为每公司三年 200 000 欧元（欧盟内的"最低减让标准"）。中小企业还可在全国获得投资扶持，相当于投资额的 10%~20%（除非"最低减让标准"扶持更有利）。作为企业的投资决策者，通过考察当地投资政策的同时，也要研究对比中国，中国也有相应的产业园区建设、自由贸易区和保税区等，同时"一带一路"的政策扶持也有助中国企业在海外的投资发展。

二、跨文化的尊重、沟通和协作

在法国，当地人的一周工作时间为 35 小时，这就意味着他们的一周工作时间为 4 天半。悠闲自得是法国工厂的典型特色，车间里备足了零食点心、茶水饮料。工人工作时，音响总是开着的。法国人的浪漫似乎和中国人的效率至上产生了矛盾，事实真的是这样吗？在接下的实践相处中，我发现其实法国人还是很讲效率的。拿博杜安公司的发动机喷漆工艺举例，传统的法国人采用手工喷漆的方式而不采取机械化的喷漆方法。这看似牺牲了效率，从 1 天机械化喷漆四五台到 2 天手工喷漆 1 台，实则提高了产品质量、减少了返工率。这样看来，法国人的浪漫心态是建立在确保高质量完成工作的基础上的。法国人是在工作保质保量的基础上，缩短了工作时间，在提高工艺水平的同时，劳工的生活质量也得到保障。

互动开放的贸易交流背后，就是思想的交流和想法的碰撞。博杜安公司与中国总部潍柴集团在技术、管理等方面的交流和沟通随着时间的推移逐步深入。双方起初在企业运营上的差异逐渐转变为相互学习、相互融合。博杜安公司生产、销售总监在实践期间带领我们参观生产车间，他介绍了一个典型案例：用于母子公司海上运输发动机的包装原本是木质箱，法国工人拆卸一个木质包装箱需要一上午的时间，费时费力，潍柴集团发现这个问题后，用一种新材料包装袋代替了原来的木质包装箱，这一创新举措在防锈防雨的同时降低了人工成本，提高了工作效率。

在思想交流和碰撞中坚持自己，使他们充分认识自己。在与法国员工的交流中，我感觉到部分法国人对中国人的印象好像只停留在"买买买"这种物质层面。这反映他们对中国文化及中国人的不甚了解。为此，我们应该思考在跨文化交流中，如何在自己的中国元素不要消失的前提下，深刻认识自己的文化根源与价值观，理解文化对个体思维和行为方式的影响，让外国人认识中国人包容不谄媚、尊重又不卑微的形象，在跨文化环境中自信得体地表达观点，从而使他们充分了解到中国文化和中国人的品质。

三、理解人类相互依存、共同发展的重要意义

此次实践让我有机会深度体验巴黎，地铁作为我日常的交通工具，令人遗憾的是，巴黎的地铁治安管理相比国内差之甚远：地铁内随处可见流浪汉乞讨，逃票者直接越过检票闸机的场景。巴黎作为享誉全球的浪漫之都、国际化城市，似乎不应该存在这种"脏乱差"的形象。这与法国难民吸纳有关系，巴黎的地铁让我对"难民"有了负面的印象。但是同样发生在巴黎地铁内的一件事，又让我对"难民"问题有了不一样的理解。也是在一个周末，我乘坐地铁时发现周围有人在扒窃，这人用书包作掩护，准备偷一名游客的钱包，旁边或许有人发现，但无人敢言。这时候，一个流浪汉模样的黑人大声喝道停止，一下子把小贼吓跑了。车厢内的人与这个一身正气的大汉击掌，拍手叫好。这个时候，没有人把他当作是制造脏乱差的流浪汉，而是一个地铁站里挺身而出的英雄。两种不一样的场景形成鲜明对比，让我感触很多。作为一名法律系的学生，当面对社会上那些不够好的地方时，我的思维总是出现规范、强制等法制概念：逃票的行为就是要制定地铁管理条例严厉处罚、难民问题就是应该限制难民的流入。这些想法是片面的，纸面上的法与实际的法是不同的，难民问题不是一个纸面上的法的问题。如果没有

亲身经历"难民英雄"事件，我很难理解什么是"法治"，法制和法治是不同的。法治面对的是人的问题，而人的问题必须要实际接触才能做到了解人情、体会民情，单靠法制强制性管理和处理社会问题，可能会对一部分人不公，必须严谨制定和使用法律。

本次实践中，我更加全面地认识了"全球胜任力"概念。全球胜任力我理解为融会贯通四字。在认知层面，我们首先须掌握沟通的语言，以此为工具，研究世界知识和全球议题。在个人层面，我们需要坚守文化自信，做一个有道德与责任感的中国人是首要的，也是根本的。对于培养责任感，首先源于对自身身份和独特文化的认同。在人际层面，我们以开放与尊重的心态重新认识世界，需要以更加积极的心态多参与到全球事务的建设中。以本次法国实践为起点，我将时刻提醒自己培养全球胜任力，在认知、个人和人际维度层面，做到融会贯通，坚守自觉自信，秉持开放尊重心态，积极参与世界知识与全球议题的讨论中，加强同世界的沟通与协作。

纪实篇

专题篇

案例篇

体悟篇

背景介绍

作者蔡广一，法学院 2018 级硕士研究生，2019 年带潍柴动力法国支队前往法国马赛开展暑期海外实践，期间充分调研当地法律法规，为潍柴在欧洲再扩张及现有企业的日常运营发展提供量身定制的法律支持，进行"中国企业在欧洲投资运营的法务问题研究"项目研究。

从坦赞铁路到下凯富峡

——友谊的传承

⊙ 刘 宇

一、初见赞比亚

2019年6月28日，在夕阳将要西下的时候，我走出卢萨卡首都机场，第一次踏上非洲这片幻想过无数次的土地，第一次见到赞比亚（图1）。稀疏的建筑，让人目光极远。目之所及的是一片典型的旱季草原，偶有几颗高大的树木零零散散地分布着，夕阳仿佛挂在远处的大树上。这眼前的一切，让人既陌生又熟悉，陌生的土地，但却和脑海中幻想的非洲大陆几乎一样。来接我们的是一位当地的年轻小伙，他穿着干练，话很少，唯一的问题是询问我们中国是一个怎样的国度，言语神色中似是透露着一丝向往之意。

图 1 赞比亚街景

从卢萨卡到我们所在的下凯富峡水电站项目部有三个小时的车程，整个路途中的所见所闻便是赞比亚这个国家的缩影。卢萨卡是赞比亚最繁华的城市之一，其城市化建设已经初具规模，但仍很难见到一些高层建筑，物价水平相比全国来说较高，城市建设颇有一番 20 世纪 90 年代中国城市的味道。卢萨卡的城中随处可见一些中国烙印，包括国产手机、"金孔雀"和"金筷子"酒店、硕大的"中国移动"商标等。一个比较有特色的场景就是在行车过程中，路中央会有一些商贩向你兜售手机卡、水果，甚至是葱蒜等生活必备品，而司机们也乐于停下车购买。

出了主城区，环境开始转变，我们逐渐看到了大部分赞比亚人民的生活状态。破败的砖瓦房，有些甚至是没有门窗的茅草屋，人们的生活状态很慢，可以说有一点"慵懒"，居民们放养的牛羊随处可见。项目部常常以一头羊的价格来衡量当地普通百姓居所处的物价，在项目部附近，一头羊的价格只有不到 100 元人民币。

项目部位于下凯富峡的山上，从山脚到项目部要经历 40 分钟左右的盘山公路。因此，实际上项目部的工作人员除了进行必要的采购工作，其余时候很少会下山。我们在当地时间晚上八点多到达了项目部的营地，安谧、温馨，是我对项目部的第一印象。微风吹过，耳边传来一些昆虫的鸣叫声，十分惬意。员工们的住宿条件、办公环境和日常饮食相比于国内来说要更好，除了身处异国他乡，国外的工作环境也要优于国内（图 2）。

图 2　实践期间住宿条件

纪实篇

专题篇

案例篇

体悟篇

二、别样的非洲世界

在项目部的六周时间里，我们除了完成自己的研究课题，协助施工局解决工程现场的实际问题，还与施工局的中国员工以及赞比亚当地职工进行了很多交流，也走访了赞比亚一些有特色的地点，深入地了解了这颗非洲的未来明珠，体会到了中赞之间源远流长的友谊，更加明白党和国家提出"一带一路"倡议的意义和重要性。短短四十多天的时间里，让我感慨颇多。

（一）他们：当地人民

虽然有相关报告指出，赞比亚整体已经进入发展中国家行列，但实际上赞比亚的经济发展水平仍然比较落后，贫富差距明显（图 3）。我们在当地进行调研时发现，农村的普通百姓有时一天只吃一餐，并且经常以熬的粥加一些菜叶作为

图 3　当地居民日常生活

这一餐的食物。其他大部分时候处于饥饿状态，营养不良现象并不罕见。如果普通人家不慎丢失了一头牛或一只羊，对他们来说会是一种沉重的打击。我们曾经见到有一户居民家的小男孩在放羊时丢失了一只羊，而被父母严加训斥的场景。与农村地区对比明显的是，首都卢萨卡、旅游城市利文斯顿均可以看到一些衣着光鲜亮丽的商人往来。值得注意的是，赞比亚的教育水平整体偏低，学费非常高昂。我们发现，当地一些条件较好的家庭会把自己的孩子送到中国等其他国家进行大学学习，理由是除了可以接触更好的教育，也包括中国的学费较为低廉。

虽然当地人民的生活和经济水平不高，但是素质水平相对较高。项目部中一些毕业于当地名牌大学的大学生员工以及有过海外留学经历的员工，在工作中能够兢兢业业，按时保质地完成自己的工作任务。项目部营地中也住着一些当地员工，每天晚饭过后，都能听到他们的歌声和欢笑声，这是一个虽然贫穷，但乐观、

勤勉的民族（图4）。

图4　当地的孩子们

（二）我们：项目部中国员工

下凯富峡水电站项目部的中国员工整体年龄偏年轻化，相比于国内项目，有过留学经历的员工比例较高。中国员工精神面貌非常积极向上，大家在工作中相互扶持，每个人都在尽职尽责地完成自己的工作，各部门之间联系紧密，各项工作井然有序。工作之余，员工们会聚在一起打球，晚上一起在项目部的 KTV 唱歌，组织烧烤派对（图5）。由于身处异国他乡，员工们之间的情谊显得更为亲密和真挚。

图5　项目部的业余活动

我到项目部之后，带我的老师是质量部的郝经理，他总是让我亲切地喊他郝哥，使我放下拘束感。郝哥来自于项目的联营体——西北勘察设计院。他是一个在工作中认真负责，又非常开朗乐观的人，每天都是笑容满面，全身心地投入到工作中。让我印象深刻的是，有一次我无意中看到他一个人在办公室与自己四岁多的女儿视频，他开心地陪着孩子说话，但是笑着笑着就忍不住泪流满面。那一刻，我明白了海外员工们的思家之苦。当我后来与他谈心时，他跟我说，只有先有国家，才会有自己的小家，国家需要他到这儿来，虽然想家，但他也不后悔。我想，在"一带一路"沿线的这些国家项目中，每一个中国员工都是念家的，但每个人都没有退缩，都在认真负责地干好自己的本职工作，每个人的力量是渺小的，但每个人也都是伟大的。

三、海外企业的社会责任

下凯富峡施工局在针对员工以及赞比亚当地方面积极地履行自己的社会责任。施工局非常重视职工的文化娱乐生活，如组织国庆节、春节文艺演出，项目部配备健身房、阅览室、卡拉 OK 室等，定期举行聚餐、烧烤活动。

在属地化管理方面，施工局为当地社会提供了大量的就业岗位。施工局在项目所在的凯富埃镇设招聘中心，在建项目累计为当地提供了 6000 余个岗位。现有当地员工 2794 名，占项目员工总数的 86%。施工局实施全勤奖励和工长奖励制度，提高生产效率。另外，员工中还包括当地大学毕业生 82 名。为了系统培养当地大学毕业生，施工局促成中赞员工结为师徒。中方导师由部门负责人和技术干部担任，赞方学生中有留学生，也有赞比亚重点大学的毕业生。专业包括土建工程、电气工程信息技术等，旨在帮助赞比亚员工融入项目，加强相互文化认同，提高工作能力和业务素质。

此外，施工局在项目部附近开设职业技能培训学校，2018 年 7 月，揭牌成立了黄河水利职业技术学院大禹学院和黄河水院 - 中国水电赞比亚教学部。中国水电培训学校至今已开展了六期课程，开设专业主要有机修、土建、电焊、电气、测量、试验等。培训学校有多名当地教师，以及黄河水利职业技术学院的中国老师，其中所有当地教师具备留学中国和赞比亚名牌大学教育背景。系统的学习和培训使结业学员在作业现场能迅速了解工作流程及技术规范，并按要求完成任务，而未经培训的员工需 4~5 个月才能在无中方工长的指导下工作。自学校开办以来，249 名赞比亚工人有活干、有学上，在培训期间发放基本工资，既增强了就业能力，又挣到了工资，这在赞比亚尚属首次，得到了赞比亚国家电视台、新华非洲、《非洲华侨周报》等媒体重点报道。

施工局在对当地员工的管理上充分体现了规范化和人性化。项目部编制了劳务管理手册，加强劳务管理；提供了通勤大巴，凭票上车，规范乘车秩序；在劳务营地修建足球场，并提供电视机和台球案等娱乐设施；组织拔河比赛、足球赛、跳棋赛，增强员工的凝聚力；并且在每年节日期间为当地员工发放玉米粉、食用油和糖果等福利。

除此之外，施工局还建设了南杜巴营地并移交给当地政府，造福当地百姓；筹集资金陆续为凯富埃镇奇坎卡塔地区的 15 个自然居民村打水井 17 口，解决了长期困扰村民用水难问题；向赞比亚政府捐赠抗击霍乱物资；参加赞比亚大学孔子学院第二届人才招聘会，拓宽了赞比亚大学生的就业渠道；向上凯富峡小学捐赠书包和文具并为修建中学提供中石一车；为"世界艾滋病日"活动提供宣传资金等。

这些种种善举诠释了中国企业在海外的社会责任意识，为中国企业甚至是我们的国家树立了良好的形象，这在"一带一路"倡议是至关重要的。

四、告别

"一带一路"倡议促进了投资和消费，创造了需求和就业，增进了沿线各国人民的人文交流与文明互鉴，让各国人民相逢相知、共享和谐、安宁、富裕的生活。在短短的六周海外实践中，我们有幸看到了中国企业在跨文化交流和管理中的创新，见证了中国制造和中国力量在国际舞台上的魅力和影响（图 6）。作为新时代的清华人，我们要时刻牢记自己的使命感，将自己的理论和知识转化为推动国家进步的一份动力，在实现中华民族伟大复兴的道路上昂首向前！

图 6 实践支队成员与本土员工合影

背景介绍

作者刘宇，土木系 2017 级博士研究生，2019 年前往赞比亚开展暑期海外实践。实践支队分别针对"全圆引水隧洞衬砌质量控制研究""溢洪道高敏感区滑模施工质量控制""下凯富峡施工局项目宣传"课题开展研究。

丝路征程，万象更新

——老挝实践行有感

⊙ 王　涛

2019 年夏天，我们来到了东南亚唯一的内陆国家——老挝，开展博士生必修实践。短短六周的实践之旅，带给我的远远不止实践本身。真到了离开的时刻，收获、不舍与对这个国家未来的憧憬，汇聚在一起，给我留下了极深的文化与思想印记。

一、印象老挝

过去几年我曾到访过很多东南亚国家：新加坡、马来西亚、印度尼西亚等，但老挝给我的印象与其他国家完全不同。老挝人大多信仰小乘佛教，"佛系"也成为当地人性格的标签。语言不通的老挝人面对我们时永远是大大的微笑，随和、友善是我们对这个"世界最不发达国家"的第一印象。老挝虽然一直处于贫穷国家行列，但人民的幸福指数反而是很高的：啤酒、音乐、朋友在一起就是老挝人的幸福一天，这让我不禁想与北上广的快节奏生活作对比。现代人为了更好的生活，拼命工作，努力追寻更高的声名利禄。即使有一些人达到了较高的生活水准，但他们心中的满足感可能还是远不足老挝人的。那么从这个角度想，孰优孰劣其实很难界定，因为人的幸福，远比身外物要更重要，这也是亚里士多德所说的终极目标。

虽然我们的主要任务是完成老挝产业调研，但出于渴望了解中国机械设备工程有限公司（以下简称 CMEC）项目现场和所调研到的经济特区现状的诉求，我们还是请求公司的同事们带着我们去考察了乌多姆赛省的乌江变电站项目现场和在万象市的三个经济特区。

老挝正处雨季，项目现场处于山区导致道路更是泥泞不堪，以老挝工人为主的施工队正在用砖瓦搭建变电站的控制楼。通过和现场负责人的沟通，我们了解到老挝工人的工作能力较差。中国工人的工作效率是老挝工人的 3~4 倍，而出于雇工保护法律，外国公司还必须要雇佣一定量的老挝员工。老挝人教育水平薄弱，经济基础也只能支持老挝人完成最基本的学业，由于工业还未完全发展，也更没有相关的职业培训学校，造成了老挝劳动力质量较低。从另外的角度说，老挝人生性温和，大多满足于悠闲的生活，这也是其中一个导致这个国家经济发展滞后、工业难以靠自身发展的原因。

此外，我们参观了处于万象市的塔銮湖经济特区、赛色塔开发区和 Longthanh- 万象开发区。这三个经济特区最初的规划或定位是，建设独立的社会和经济体系，投资建设物流中心、住宅、医院、学校等完善的服务设施。然而，在理论上早已完工的今天，规划的住宅楼成为"鬼楼"，医院和学校更是没有建设的影子，老挝政府计划的，由其他国家投资的经济特区计划，大多数没有得到应有的发展。其原因较为复杂：一方面，这种现代化的生活方式让老挝人在短期内很难接受，购买力也难以保障；另一方面，配套服务设施的质量很难保障，缺乏技术和人才是老挝的一大现状。更重要的是，老挝政府表面上非常支持，但投资款在背后可能有相当一部分都进了官员的腰包，这也是老挝投资建设普遍面临的严重问题。

博士生实践期间，我们与 CMEC 万象代表处的员工保持着同样的工作时间，实际体验着他们的生活节奏。在代表处每天的工作时间是 8:00—11:30,13:30—17:00。由于老挝与北京时间仅有一个小时时差，所以作息上也与国内基本保持一致。在下班过后，代表处的同事们会选择外出聚餐，或是约其他公司的驻外人员、老挝政府的工作人员或业主一起运动，保持适当的社会交际。羽毛球在这里是非常重要的社交方式，几乎每隔几天就会相约一次。驻外生活有时是枯燥的，所以有一个稳定健康的社交圈是非常重要。此外，由于万象有最基本的电影院、超市、健身房等场所，所以能够满足海外员工最基本的生活娱乐需求。

老挝人的生活简单、轻松和满足。老挝是佛教国家，每天清晨的布施仪式是很多老挝人的重要习惯。僧人们成群结队走过街巷，接过当地人为他们准备的糯米饭，将其作为修行日子一天的食物，而供养者也因此感到神圣和喜悦。老挝人可能不太富足，但应有的娱乐活动一项不少，甚至有人说，啤酒、音乐、朋友在一起就是老挝人的一天。Beer Lao 在当地是老少皆宜的存在，老挝人喝酒甚至可以一整天不知疲倦。到了晚上，大街小巷的夜市开张，售卖各种炸物小吃，甚是热闹。湄公河边，每晚都会聚集众人跳广场舞。这里的广场舞以健身动作为主，与国内略有不同，而且目之所及全是年轻人。这一切都显示出老挝是一个传统、慢节奏又不失青春节奏的国家。

二、CMEC 面临的机遇与挑战

老挝的发展目标之一是成为东南亚蓄电池，即区域性电力输出核心，故而近年来对火电站、水电站的投入巨大。发电厂的建设需要配套的线路送出，即形成了项目需求。而 CMEC 的投资项目主要是基建项目，其良好的国际声誉和过硬的工程质量受到了业主的欢迎。但与此同时，CMEC 在投资建设项目过程中也遇到了不少的挑战：

（一）法律法规不健全，契约精神不足

老挝的法律法规不太健全，部分法律法规也可能出现模糊或者矛盾之处。此外，老挝部分业主的契约精神不足。目前正在进行的南纳恩项目就出现了这样的情况：在前期和业主已经就项目开展细则签订了协议，中方也已经实施勘测、进行初步设计并提交，在这个阶段业主又突然改变想法，这导致前期投入的成本全

部打了水漂。

（二）劳工缺乏一定的专业素养

这是由老挝文化和教育水平共同决定的。老挝是佛教国家，民众天生"佛系"，这导致他们缺乏一定的学习和工作欲望。而老挝本身较为贫穷，基础教育也比较薄弱，更助长了这种现象。

（三）政府和业主工作效率不高

老挝人民信仰佛教，淳朴善良，但反而容易导致懒散。以文件签署举例，老挝比较认可手签，所以如果负责人不在，可能整个项目就迟迟不能推进，这和国内的信息化办公天差地别。

（四）缺乏项目投资回报保障

CMEC 的几个项目，其实都遇到了项目收工时收不回尾款的问题，这说明老挝政府的资金意识不强，从而导致缺乏一定的投资回报保障，这也给中国企业的项目投资带来了一定的困扰。

（五）产业链不全

尽管老挝国土面积不算太大，但人口密度较低。由于工业基础的薄弱和国家财富的缺乏，相关的产业链极不完善。所以常见的产业如金属冶炼、石油开采、农产品加工等，都因为缺乏上下游企业而导致无法开展投资，这也给公司进一步在老挝拓展业务带来了困难。

（六）征地和环保评估

输变电工程需要处理好线路走廊的问题，即征地。老挝的土地性质是私有，所以在这方面问题比国内要更难以处理。作为外国企业，比较难与当地民众直接进行征地沟通，一般委托当地公关公司进行协商。环境评估是项目执行过程必须满足要求的一个环节，但老挝政府的环评工作其实标准模糊，人为成分很多，这也给项目实施带来一定意义上的成本。

从长远角度看，中长期发展的企业可能还会面对更多的问题：

（1）市场竞争

企业与企业之间面临着激烈的竞争。国家现在推动"一带一路""走出去"的国家越来越多，未来的国际市场会包含越来越多中国企业之间的竞争。老挝的市场较小，周边国家的市场情况类似，很容易发生饱和的情况；但国际企业之间的竞争在国际工程领域可能相对较小，因为方向不同。

中资企业在拓展一个项目的同时，其实竞争对手也在直接增加。故而拿项目时可以多从老挝角度考虑，例如做蓄电池不能一味地加水电站，也要考虑到加水电站之后电的出路问题；当然，同时也要考虑西方国家对"一带一路"是否支持和既得利益国家的阻力等问题。所以企业在进入市场或拓展业务前要做好充分的调研。

（2）政府行为

依托于具体的国家情况，政府的政策不一定具有连贯性，相关规定可能不全面，这就需要企业针对性地做一些调整；政府的公信力和执行力较差，有些规定比较模糊，改动随意性大。比如在某地建立一个工业园区，规定十年之内免税，可能出现执行两年后出现一个政策，之前的合同无法执行；长期来看，投资类项目配套项目可能需要从国外进口，增加了很多成本。

（3）国家环境

国家的财政情况各异，比如老挝的支付能力相对较差；其他国家存在治安环境不稳定的问题，比如非洲，需要做好相应预案。

三、文化差异与全球胜任力

文化差异甚至是文化冲突，是我们来到老挝最感兴趣的议题之一。上文已经多次提到，老挝是佛教国家。人民温和淳朴，不急不慢，这无疑为项目的推进带来了阻力。代表处的同事们体会最深的即是每次催材料、催尾款，老挝业主总会慢慢处理，这对于刚刚入驻的海外员工来讲是非常难以适应的。目前公司已经制定了"催促流程"，即在何节点应以何方式去催，现在各方面项目进展已经回到了中方能够控制的进度。

此外，老挝人喜欢休闲生活，足球和喝酒是老挝人最喜欢的两个项目。作为需要经常与老挝人打交道的代表处来说，更是需要参与好这些项目。对于公司而言，在海外想要得以生存，得以发展，就需要迅速调整自身融入当地的文化，和当地人打成一片，这样业务才会更顺利地开展。

作为我们新时代的青年，全球胜任力是近年来提出的重要能力。我们不仅应当在语言上做到与来自不同国家不同文化的同伴交流，更应该尊重他人的文化，避免产生文化冲突。最重要的是，在融入他国文化的同时，也不能忘记自己本国的优良文化，要有文化底线、文化自信，如此便是我理解的全球胜任力的内髓。当然，接触不同文化时会发生意料以外的状况，要善于调整自身，提高适应与应变能力。

总结这次实践之旅，我们收获的不仅是这个国家给我们的异域风情，也对社会、做事方法等有了更加深入而直观的认识。感谢这次宝贵机会，相信这六周的充分锻炼能够在我们一生中留下深刻印记。

背景介绍

作者王涛，电机系 2017 级博士研究生，2019 年带中机械老挝支队前往老挝开展暑期海外实践，期间通过现场实践对海外输变电项目及项目群的实施了解海外项目及项目群执行的特点和难点，并就项目所采用的技术提出改进建议。

中国工程在海外：新机遇和新挑战

⊙ 蔡诗瑶

2019 年的夏天，在埃及开罗，"一带一路"上的重要项目——埃及新行政首都 CBD 项目正在如火如荼地建设中。其中 P3 标段是由中建一局国际工程公司承建的，标段内主要包括两座高度为 141 米的超高层写字楼。如果放在国内，这一工程对于高水平施工企业而言想必已是熟门熟路、得心应手，但是当它被移植到一个陌生的国度之后，却为身处海外的中资企业和工程人员们带来了不一样的挑战，而挑战的背后，或许也潜藏着更多的机遇。

一、勇于开拓，靠专业能力说话

提起建设工程施工现场的工程师，许多人的脑海中浮现出的大概是一个头戴安全帽、身穿 Polo 衫的中年男子的形象——毕竟，在人们的印象中，在工地上工作就是"又苦又累"，女孩子大概是吃不消、不顶用的。因此，我在最初报名海外实践时也曾担心是否会因为性别而落选，然而，我不仅幸运地获得了这次实践的机会，更是在埃及那"火焰山"一般的气候和环境条件下的施工现场中，发现和认识了许许多多在海外工程项目上发光发热的优秀女性，例如，中建一局海外业务部总经理权会利、新首都 CBD 项目 P3 标段项目经理王瑶、行政部经理汤琦等。她们大多从大学毕业开始就从事海外工程，至今已有几年乃至十几年的海外工作经验。她们充满自信、作风果断、思路开阔，能在沙漠里艰苦的工作环境中独当一面。

王瑶经理是整个 CBD 项目所有标段中唯一的女项目经理。我曾向王瑶经理请教关于学习土木工程的女生未来的职业规划问题，她的回答给了我很大的启发和鼓舞。她说，她只是按照一名普通项目经理的要求来要求自己、全力以赴，并未过多考虑自己的性别，依靠实际成绩获得了当地业主和监理的认可。女性的专业能力与男性相比并不差，但是性格和勇气方面可能偏弱，而这种弱势往往源于社会文化对于女性的期待。因此，许多女性在专业水平方面完全可以胜任各种岗位，只是缺少一些开拓事业的勇气。

虽然有人说土木工程行业已经进入了"白银时代"，但是它在世界范围内依然有着巨大的市场和发展空间。海外工程中，中资企业"人生地不熟"，与当地政府和其他企业沟通、配合的难度更大，但同时也意味着环境比较纯粹，不需要处理太多应酬和人情关系，只要有过硬的专业技术和能力，愿意积极学习、融入当地环境，海外工程便是土木人施展作为的广阔天地。同时，海外工程也对土木人提出了新的要求。由于海外工程多采用总承包管理的模式，除了常规的结构施工外，还涉及设计深化、图纸协调、采购及进口管理，以及装饰、机电等专业的组织。这就意味着许多工作在国内的工程项目中可交由分包单位完成，而在海外则需要由一家单位一力承担。因此，除了本专业的能力之外，海外工程中的土木人还需要具备更强的综合能力，以及多专业间的沟通和协调能力。

虽然海外工程面临着环境艰苦、陌生，以及管理难度大等问题，但这也恰恰为我们土木人发挥自身本领提供了新的舞台，只要我们勇于挑战自我、勇于跳出舒适区、勇于承担更多责任，那么，无关性别、无关人脉，只要练就一身扎实的本领，将个人的职业规划与国家的发展战略相结合，将理论知识与工程实践结合起来，就可以成就一番事业。

二、因地制宜，破解属地化管理难题

中资建筑企业初步迈出国门、走向海外时，习惯于带着国内劳务到其他国家进行工程建设。但是，随着我国人口结构的变化和人民生活水平的提高，国内工人也面临着短缺的问题，中国工人在国际工程中正在逐渐失去成本优势。另外，工程项目所在国为了保障本国的就业，往往会制定相应的政策，限制外籍劳务人员的数量，或规定本国劳务的比例等，这也限制了企业从国内招聘劳务。因此，中资企业必须开始探索属地化经营和管理的道路，选拔、培养和使用当地人才，充分利用当地人力资源，逐步建立属地化管理体系。

虽然许多中国企业已经在近年来的海外工程实践中积累了一定的属地化管理经验，但是不同国家的行业发展水平不同，文化、宗教和思维方式等也有差异，在每个国家获得的属地化管理经验都具有不可复制性。例如，东南亚国家与中国的文化差异小，劳动力来源复杂；欧洲机械化程度高，市场分包产业成熟；非洲劳动力资源充足，但是工人技术水平低。面对不同的环境和场景，中资企业一方面需要尊重和适应当地的宗教和文化；另一方面也需要因地制宜，制定合理有效的管理制度，激励属地化员工，提高工作效率。

在非洲国家中，埃及的建筑市场是比较发达的，建筑工人的基数也比较大。我们实践所在的标段属地化员工人数占比很高，中国工人与埃及工人的比例高达 1 : 9。埃及工人薪资水平为中国工人的 1/5 ~ 1/3，因此具有较大的成本优势。但同时，埃及工人也存在技术水平不足、超高层建筑施工经验缺乏、质量和安全意识薄弱等问题，需要经过更多的培训与磨合，才能胜任施工现场的工作。另外，由于文化差异，当地人对待工作的态度和中国工人有很大的不同：例如，由于宗教信仰和生活习惯，他们每日要进行多次礼拜、喝茶等；另外，他们不热衷于储蓄，更喜欢当"月光族"，因此在工资到手之后，工作积极性就会迅速下降，有的工人会直接离职，等花完薪水后再重新找工作。从个人角度而言，不同文化下的认知和行为差异是很正常的，但是对于一个项目来说，则存在工程效率和成本的问题。尤其是工人流失的问题，由于工人的培训需要投入大量时间和资源，工人的高流动性将带来很大的损失。我们所在的项目部，一开始有 2000 名左右的埃及工人，经历了一段时间的双向选择后，留下了比较稳定的工人约 300 名。为了培养符合中国工程要求的高水平工人、降低技术工人的流动性，项目部对埃及工人进行技能培训，包括上岗前的集中培训和上岗后的日常指导，使他们在提高技能水平的同时认可中国技术。另一方面，项目部还建立了相应的管理和考核体系，摸索出了主动淘汰机制，只留下优秀的、愿意长期在此工作的工人，并尝试通过多种方法对其进行激励，提高工作积极性。此外，项目部也在文化融合方面做了大量的工作，比如，让中国团队了解当地的宗教习惯并依此调整工作模式；又如，对来自中国的班组长进行阿拉伯语培训，要求其掌握简单工程和生活用语的常用词句，便于现场指挥和沟通。同时，项目部还会组织集体活动，并时常对优秀工人进行表彰和奖励，让当地工人感受到尊重和自我价值，对自己的工作产生荣誉感。

属地化不仅限于建筑工人，还需要吸收当地的高层次管理人才。我们所在的项目部，中国工程师与埃及工程师的比例接近 1∶1。由于中国团队一开始对埃及工程师的专业水平并不了解，只让他们担任了中国工程师的助手。但是，在经过一段时间的了解与磨合之后，才发现中、埃工程师在专业能力上各有千秋、难分伯仲。许多埃及工程师的专业能力毫不逊色于国内工程师，且在与当地企业沟通方面有着巨大的优势。因此，中国企业更需要给予他们充分的尊重与信任，帮助他们梳理组织架构、为他们安排独立的工作和管理任务，通过压力和责任感调动他们的积极性。在本项目中，项目团队就大胆地将机电设计及技术模块交给了埃及工程师，由埃及工程师牵头、中国工程师配合开展工作，取得了很好的效果。

在实践过程中，我深切地体会到，不同国家和地区的法律、政策、技术、文化千差万别，属地化管理面临着种种壁垒和障碍，管理体系的建成和完善无法一蹴而就，而需要长期努力。然而，我也能够感觉到，人与人之间的心灵和情感是相通的，只要我们以真诚、开放、包容、理解的心态，在实践中积极沟通、积极探索、积极创新，必能形成一条适合中国企业的属地化管理之路。

三、坚守海外，彰显家国情怀

人员流动性大的问题不仅存在于属地化员工中，在海外工作的中国工程师也是如此。在我们实践的短短6周内，项目团队中既有新成员的加入，也有工程师离开埃及，选择回到国内发展。实际上，海外工程师的薪酬并没有特别高，且由于国内外建设环境的差异，海外工程经验在回到国内后能发挥的作用也比较小。因此，这些不远万里来到异国他乡搞建设的海外工程师，无不是满怀好奇心和事业心，想要响应国家号召、为中国建造走向世界贡献一份自己的力量。然而，当最初的新鲜感消磨殆尽，工程师们面临的是艰苦而单调的工作和生活环境，以及与家人长时间分离等种种问题，这导致了很多人在海外工作半年到一年左右就会选择调回中国。

对于他们的心情，我是非常能够想象和理解的。我们所在的项目工地远离城镇，没有公共交通，几乎形成了事实上的"封闭式"管理，只有每周五（周五是当地的礼拜日，项目部把周五定为单休日）早上10点的班车能将我们载到最近的一个购物中心——可以在这里逛超市，也可以从这里打车去城区逛逛。而在工作日期间，由于工地现场网络信号极弱，哪怕只是给家里人发一条微信也需要花费很长的时间，很容易让人产生孤独和与世隔绝之感。我不知道自己在微信的"发送中—发送失败—重新发送"中循环过多少次，也不知道自己盯着手机上的信号标识发呆过多久。等实践结束返校之后，身边的人聊起前段时间的新闻，我都是一脸茫然，这才意识到自己已经与外面的世界"失联"很久了。在项目部只待了一个多月的我尚且如此，更何况长期在此工作的工程师们呢？

这些体验让我更加敬佩那些能够在海外岗位上坚持多年的工程师们。大浪淘沙始见金，惟其艰难，方显勇毅。他们耐得住寂寞、顶得住压力、经得住考验，无论外界环境如何，始终怀着满腔热血，在这一片渺无人烟的沙漠中央挥洒汗水、不懈奋斗，浇灌出一片又一片的现代化城市新区。我想，他们之所以能始终保持顽强的意志，不被单调的环境所消磨，是因为有着坚定不移的理想信念和至真至深的家国情怀作为支撑。我想，这种信念和情怀，应当是所有有梦想、有初心的人干事创业时的基点、奋勇前行中的明灯，同时，也只有经历了磨炼，这种信念和情怀才会更加坚定，真正根植于我们的内心，成为我们不断前行的动力。

四、扬长补短，让中国标准"走出去"

在中资企业"走出去"之际，也正是让中国标准"走出去"的大好时机。中国被称为"基建狂魔"，创造了许许多多的工程奇迹，在高铁、超高层建筑等高难度工程方面更是具有丰富的经验。但是，中资企业到了海外，才发现我们的技术优势或许并没有想象中那么大，或者说，我们虽然有优势，但是同时也存在不少的短板，例如在标准方面，我国尚未掌握话语权。

目前，海外建筑业的标准以欧美国家为主导，中国标准尚未得到其他国家的广泛认可，这大大限制了中国企业优势的发挥。例如，在国内广泛应用的建筑图集，规定了工程中特定内容的标准化做法和数据，设计单位只需给出施工图，工人就可以直接根据图集进行标准化施工，一些有经验的工人甚至无须看图就能熟练施工。这是我国特有的创新，能大大提高深化设计和施工的效率。但是在海外工程中，其他国家的业主并不了解中国的图集，要求每个项目都需要进行单独的深化设计，这不仅大大增加了设计人员的工作量，还要求工人在施工时逐一读图，降低了施工效率。此外，中国的一些机电产品已不逊色于国外的产品，但是海外工程往往不承认中国的标准，而是要求产品符合欧标、美标，这就导致一大批国内企业被阻隔在门外。

如何在进行海外工程建设的同时，将这些中国标准带到海外并获得海外市场的认可，应是未来中资企业在海外发展中的重要课题。这或许不仅需要建筑及相关产业从业者的努力，还依赖于中国综合国力的提升、产业结构的改善和国际形象的进步。在过去几十年中，中国成为制造大国，但也曾由于假冒伪劣产品给全世界留下了负面的印象，这种印象难免会增加中国标准走向世界的难度。要打破这种印象，并非一日之功，也不是一个项目、一家企业就能够做到的。这不仅需要建筑行业的努力，在世界范围内建设出更多高水准的工程，更需要国内各行各业转型升级，停止饮鸩止渴的做法，让中国产品逐渐往高质量、高性价比的方向发展。虽然中资企业在标准推广方面遇到了难题，但我相信这也将成为中国建筑业乃至其他产业转型升级的一大动力和契机。

背景介绍

作者蔡诗瑶，土木系 2016 级博士研究生，2019 年参加中建一局赴埃及实践支队开展暑期海外实践，实践期间参与了"一带一路"上的重要项目——埃及新行政首都 CBD 项目的建设，调研总结海外大型公建项目的组织、施工模式，对海外大型公共建筑投资建设工程的资金建设模式进行深入研究和分析。

纪实篇

专题篇

案例篇

体悟篇